FRANZ ANTEL

Ein Leben

für den Film

Franz Antel

Bernd Buttinger

Franz Antel
Ein Leben für den Film

ISBN
10:3-9501887-9-7
13:978-3-9501887-9-0

Autoren:
Franz Antel
Bernd Buttinger

Herausgeber: Concord Verlag

Texte und Recherchen div. Bildmaterial: Franz Antel-Archiv

Konzeption, Administration und Bildredaktion:
C. G. Schmitzberger
Peter Steffen
Agentur am Kunsthaus, 8020 Graz
Copyright© 2006 by Agentur am Kunsthaus

Gesamtlayout-Grafik und Coverdesign: TOP-Design Erich Spurej, Graz

Umschlagfotos: Franz Antel-Archiv

Druck: adpl-solutions Druckdenker GmbH
Sturzgasse 1a, 1140 Wien

Alle Rechte, Satz- und Druckfehler vorbehalten

Fotomechanische Wiedergabe, Vervielfältigungen, Abdruck, Verbreitung
sowie Speicherung auf Datenträger auch auszugsweise
nur mit Genehmigung des Herausgebers

Vorwort

Es begann 1984, da entdeckte ich „Den Film" als mein Hobby, während meiner Sammlerleidenschaft die unter anderem Filmprogramme, Filmplakate und Autogrammkarten umfasste, stellte ich 1990 meine erste Filmausstellung zusammen. Es folgten Ausstellungen über das Filmleben von Hans Holt, Maria Perschy, Gunther Philipp, Waltraut Haas und Erwin Strahl, Karin Dor und eine Ausstellungsserie über den großen österreichischen Regisseur Franz Antel.

In dieser Reihe wurde von Franz Antel die Idee geboren, ein Archiv über sein Filmschaffen zu gründen. Nach anfänglichen kleinen Schwierigkeiten hatten wir Standfotografen, Kameraleute, Filmausstatter und Kostümbildner für unser Archiv gewonnen.

1995 fassten wir gemeinsam den Entschluss ein Filmbuch über das große Schaffen von Franz Antel zu gestalten und dies ist nun unser gemeinsames Produkt.

Bernd Buttinger

Bin ich eine Ikone der Filmwelt oder eine Kultfigur?
Offensichtlich ja!
Den ich wurde von einem namhaften Verleger
aufs neue gebeten mein Schaffen, das millionen ins Kino gelockt hat,
in Wort und Bild wiederzugeben.
Ich bin dem lieben Gott dankbar,
dass er mir so viele erfüllte Jahre geschenkt hat.
Und sollte einmal die letzte Klappe fallen,
in meinem filmreichen Leben – ich habe es genossen
und wäre jederzeit zu einem Remake bereit.

Filmografie

1931
WIENERWALD
Kamera-, Tonassistent

Erste Filmarbeit von Franz Antel
Regie: Karl Leitner
Darsteller: Lizzi Holzschuh, Fritz Imhof, …
Gedreht wurde in Wien,
Hoher Markt Anker Uhr

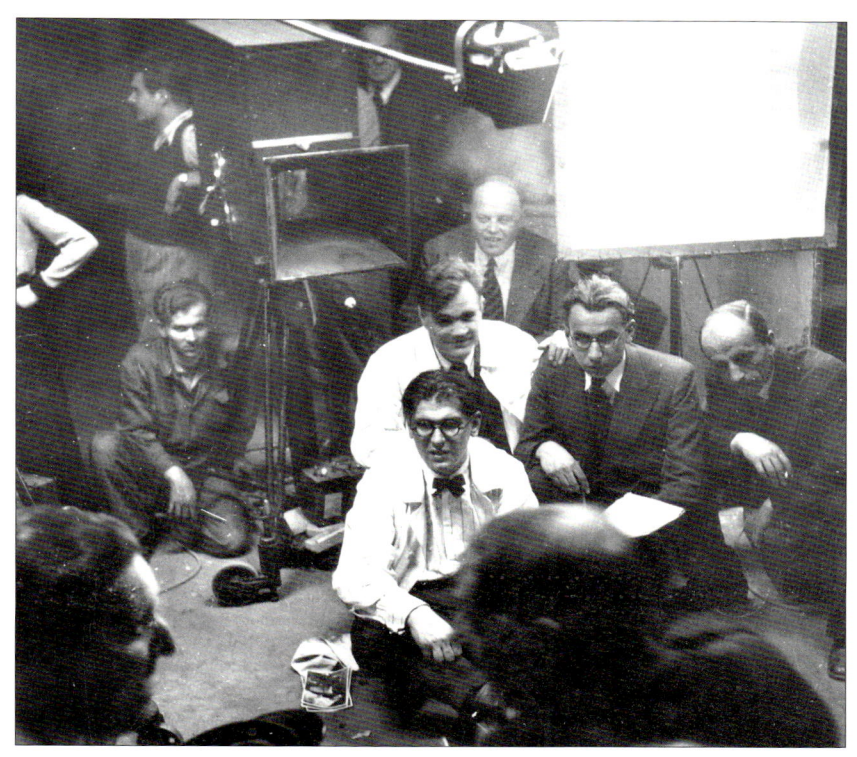

1933
VAGABUNDEN
Kurzfilm, erste Regiearbeit

Erste Regiearbeit von Franz Antel
Darsteller: Maria Holst, …
Inhalt: Geschichte von einem Vagabunden
Gedreht wurde an der Enns
Wildwasserhöhle

1934
SPIEL AN BORD
in der Produktionsleitung tätig

Nach dem Bühnenstück von Axel Ivers
Franz Antel in der Produktionsleitung
Drehbuch: Walter Zerlett-Olfenius
und Herbert Selpin
Darsteller: Viktor de Kowa, Alfred Abel,
Susi Lanner, Ernst Waldolf, Günther Lüders,
Hubert von Meyrinck, Carsta Löck,…

1935
DAS EHESANATORIUM
in der Produktionsleitung tätig

Nach dem Lustspiel
„Willkommen im Mergental"
Franz Antel in der Produktionsleitung
Drehbuch: B. E. Lüthge, H. F. Köllner
Regie: Toni Huppertz
Darsteller: Volker von Colande, Hilde Sessak,
Günther Lüders, Beppo Brem, Käthe Haack,
Charlotte Daudert, Gisela Schlüter,…

1936
UNSTERBLICHE MELODIEN
Produktionsleitung

Ein Film um Johann Strauß
Franz Antel in der Produktionsleitung
Drehbuch: Alice Lach
Regie: Heinz Paul
Darsteller: Alfred Jerger, Lizzi Holzschuh,
Leo Slezak, Rudolf Carl, Anni Rosar,
Maria Paudler, Richard Eybner,…

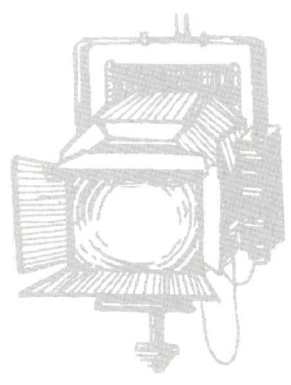

1937
NARREN IM SCHNEE
Produktionsleitung

Produktionsleitung: Bittins-Antel
Regie: Hans Deppe
Darsteller: Anny Ondra, Paul Klinger,
Gisela Schlüter, Paul Richter, Beppo Brem,
Rudolf Vones, Edna Greyff,…

1939
DAS JÜNGSTE GERICHT
Produktionsleitung

Produktion Franz Antel
Drehbuch: Franz Seitz, Walter Reichardt
Regie: Franz Seitz
Darsteller: Karl Skranp, Susi Nicoletti, Hans Holt, Erik Frey, Bruno Hübner, Gisa Wurm, Wolf Floderer,…
Gedreht wurde in Waidhofen a. d. Ybbs

Franz Antel als Statist

Filmleute, links Franz Antel

1940
MEINE TOCHTER LEBT IN WIEN
Produktionsleitung

Arbeitstitel
„Der Herr Schwiegerpapa"
Produktionsleitung und
Regieassistent Franz Antel
Drehbuch: Fritz Koselka und Curt J. Braun
Regie: E. W. EMO
Darsteller: Hans Moser, Elfriede Datzig, Hans Olden, O.W. Fischer, Anni Rosar, Dorit Kreysler, Theodor Danegger,…

1947
ÖSTERREICH RUFT DIE WELT
Regie und Kamera

Dokumentarfilm mit Auszeichnung
Drehorte:
Kitzbühel, Am Arlberg, Innsbruck und Wien

1949
7 TELEVISIONSFILME
Produktion, Regie

Produktion und Regie Franz Antel
Ein amerikanischer Fernsehproduzent stellte diese Kurzfilme in Auftrag:
1. Forellenquintett – Wiener Symphoniker
2. Johann Strauß
3. Die Messe in A-Moll – Pfarrkirche Lichtental
4. Zigeunerbaron
5. Ankunft Robert Stolz in Wien
6. Polka
7. Operette

Das singende Haus
1949

Produktion: A. & I. Sheberko
Verleih: Kollektiv
Regie: Franz Antel
Drehbuch: Aldo von Pinelli, Franz Antel nach einer Idee von Aldo von Pinelli
Musik: Peter Kreuder
Fotografische Leitung: Oskar Schnirch
Kamera: Helmut Fischer-Ashley
Bauten: Julius von Borsody

Darsteller: Richard Romanowsky (Professor Cattori), Hannelore Schroth (Melanie, seine Tochter), Hans Moser (Franz Huber, Greißler), Herta Mayen (Gretl, seine Tochter), Walter Müller (Freddy), Curd Jürgens (Hans Storch), Paul Kemp (Karli Weidner), Teddy Kern (Stepanek), Peter Wehle (Peter), Karl Skraup (Attila Meisel), Theodor Danegger (Direktor Hofer), Susi Nicoletti (Fritzi, seine Sekretärin), Dorothea Neff (Fräulein Streusand), Hans Wolff (Manager Rotter)

In weiteren Rollen:
Hedy Faßler, Hanna Löser, Hannelore Reich, Gretl Reiter, Max Brod, Hermann Erhardt, Gustl Fiala, Theodor Grieg, Bibi Ptak, Herbert Tauchen

Inhalt: In dem Haus Lannerstraße wohnen folgende Personen: Der Eigentümer des Hauses, der Delikatessenhändler Huber mit seiner Tochter Gretl, der klassische Opernklarinettist Cattori mit seiner Tochter, der Sängerin Melanie, Hans Storch und seine jungen Jazzmusiker, die "Rhythmischen Störche". Eine Auseinandersetzung zwischen den modernen Störchen und dem klassischen Musiker ist unvermeidlich. Leidtragende ist Melanie, die ihren Vater sehr gern hat und in Freddy, den Schlagwerker, verliebt ist.

Dem Autor Attila Meisel ist das Geld ausgegangen und deshalb zieht er als Untermieter auch beim Delikatessenhändler ein.

Die finanzielle Situation der Storchenkapelle nimmt bedrohliche Ausmaße an. Wenn nicht ein neues Engagement zustande kommt, müssen sie sich in kleine Gruppen aufteilen. So versucht Freddy, Direktor Hofer zu überreden, sie zu engagieren, doch ohne Erfolg. Autor Meisel hat eine glänzende Idee. Durch ein geschicktes Manöver muss Direktor Hofer vor dem Haus in der Lannerstraße vorbei fahren und, weil er eine Panne hat, auch halten. Bei dieser Gelegenheit bekommt er die "Störche" zu hören und sie gefallen ihm. Er hat nun vor, sie zu engagieren. Leider aber hat Theateragent Rotter seine Hand im Spiel und es wird eine Schweizer Kapelle verpflichtet. Das Orchester wird aufgelöst und die Stimmung ist am Tiefpunkt.

Direktor Hofer muss erfahren, dass die Schweizer Kapelle keine Einreisegenehmigung erhält und wendet sich reumütig an die "Störche". Die Revue wird zu einem großartigen Erfolg. Melanie und Freddy werden mit Erlaubnis des Vaters ein Paar. Auch der Delikatessenhändler Huber hat nichts gegen Kapellmeister Storch als Schwiegersohn einzuwenden.

Franz Antel mit dem Filmteam

Kleiner Schwindel am Wolfgangsee
1949

Produktion:	Alpenländische Filmges.m.b.H.
Verleih:	Hamburg/ Ring/ Karp
Regie:	Franz Antel
Regieassistenz:	Many Schömig
Drehbuch:	Franz Antel, Dr. Gunther Philipp nach einer Idee von G. v. Sazenhofen
Musik:	Ludwig Schmidseder
Kamera:	Hans Theyer
Bauten:	Sepp Rothauer
Aufnahmeleitung:	Walter Pospischil
Schnitt:	Arnd Heyne
Script:	Susi Schweizar
Maskenbildner:	Victor Winkler, Erich Knechtsberger, Herma Altkind
Produktionsleitung:	Dr. Josef Lebzelter

Darsteller: Hermann Erhardt (Grillmayer, Besitzer des Hotels Försterheim), Hans Holt (Walter Pichler, sein Neffe), Gunther Philipp (Dr. Peter Kurz, dessen Freund), Waltraut Haas (Trixi Gundacker), Eva Sandor (Frau Gundacker, ihre Mutter), Peter Hey (Dr. Egon Rittersheim), Nadja Tiller (Susanne Thomas), Susi Nicoletti (Anny Bird, Schauspielerin), Hilde Schreiber (Marion Hanisch, Studentin), Ludwig Schmidseder (Ado von Schmasal), Rolf Olsen (Ferdinand)
In weiteren Rollen: Axel Skumanz, Alma Sorell, Rolf Dörring, Robert Steininger, Edith Nimführ, Fritz Hofbauer, Horst Winter mit dem Wiener Tanzorchester

Inhalt: Mit großer Freude erwartet Vinzenz Grillmayer seinen Neffen Walter, der, wie er glaubt, zum Doktor der Medizin promoviert wurde. Doch Walter hat nicht Medizin studiert, sondern die Akademie der bildenden Künste besucht. Nun steht es ihm bevor, dem Onkel dies mitzuteilen. Zur Unterstützung hat er seinen Freund, Dr. Peter Kurz, einen jungen Arzt, mit nach St. Wolfgang genommen. Doch sie müssen ihr Geständnis verschieben, denn Grillmayer lasst sie nicht zu Wort kommen.
Ein Gast des Hotels erkrankt: Trixi Gundacker, eine bezaubernde junge Dame. Grillmayer lässt es sich natürlich nicht entgehen, seinem Neffen den ersten Patienten zu verschaffen. Beim Anblick von Trixi bringt

Franz Antel gibt Anweisung für die nächste Szene

Walter es nicht übers Herz, zu gestehen, dass er keine Ahnung von Krankheiten habe, und so beschließt er, noch einige Tage mit dem Geständnis zu warten.

Doch die Situation wird immer kritischer. Der Onkel bringt immer mehr Patienten und Walter muss sie behandeln. Als eines Tages Grillmayer die Malutensilien entdeckt, muss auch Peter Walters Beruf auf sich nehmen.

Der Schwindel droht aufgedeckt zu werden, als Marion Hanisch, eine Studienkollegin Peters, in St. Wolfgang auftaucht. Auch der eifersüchtige Bräutigam von Trixi merkt, dass des Doktors Diagnosen auf wackeligen Beinen stehen. Die Freundin von Peter erkrankt und dieser ist nicht mehr bereit, die Komödie mitzuspielen und Susi von Walter behandeln zu lassen. Und als dann noch das Telegramm, das von Trixis Bräutigam erwartet wird, eintrifft, und es Schwarz auf Weiß bezeugt wird, das Walter nicht einmal an der Wiener Universität inskribiert ist, gibt es keinen Ausweg mehr und die Wahrheit kommt ans Tageslicht.
Doch niemand kann dem vermeintlichen Hochstapler böse sein, nicht einmal Trixi.

Auf der Alm, da gibt's koa Sünd'
1950

Produktion:	Berna-Donau-Film
Verleih:	Union-Film
Regie:	Franz Antel
Drehbuch:	Aldo von Pinelli, Franz Antel
Musik:	Hans Lang
Kamera:	Hans H. Theyer
Bauten:	Gustav Abel
Aufnahmeleitung:	Walter Pospischil
Produktionsleitung:	Eduard Hösch

Darsteller: Maria Andergast (Kitty Schröder),
Hans Richter (Paul Wittke),
Karl Skraup (Ignaz Nagler),
Annie Rosar (Maria, seine Frau),
Alexander Trojan (Hans, deren Sohn),
Rudolf Carl (August Pfundhammer),
Susi Nicoletti (Annerl, seine Tochter),
Josef Egger (Großvater),
Inge Egger (Inge Thaller),
Ludwig Schmidseder (Max Obermayer),
Ida Krottendorf (Magd Zenzi),
Peter Hey (Dr. Traugott Selig),
Insulinde Reuser (Eva, seine Braut)
In weiteren Rollen:
Hugo Lindinger,
Herta Dolezal, N. Höller

Inhalt: Die beiden deutschen Reporter Paul Wittke und Max Obermayer haben den Auftrag erhalten, eine Reportage über Salzburg zu machen. Sie stoßen auf eine Geschichte, die die Gebräuche und Sitten der Salzburger wirklichkeitsgetreu wiedergibt. Ignaz Nagler, Bürgermeister und Besitzer der Gamskoglalm, und August Pfundhammer, Inhaber des Postgasthofes, haben beschlossen, dass ihre beiden Kinder Hans und Annerl heiraten sollen. Doch die jungen Leute sind sich einig, dass sie ihre Wahl selber treffen wollen. Hans hat ein Mädchen kennen gelernt, in das er verliebt ist. Sie heißt Inge Thaller. Annerl ist damit einverstanden, denn auch sie hat einen anderen im Sinn.

Hans lädt Inge ein, auf die Gamskoglalm zu kommen und einige Tage dort zu verbringen. Auf der Reise lernt sie die Fürsorgeschwester Kitty Schröder kennen. Diese hat die Aufgabe übernommen, 40 unehelichen Kindern einen Ferienaufenthalt in Niederalm zu ermöglichen. Der Bürgermeister von Niederalm, Ignaz Nagler, wehrt sich jedoch gegen diesen Besuch, weil er die Moral der Gemeinde nicht gefährden will.

Die jungen Leute schmieden einen Plan: Kitty gibt sich als Naglers uneheliche Tochter aus, indem sie sich auf eine Jugendsünde Naglers beruft.

Nagler versucht, die uneheliche Tochter von seiner eifersüchtigen Frau und der ganzen Gemeinde zu verheimlichen, wodurch sein Verhalten noch auffälliger wird.

Nagler wird in die Enge getrieben und muss sich geschlagen geben. Schließlich willigt er in die Hochzeit seines Sohnes mit Inge ein. Auch die 40 Ferienkinder werden aufgenommen. Kitty klärt die Situation auf, indem sie zugibt, dass sie sich geirrt habe und Ignaz nicht ihr Vater sei. Dieser hat sie jedoch so sehr ins Herz geschlossen, dass es ihm Leid tut, das sie nicht seine Tochter ist.

Hallo Dienstmann
1951

Produktion:	Schönbrunn-Film
Verleih:	International
Regie:	Franz Antel
Drehbuch:	Rudolf Österreicher nach einer Idee von Paul Hörbiger
Musik:	Hans Lang
Kamera:	Hans Theyer
Produktionsleitung:	Carlo Hofer

Darsteller: Paul Hörbiger (Professor Ferdinand Godai), Hans Moser (Anton Lischka, Dienstmann), Maria Andergast (Gaby Brandstätter), Rudolf Carl (Scheidl, Friseur), Waltraut Haas (Hansi, seine Tochter), Harry Fuss (Alex, Lischkas Sohn), Annie Rosar (Rosa, Lischkas Schwester), Susi Nicoletti (Susi, Godais geschiedene Frau), Richard Eybner (Professor Ruhmann)

Inhalt: Ferdinand Godai, Professor an der Akademie für Operette, verkleidet sich als Dienstmann und geht auf ein Kostümfest. Der feucht-fröhliche Abend endet in einem kleinen Gasthaus in der Nähe des Südbahnhofes.
Ein echter Dienstmann namens Anton Lischka steht am Bahnhof und wartet auf das Fräulein Gaby Brandstätter, die aus Graz kommt. Ihr Gepäck ist für Lischka zu schwer und so sieht er sich um einen Kollegen um. Godai, der stolz ist, dass man ihn für einen echten Dienstmann hält, ist natürlich bereit zu helfen.
Godai verliebt sich sofort in Gaby, obwohl er erst seit kurzer Zeit von seiner Frau Susi geschieden ist.

Als Professor sieht er sich einer neuen Kollegin gegenüber gestellt. Es ist dies Gaby Brandstätter. Von nun an macht er ihr als Kollege Godai eifrig den Hof und als Dienstmann Nr. 106 überwacht er sie voll Eifersucht. Doch Gaby hat das Spiel bald durchschaut und gibt dem Professor Chancen, während sie den Dienstmann nicht mehr beachtet.

Susi will ihren Mann wieder zurückgewinnen und lässt sich als Schülerin an der Akademie einschreiben, was natürlich die Angelegenheit nicht erleichtert. Professor Godai wird auch noch von Dienstmann Lischka und dessen Schwester, die Gabys Bedienerin ist, für einen Heiratsschwindler und Betrüger gehalten, denn als Dienstmann Nr. 106 macht er sich an Rosa heran. Dies jedoch nur, um Gaby zu sehen. Noch verwickelter wird die ganze Angelegenheit dadurch, dass Lischkas Sohn Alex sich in Hansi Scheidl, eine Schülerin Godais, verliebt.

Franz Antel gibt genaueste Anweisungen

Franz Antel, Waltraut Haas

Paul Hörbiger mit Franz Antel

Durch eine Intrige Susis glaubt Hansis Vater, dass Ferdinand Godai der Verführer seiner Tochter sei.

Erst eine Schulaufführung bringt das Ende aller Probleme: Gaby gibt zu, dass sie Ferdinands Doppelspiel zwar durchschaut, ihn aber trotzdem sehr lieb gewonnen hat. Durch dieses Geständnis lösen sich schließlich auch die übrigen Unklarheiten auf.

Häschen wird Waltraut Haas genannt. Sie ist ein fesches „Seidenzuckerl", sagen die Wiener. Doch sie ist nicht nur süß, sondern auch temperamentvoll.

Maria Andergast ist der weibliche Star der Antel-Filme und mit dem Regisseur gut befreundet. Auch in diesem Film interpretiert Maria Andergast Hans Lang-Schlager.

„Die Idee des ganzen Films ist von mir", erzählt Paul Hörbiger. „Schon vor Jahren hatte ich den Entschluß gefaßt, dem unbekannten Mann mit der rot-weiß-roten Kappe ein Denkmal zu setzen."

Zwei Kollegen — zwei Freunde. Nach fünf Jahren spielen Paul Hörbiger und Hans Moser erstmals wieder gemeinsam in einem Film zusammen. Beide tragen Dienstmann-Uniform, aber nur einer von beiden ist „echt"...

Moral in Gefahr! Mehr wird angesichts dieser Szene mit Paul Hörbiger, Rudolf Carl und Waltraut Haas nicht verraten!

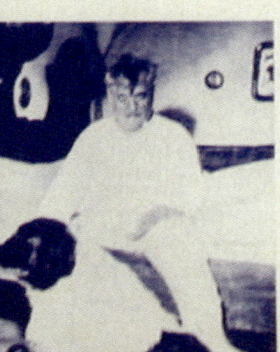

Schadenfreude — doppelte Freude! Obgleich Gaby Brandstätter längst erkannt hat, daß der Dienstmann, der ihr Gepäck beförderte, ihr Kollege Professor Godai ist, macht es ihr Spaß, Godai als Küchenmamsell wirken zu lassen.

Paul Hörbiger un[d ...] Duett das Lied „H[...] bekannte Marian[...] komponierte.

Eva erbt das Paradies
1951

Produktion:	Alpenländische Filmges.m.b.H.
Verleih:	Union
Regie:	Franz Antel
Regieassistenz:	Hermann Leitner
Drehbuch:	Franz Antel, Kurt Maix, Dr. Gunther Philipp
Musik:	Hans Lang
Ton:	Ing. Ernst Romir
Kamera:	Hans H. Theyer
Bauten:	Sepp Rothauer
Aufnahmeleitung:	Felix R. Fohn
Schnitt:	Hermann Leitner
Standfotos:	Lothar Sandmann
Produktionsleitung:	Heinz Pollak

Darsteller: Maria Andergast (Eva Spanberger), Anni Rosar (Marianne Holzinger), Josef Meinrad (Hans Holzinger), Josef Egger (Alois Wegrichter), Susi Nicoletti (Daisy Jordan), Gunther Philipp (Bill Wokulek), Rudolf Carl (Zacherl Tschurtschentaler), Ludwig Schmidseder (Herr Bröselmeier), Relly Hey-Gmeiner (Frau Bröselmeier), Peter Hey (Kapellmeister), Eric Walter (1. Musiker), Charly König (2. Musiker), Ilse Peternell (Christl), Margit Saad (Mabel), Evelyn Bunge (Ulla), Felicitas Goebel (Pia), Maud Exo (Ellinor), Edith Stark (Zimmermädel), Alfred Huttig (Kaufhausabteilungsleiter), Jutta Bornemann (Fräulein Spatz)

Inhalt: Eva Spanberger hat das Palast-Hotel am Ufer des Mondsees geerbt. Sie gibt ihre Arbeit als Verkäuferin in einem Münchner Warenhaus auf und fährt mit ihrer Freundin Daisy in das Salzkammergut. Dort angekommen sehen sich die beiden Mädchen einem halb verfallenen Haus gegenüber, das laut Aussagen des Hausdieners Zacherl nichts als Schulden hat. Die Besitzerin des gegenüber liegenden Grand-Hotels, Frau Holzinger, hat es verstanden, das Palast-Hotel in den Ruin zu führen und damit die Konkurrenz auszuschalten.

Eva und Daisy beschließen dennoch, das Hotel wieder in Schwung zu bringen und sie finden auch sofort hilfreiche Freunde. Fünf junge und hübsche Studentinnen, die sich auf einer Ferienreise befinden, stellen sich

gerne zur Verfügung. Auch Bill Wokulek, ein von Frau Holzinger engagierter Jazzmusiker, ist gerne bereit, seine Kochkenntnisse beizusteuern. Eva lernt auch noch Hans kennen, ohne zu wissen, dass dieser der Sohn ihrer geschäftlichen Konkurrentin ist.

Das Hotel wird ein voller Erfolg, obwohl die Gäste nur Gemüse vorgesetzt bekommen und um 6 Uhr Früh aufstehen müssen. Den Mädchen gelingt es, sämtliche Männer der Umgebung zu erobern und immer mehr Gäste des Grand-Hotels finden sich in Evas Haus wieder. Alles scheint in bester Ordnung zu sein, bis Eva erfährt, dass Hans, in den sie sich verliebt hat, der Sohn von Frau Holzinger ist. Sie glaubt an eine Intrige.

Die Wirtin vom Grand-Hotel hat einen Großteil ihrer Gäste, ihre Musiker und sogar ihren Chefkoch verloren. Sie weiß sich nicht mehr anders zu helfen, als die Möbel, die Hans für Eva gekauft hat, vom früheren Palast-Hotel abholen zu lassen. Hans hält jedoch zu Eva und kann damit alle Zweifel, die sie an ihm hatte, zerstreuen.

Es kommt zu einer Aussprache zwischen Mutter, Sohn und Eva. Frau Holzinger sieht ihr Unrecht ein und versöhnt sich mit ihrem Sohn und ihrer zukünftigen Schwiegertochter.

Der alte Sünder
1951, Schwarzweißfilm

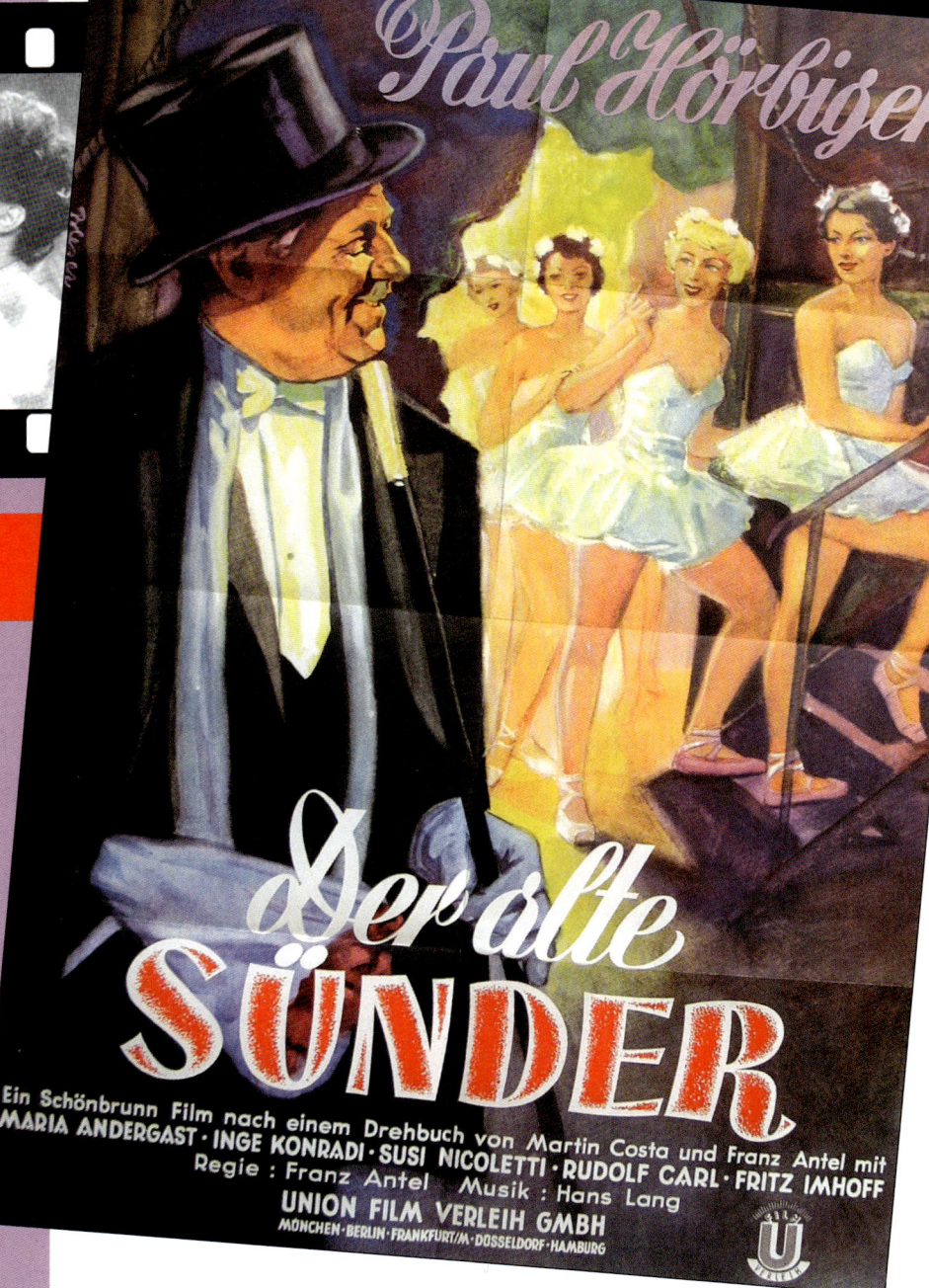

Produktion:	Schönbrunn-Film Ernst Müller
Verleih:	Union-Film
Regie:	Franz Antel
Regieassistenz:	Ernst Hofbauer
Drehbuch:	Martin Costa
Musik:	Hans Lang
Ton:	Otto Untersalmberger
Tänze:	Dia Lucca
Kamera:	Hans Theyer
Bauten:	Felix Smetana
Aufnahmeleitung:	Felix R. Fohn
Schnitt:	Leopoldine Pokorny
Kostüme:	Gerdago
Masken:	Hans Kreis, Victor Winkler
Frisuren:	Vally Schamötz
Produktionsleitung:	Carlo Hofer

Darsteller: Paul Hörbiger (Ferdinand Bauer),
Inge Konradi (Tochter Fritzi),
Thea Weis (Tochter Franzi), Hannerl Matz (Tochter Fanny),
Rudolf Carl (Zirrhübel, Geschäftsführer),
Maria Andergast (Mizzi Hanak, Buchhalterin),
Ernst Waldbrunn (Pschistranek, Zuschneider),
Susi Nicoletti (Yvonne Farini),
Fritz Imhoff (Sandor Gyöngyoshazy, ungarischer Gutsbesitzer),
Franz Behrens (Josef Brandner, Bierbrauereibesitzer)
In weiteren Rollen: Rosa Albach-Retty, Karl Eidlitz, Ludmilla Hell, Fritz Heller, Hilde Jäger, Helene Lauterböck, Edith Meinel, Ilse Peternell, Rita Rechenberg, Erne Seeder, Maria Scherz, Franz Schier, Max Schipper, Hilde Schreiber, Erik Walter

Inhalt: Wien um die Jahrhundertwende. Ferdinand Bauer ist der erste Damenschneider und Modekönig von Wien. Er versteht es, mit den Frauen der oberen Gesellschaft umzugehen. Er ist charmant und flirtet mit seinen Kundinnen, um den Umsatz zu heben. Unterstützt wird er dabei von seinem Freund und Geschäftsführer Zirrhübel, denn dieser ist der Meinung, dass viel Geld ausgegeben werden muss, damit auch viel verdient wird. Nur Fräulein Hanak stellt mit besorgter Miene fest, dass das Geld immer weniger wird.
Eines Tages kommt die bekannte Varietékünstlerin Yvonne Farini in Bauers Salon, um ein Kleid zu bestellen. Der Charmeur Ferdinand ist sofort von Yvonne begeistert.

Sie verabreden sich und verbringen einige Abende miteinander. Die Schauspielerin versteht es, ihren Verehrer einzuwickeln. Mizzi Hanak sieht das Unglück nahen und warnt Ferdinand Bauer, dass er zu großzügig mit dem Geld umgehe. Er lacht sie jedoch nur aus.

Die entscheidende Wende tritt ein, als der verführerische Lebemann den ersten Wechsel unterschreiben muss. Er lässt sich freiwillig entmündigen und übergibt das Geschäft seinen drei Töchtern. Die finanzielle Situation ändert sich dadurch aber auch nicht. Im Gegenteil. Die Töchter führen den endgültigen Ruin herbei. Bauers Freundin Yvonne lässt ihn ebenfalls im Stich und wendet sich einem anderen zu. Nur Fräulein Hanak hält zu ihm. Es gelingt ihr, bei der Versteigerung des Vermögens einen Teil der Gegenstände zu retten und damit ein neues Geschäft einzurichten.

Mizzi Hanak liebt Ferdinand Bauer schon seit Langem. Gemeinsam beginnen sie in der kleinen Schneiderwerkstätte zu arbeiten und finden auch allmählich zueinander.

Kostümentwürfe: Gerdago

Der Mann in der Wanne
1952

Der Mann in der Wanne
oder Verlobung in der Badewanne

Produktion:	Neusser-Film
Verleih:	Union
Regie:	Franz Antel
Regieassistenz:	Arnd Heye
Drehbuch:	Fritz Koselka, Franz Antel unter Mitarbeit von Dr. Gunther Philipp, nach dem gleichnamigen Theaterstück von Karl Fellmar und Ernst Friese
Musik:	Hans Lang
Ton:	Erwin Jennewein
Kamera:	Hans Schneeberger
Kameraführung:	Franz Hofer
Standfotos:	Lothar Sandmann
Bauten:	Fritz Jüptner-Jonstorff
Aufnahmeleitung:	Felix R. Fohn
Schnitt:	Arnd Heye
Produktionsleitung:	Erich von Neusser
Produktionsassistent:	Heinz Mikos

Darsteller: Axel von Ambesser (Dr. Albert Bühler, Kunsthändler), Maria Andergast (Inge, seine Frau), Jeanette Schultze (Annemarie Bernhard, Medizinstudentin), Wolf Albach-Retty (Paul Mühlmeier, Bildhauer und Maler), Gunther Philipp (Kurt Fröhlich, Sportlehrer), Mady Rahl (Lilly, Pauls Freundin), Lucie Englisch (Lina, Wirtschafterin bei Bühlers), Günther Lüders (Johannes Redlich, Buchhändler), Rudolf Carl (Polizeiinspektor Knoll), Ilse Peternell (Christl, Alberts Schwester)

Inhalt: Der Salzburger Kunsthändler Dr. Albert Bühler fährt zu seinem Freund Paul Mühlmeier nach München, um die Skulptur "Lilith" zu kaufen. Alberts Frau Inge nimmt jedoch irrtümlich an, dass Lilith eine Frau und die Freundin ihres Mannes sei. In diesem Glauben stimmt sie einer Einladung mit ihrem Gymnastiklehrer Kurt Fröhlich zu. Auch die Haushälterin Lina macht an diesem Tag eine Eroberung. Es ist dies der Bibliothekar Johannes Redlich, der Lina für die vereinsamte Frau des Kunsthändlers hält.
Das Missverständnis zwischen den Eheleuten klärt sich auf und sie fahren gemeinsam zu Alberts Schwester nach Gut Schwarzau. Lina benützt diese Gelegenheit dazu, ihren Verehrer einzuladen, ohne zu wissen, dass auch sie aufs Gut mitgenommen wird.

Ein weiterer ungebetener Gast ist der Gymnastiklehrer, den Inge in die Garderobe eingesperrt hat und vor der Abreise nicht mehr befreien kann. Auch Paul trifft aus München ein, um während der Abwesenheit der Bühlers einige Tage hier zu verbringen. Inges Freundin Annemarie kommt ebenfalls in die Wohnung, um nach dem Rechten zu sehen.

So entwickelt sich ein riesengroßer Wirbel in der Villa Bühler, weil keiner von der Anwesenheit der anderen unterrichtet ist. Schließlich wird Paul als Einbrecher von der Polizei abgeführt und Fröhlich, der sein Herz für Annemarie entdeckt hat, spielt Pauls Rolle.
Durch ein Telefongespräch mit Annemarie erfahren die drei Gäste in Schwarzau, dass zu Hause nicht alles in Ordnung ist. Albert glaubt

Wie badet man richtig - Günther Lüders und Franz Antel

Paul in Haft, Inge ihren Verehrer und Lina ihren Anbeter Johannes. Also fahren alle drei nach Salzburg, ohne jedoch zu wissen, dass der jeweils andere dasselbe vorhat. Das allgemeine Durcheinander erreicht seinen Höhepunkt, als der Buchhändler Redlich es sich in der Badewanne bequem macht, immer noch in der Meinung, dass seine Verehrte die Herrin des Hauses sei.
Die Situation klärt sich, als alle sich im Haus befinden und einander gegenübertreten.

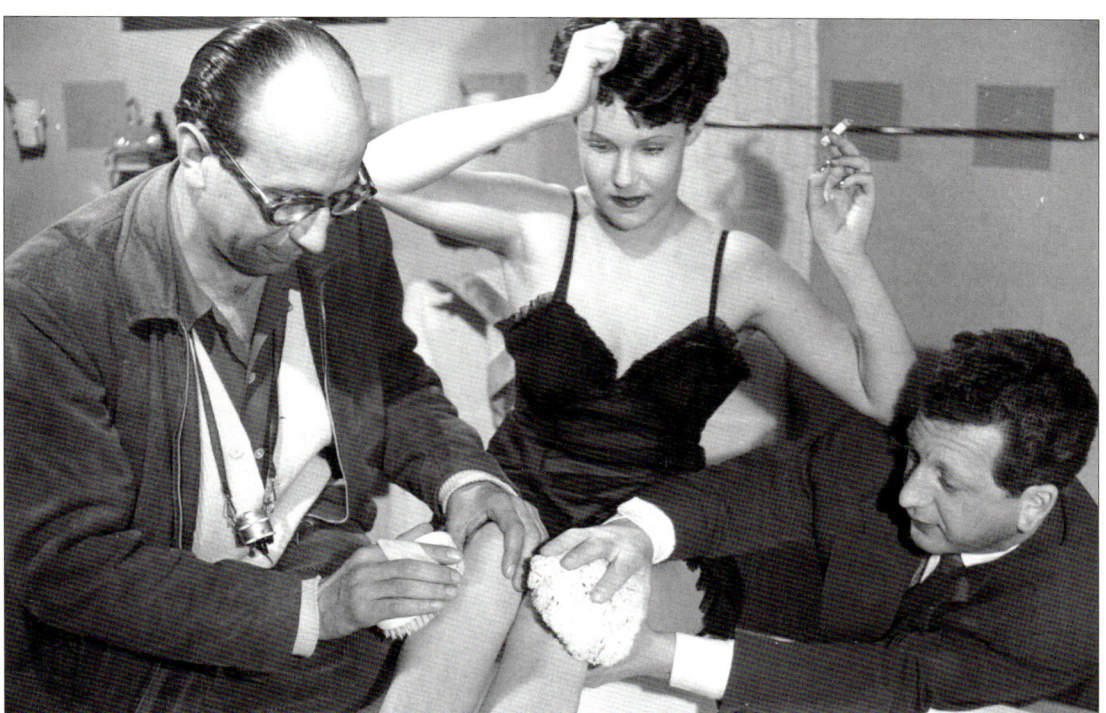

Ideale Frau gesucht
1952

Produktion:	Cziffra-Schönbrunn-Film
Verleih:	Constantin
Regie:	Franz Antel
Drehbuch:	Franz Antel, Gunther Philipp, Jutta Bornemann
Musikalische Leitung:	Johannes Fehring
Lieder:	Gerhard Froboess, Werbner Müller, Willi Berking
Kamera:	Hans H. Theyer
Standfotos:	Lothar Sandmann
Produktionsleitung:	Carlo Hofer

Darsteller: Inge Egger (Irene Mertens), Wolf Albach-Retty (Robby Holm), Jeanette Schultze (Ruth), Waltraut Haas ((Luise), Susi Nicoletti (Cherie), Gunther Philipp (Stefan Blitz), Oskar Sima (Bierhaus), Rudolf Carl (Krappl)
In weiteren Rollen: Jutta Bornemann, Fritz Friedl, Theodor Grieg, Hilde Jaeger, Ilse Peternell, Peter Preses, Raoul Retzer, Rita Paul, Cornelia

Inhalt: Robby Holm, berühmter Schriftsteller und Frauenheld, ist auserkoren, unter drei Mädchen, die bei einem Schönheitswettbewerb in die engere Wahl gekommen sind, die "Ideale Frau" auszusuchen. Zu diesem Zweck werden die drei Bewerberinnen auf den Landsitz Robbys eingeladen, um sich dort einer praktischen Eignungsprüfung zu unterziehen.

Das Magazin "Ideale Frau" steht in Konkurrenz zur "Miss Titelblatt". Dem Redakteur des Titelblattes, Bierhaus, gelingt es, dass die drei vorgesehenen Schönheitsköniginnen nicht zum Wettstreit antreten können. Er vertauscht die Bilder und es erscheinen drei andere Kandidatinnen bei Robby: Luise mit einer Schar von Kindern, Ruth, eine

Surrealistin des Lebens und der Kunst, und Cherie, eine trinkfreudige junge Frau.

Robby sieht sich außer Stande, einer der drei den Schönheitspreis zuzusprechen. Außerdem hat er sich in Stefans Sekretärin Irene verliebt.

Am Tag der Kürung der "Idealen Frau" im Volksgarten steht der sonst so gewandte Schriftsteller vor einer unlösbaren Situation. Da betritt Irene das Podium und verkündet: Der berühmte Dichter Robby Holm ist nicht in der Lage, die "Ideale Frau" zu benennen. Denn für jeden Mann ist die Frau, die er liebt, die einzige und wahrhaft "Ideale Frau".

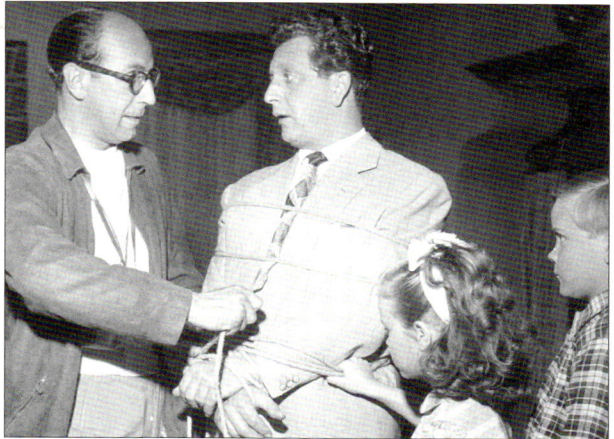

Franz Antel, Gunther Philipp

Franz Antel mit Conny

Ein tolles Früchtchen
1953

Produktion:	Styria-Film
Verleih:	Gloria
Drehbuch:	Karl Farkas
Regie:	Franz Antel
Regieassistenz:	Arnd Heyne
Musik:	Erwin Halletz
Tonmeister:	Max Vernoij
Kamera:	Hans Theyer
Kameraassistenz:	Alexander Posch
Standfotograf:	Will Appelt
Bauten:	Sepp Rothauer
Aufnahmeleitung:	Felix R. Fohn, Max Weber
Schnitt:	Arnd Heyne
Produktion:	Heinrich Haas

Darsteller: Ingrid Pan (Eva Strux), Hans Holt (Paul Wiesinger), Nadja Tiller (Madelaine), Bully Buhlan (Gunar), Oskar Sima (Pedro Galotti), Fritz Schulz (Gabriel Strux), Jane Tilden (Ilse Strux), Erika von Thellmann (Emilia Galotti), Annie Rosar (Dame vom Jugendamt), Ingrid Lutz (Nadine Berndt), Lotte Lang (Kleopatra Schmelke), Heidi Schönemann (Lotte, deren Tochter), Fritz Eckart (Chef des Warenhauses Globus), Walter Sofka (Herr von der Hausverwaltung), Raoul Retzer (Stallmeister)

Inhalt: Im Hause des Kunstmalers Strux wird eine Geburtstagsfeier für die 21-jährige Tochter Eva vorbereitet. Unvorhergesehen erscheint Tante Emilia aus Brasilien, von der man schon jahrelang nichts mehr gehört hatte. Sie soll es im Ausland zu einer reichen Zirkusbesitzerin gebracht haben.

Senora Galotti nimmt aus unerklärlichen Gründen an, dass ihre Nichte erst zwölf Jahre alt sei. Sie sieht Fotos von der kleinen Eva und ist begeistert von ihr. Sie hat vor, das Kind zur Allround-Artistin auszubilden, um sie dann als Nachfolgerin ihres Zirkusses bestimmen zu können.
In dieser Voraussicht bleibt Eva nichts anderes übrig, als das zwölfjährige Mädchen zu spielen, und ihre Eltern müssen mitmachen.

Eva ist Sängerin in einem Nachtclub. So ergeben sich einige Schwierigkeiten, weil Eva ihre Rolle als Dame und als Kind immer häufiger wechseln muss.

In einem Warenhaus lernt Klein-Eva den netten Abteilungsleiter Paul Wiesinger kennen und verliebt sich in ihn. Sie verblüfft ihn durch ihr Können hochmoderner Musikstücke und wird als Wunderkind gefeiert. Doch Paul hat das Spiel sehr bald durchschaut.

Am Tag ihres Geburtstages verwandelt sich Eva nun wieder endgültig in eine junge Dame. Tante Emilia ist sprachlos, doch verzeiht sie schließlich den kleinen Schwindel. Auch Paul ist nicht böse, weil sie versucht hat, ihn zu täuschen. Er will sie sogar heiraten.

Die süßesten Früchte
1953

Produktion:	Ariston-Film
Verleih:	NF
Regie:	Franz Antel
Drehbuch:	K. G. Külb, Karl Farkas
Musikalische Bearbeitung:	Friedrich Meyer
Ton:	Eduard Kessel
Kamera:	Hans Theyer
Bauten:	Arne Fiekstad
Aufnahmeleitung:	Felix Fohn, Wolfgang Kühnlenz
Schnitt:	Gertrud Hinz-Nischwitz
Herstellungsleitung:	Jochen Genzow

Darsteller: Wolf Albach-Retty (Roberto di Caramello, Bananen-Beppo), Maria Holst (Irina), Hannelore Bollmann (Eva), Katharina Mayberg (Juanita), Joe Stöckel (Carfioli), Rudolf Platte (Tomato), Oskar Sima (Alvarez Petitez), Gunther Philipp (Domingo Petitez), Bum Krüger (Polizeipräsident), Hans Stiebner (Rigo), Raoul Retzer (Brezo), Annelore Wied (Leutnant Cocos), Paul Heidemann (Gefängnisdirektor), Leila Negra und Peter Alexander (Sänger)

Inhalt: In dem noch unentdeckten Erdteil Fantasien liegen der Industriestaat Perlonien und das Land der gelben Früchte Bananien. Beiden fehlt das Erzeugnis des jeweils anderen Landes. So drängt vor allem das Volk der Perlonier auf die Aufhebung der Zollschranken, um an die heißgeliebten Bananen zu kommen.

Die Gemüsehändler Carfioli und Bananen-Beppo fädeln einen Handstreich gegen die derzeitige Regierung ein. Der dritte Gemüsehändler des Landes, Roberto di Caramello, benutzt die unsichere Lage und wird Ministerpräsident von Perlonien. Er verspricht dem Volk einen Handelsvertrag mit Bananien.

Roberto kündigt der mächtigen Frucht-Präsidentin Irina einen Besuch an und lässt durchblicken, dass er ihre reizende Nichte

Juanita heiraten möchte – nicht zuletzt, um den Frieden beider Länder zu sichern. Vor seiner Abreise erfährt er, dass ein Attentat auf ihn geplant sei, inszeniert von dem dortigen Premierminister Petitez und dessen Bruder. Roberto überlegt und fährt nicht.
Das Volk Perloniens verlangt aber den Handelsvertrag und schickt den Abgeordneten Bananen-Beppo zum Ministerpräsidenten. Als sich die beiden gegenüberstehen, entdecken sie ihre verblüffende Ähnlichkeit und stellen überrascht fest, dass sie Halbbrüder sind. So macht sich Bananen-Beppo als Ministerpräsident Roberto auf, nach Bananien zu reisen.
Bei seiner Ankunft wird das Attentat auf ihn verübt, doch es scheitert an seinem Mut und seiner Kaltblütigkeit.

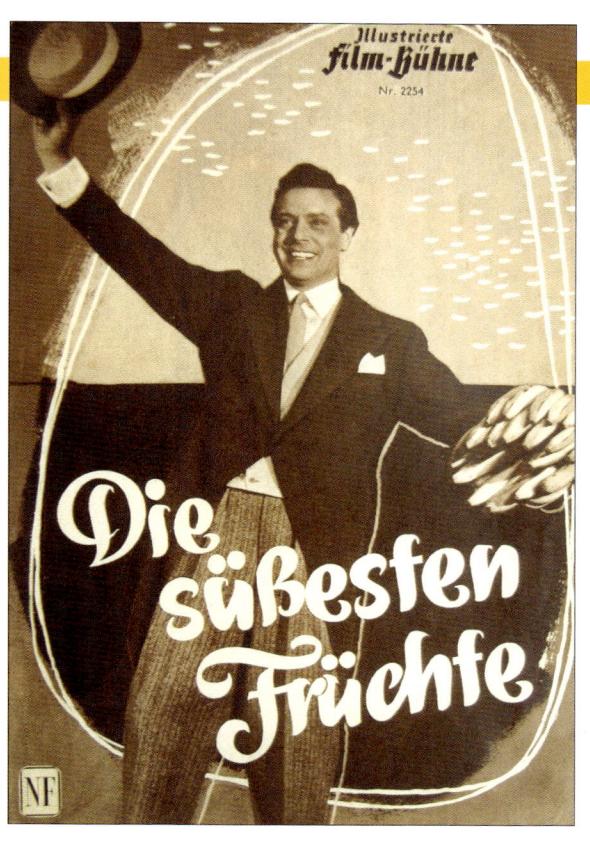

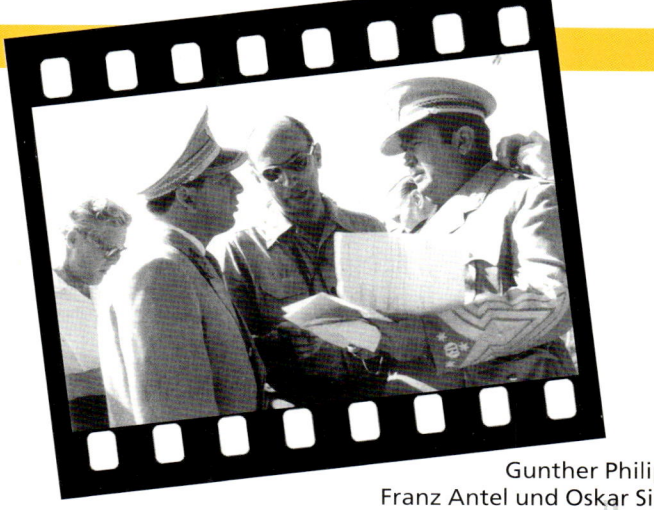

Gunther Philipp,
Franz Antel und Oskar Sima

Dieser Mut gefällt der schönen Juanita und sie und Beppo kommen sich näher. Der Vertrag wird zur vollsten Zufriedenheit beider Länder abgeschlossen.
Beppo kehrt mit Juanita nach Perlonien zurück, wo Roberto inzwischen sein Herz für Eva, Carfiolis Tochter, entdeckt hat.

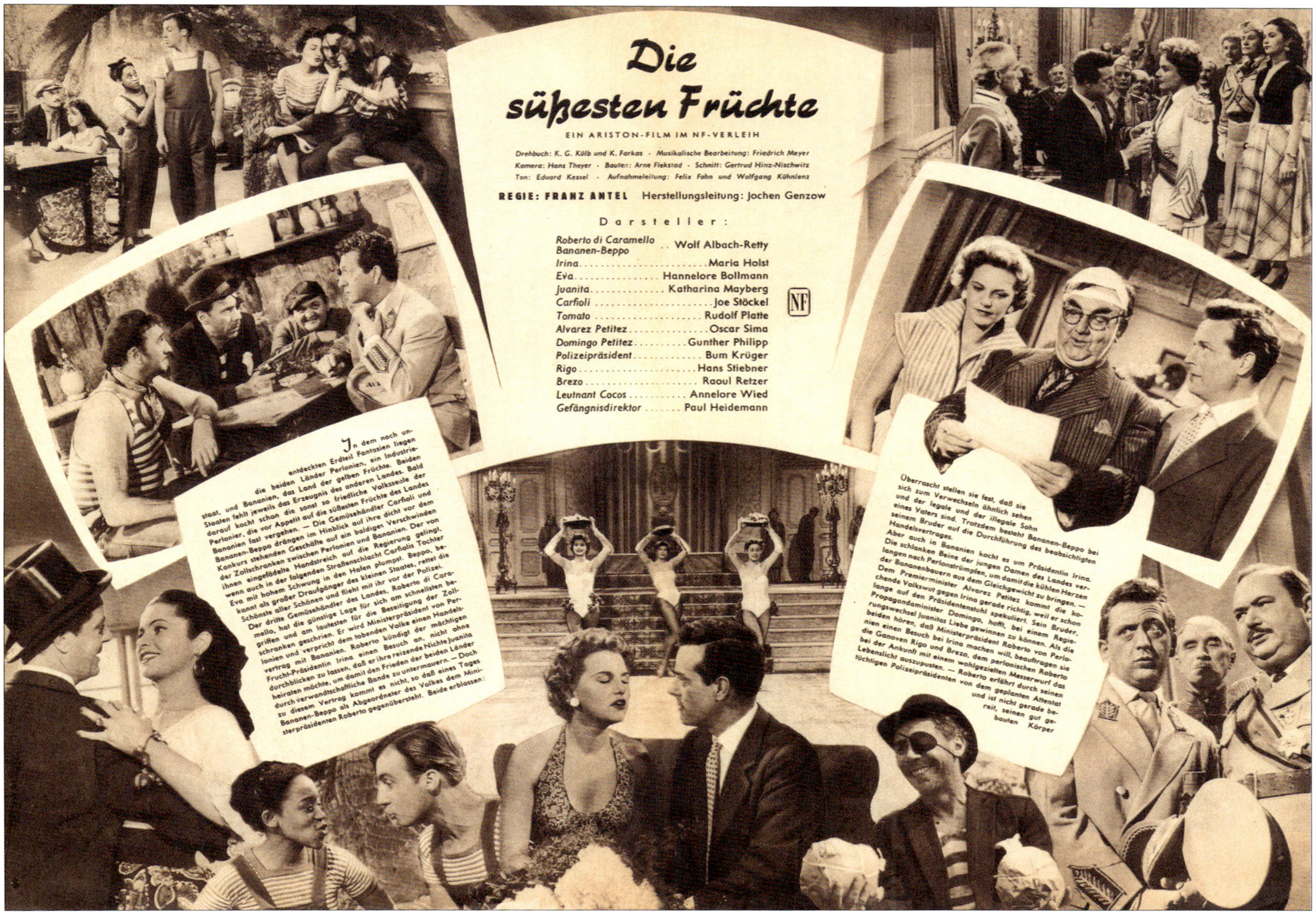

Die süßesten Früchte

EIN ARISTON-FILM IM NF-VERLEIH

Drehbuch: K. G. Külb und K. Farkas · Musikalische Bearbeitung: Friedrich Meyer
Kamera: Hans Theyer · Bauten: Arne Flekstad · Schnitt: Gertrud Hinz-Nischwitz
Ton: Eduard Kessel · Aufnahmeleitung: Felix Fohn und Wolfgang Kühnlenz

REGIE: FRANZ ANTEL Herstellungsleitung: Jochen Genzow

Darsteller:

Roberto di Caramello / Bananen-Beppo .. Wolf Albach-Retty
Irina .... Maria Holst
Eva .... Hannelore Bollmann
Juanita .... Katharina Mayberg
Carfioli .... Joe Stöckel
Tomato .... Rudolf Platte
Alvarez Petitez .... Oscar Sima
Domingo Petitez .... Gunther Philipp
Polizeipräsident .... Bum Krüger
Rigo .... Hans Stiebner
Brezo .... Raoul Retzer
Leutnant Cocos .... Annelore Wied
Gefängnisdirektor .... Paul Heidemann

NF

In dem noch unentdeckten Erdteil Fantasien liegen die beiden Länder Perlonien, ein Industriestaat, und Bananien, das Land der gelben Früchte. Beiden Staaten fehlt jeweils das Erzeugnis des anderen Landes. Bald darauf kocht schon die sonst so friedliche Volksseele der Perlonier, die vor Appetit auf die süßesten Früchte des Landes Bananien fast vergehen. – Die Gemüsehändler Carfioli und Bananen-Beppo drängen im Hinblick auf ihre dicht vor dem Konkurs stehenden Geschäfte auf ein baldiges Verschwinden der Zollschranken zwischen Perlonien und Bananien. Der von ihnen eingefädelte Handstreich auf die Regierung gelingt, wenn auch in der folgenden Straßenschlacht Carfiolis Tochter Eva mit hohem Schwung in den Hafen plumpst. Beppo, bekannt als großer Draufgänger des kleinen Staates, rettet die Schönste aller Schönen und flieht mit ihr vor der Polizei. Der dritte Gemüsehändler des Landes, Roberto di Caramello, hat die günstige Lage für sich am schnellsten begriffen und am lautesten für die Beseitigung der Zollschranken geschrien. Er wird Ministerpräsident von Perlonien und verpricht dem tobenden Volke einen Handelsvertrag mit Bananien. Roberto kündigt der mächtigen Frucht-Präsidentin Irina einen Besuch an, nicht ohne durchblicken zu lassen, daß er ihre reizende Nichte Juanita heiraten möchte, um damit den Frieden der beiden Länder durch verwandtschaftliche Bande zu untermauern. – Doch zu diesem Vertrag kommt es nicht, so daß eines Tages Bananen-Beppo als Abgeordneter des Volkes dem Ministerpräsidenten Roberto gegenübersteht. Beide erblassen:

Überrascht stellen sie fest, daß sie sich zum Verwechseln ähnlich sehen und der legale und der illegale Sohn eines Vaters sind. Trotzdem besteht Bananen-Beppo bei seinem Bruder auf die Durchführung des beabsichtigten Handelsvertrages.
Aber auch in Bananien kocht es um Präsidentin Irina. Die schlanken Beine der jungen Damen des Landes verlangen nach Perlonstrümpfen, um damit die kühlen Herzen der Bananenbauern aus dem Gleichgewicht zu bringen. – Dem Premierminister Alvarez Petitez kommt die kochende Volkswut gegen Irina gerade richtig, weil er schon lange auf den Präsidentenstuhl spekuliert. Sein Bruder, Propagandaminister Domingo, hofft, bei einem Regierungswechsel Juanitas Liebe gewinnen zu können. Als die beiden hören, daß Ministerpräsident Roberto von Perlonien einen Besuch bei Irina machen will, beauftragen sie die Ganoven Rigo und Brezo, dem perlonischen Roberto bei der Ankunft mit einem wohlgezielten Messerwurf das Lebenslicht auszupusten. – Roberto erfährt durch seinen tüchtigen Polizeipräsidenten von dem geplanten Attentat und ist nicht gerade bereit, seinen gut gebauten Körper

Der Obersteiger
1953

Produktion:	Patria Filmkunst
Verleih:	Gloria
Regie:	Franz Antel
Regieassistenz:	Arnfried Heyne
Drehbuch:	Franz Antel, Prof. Friedrich Schreyvogel, Jutta Bornemann, Gunther Philipp, nach Motiven der gleichnamigen Operette von Carl Zeller
Bild:	Hans Theyer
Musik:	Carl Zeller, Hans Lang
Ton:	Ing. Paul Kemetter
Bauten:	Werner Schlichting, Isabell Ploberger
Aufnahmeleitung:	Felix R. Fohn
Schnitt:	Arnfried Heyne
Kostüme:	Gerdago
Produktionsleitung:	Erich von Neusser

Darsteller: Walter Jansen (König Ludwig I von Bayern), Josefin Kipper (Prinzessin Luise), Hans Holt (Max, Herzog in Bayern), Gunther Philipp (Medardus von Krieglstein, sein Adjutant), Helene Lauterböck (Gräfin Amalie von Sensheim), Grethe Weiser (Clara Blankenfeld, Kammerfrau), Theodor Danegger (Hofkammeradjunkt Pötzl), Wolf Albach-Retty (Andreas Spaun, ein Kavalier), Oskar Sima (Matthias Lampl, Löwenwirt in Hallstatt), Waltraut Haas (Nelly, seine Tochter), Annie Rosar (Stasi, Kellnerin), Raoul Retzer (Blasius, Hausdiener), Rudolf Carl (Obersteiger aus Berchtesgaden), Josef Egger (Praxmarer, Obersteiger aus Hallstatt)

Inhalt: Prinz Max, der Vetter des bayrischen Königs, verbringt gerade seine Zeit bei der Gamsjagd im Dachsteingebiet, als ihn die Nachricht erreicht, dass der König beschlossen hat, ihn mit Prinzessin Luise zu verheiraten. Höchst unerfreut über diese Zwangsmaßnahme begibt er sich mit seinem Adjutanten Krieglstein inkognito zum Kirtag nach Hallstatt.
Prinzessin Luise weilt mit ihrer Kammerfrau Blankenfeld und der Gräfin Sensheim auf Schloss Orth. Um eine kleine Abwechslung zu bekommen, beschließt sie, verkleidet und unerkannt zum Kirtag nach Hallstatt zu fahren.
In Hallstatt geht das Gerücht um, dass Prinz Max in bürgerlicher Verkleidung sich im Ort aufhält. Zur gleichen Zeit trifft eine Postkutsche ein, in der der elegante Kavalier

Andreas Spaun beim Löwenwirt Lampl vorfährt. Dieser glaubt, in Andreas den Prinzen Max zu erkennen und sieht sich schon der königlichen Familie zugehörig, als Andreas an Nelly, der Wirtstochter, Gefallen findet.

Wolf Albach Retty, Waltraut Haas, Franz Antel

Max steigt ebenfalls bei Matthias Lampl ab und gibt sich als Obersteiger von Berchtesgaden aus. Er lernt das Mädchen Luise kennen und bleibt mit ihr während des Festes zusammen. Die beiden verlieben sich ineinander. Auch Andreas und Nelly sind sich näher gekommen. Doch als das Fest zu Ende geht, heißt es für Max und Luise Abschied nehmen.
Prinz Max sendet eine Botschaft an den König, worin er diesem mitteilt, dass er auf seine fürstlichen Rechte verzichtet und eine Bürgerliche zur Frau nehmen wird. Als Luise abreist, erfährt er, dass sie die vom König auserwählte Prinzessin ist und eilt ihr überglücklich auf Schloss Orth nach. Dort bittet er sie, ihn zu heiraten, ohne sich zu erkennen zu geben. Und sie willigt trotz des voraussichtlichen Verlustes ihres Titels ein.
Auf Schloss Orth trifft die Nachricht ein, dass ihr zukünftiger Ehemann, Herzog Max von Bayern, sie besuchen wird. Sie fällt ihm überglücklich in die Arme, als sie erkennt, dass er der Obersteiger ist.
Andreas hat den Lamplwirt und dessen Tochter Nelly alles gestanden, und nachdem sie sich von dem Schreck erholt haben, werden auch Andreas und Nelly ein glückliches Paar.

Kaiserwalzer
1953

Produktion:	Neusser-Film
Verleih:	Gloria
Regie:	Franz Antel
Regieassistenz:	Arnd Heyne
Drehbuch:	Franz Antel, Jutta Bornemann, Gunther Philipp, Friedrich Schreyvogel
Musik:	Hans Lang
Ton:	Erwin Jennewein
Standfotos:	Lothar Sandmann, Will Appelt
Kamera:	Hans H. Theyer
Bauten:	Sepp Rothauer, Heinz Ockermüller
Aufnahmeleitung:	Felix R. Fohn
Schnitt:	Arnd Heyne
Kostüme:	Gerdago
Maskenbildner:	Viktor Winkler, Hans Krebs
Produktionsleitung:	Erich von Neusser

Darsteller: Willy Danek (Franz Joseph, Kaiser von Österreich), Maria Holst (Elisabeth, Kaiserin von Österreich), Rudolf Prack (Erzherzog Ludwig), Gunther Philipp (Leutnant Zauner), Angelika Hauff (Anni, Balletttänzerin), Winnie Markus (Luise Pichler, Lehrerin), Hans Holt (Resinger, Lehrer), Pepi Glöckner-Kramer (Frau Riegler), Oskar Sima (Herr Bachmeyer), Ilse Peternell (Mizzi Bachmeyer), Paul Westermeier (Hauptmann Krause), Ellen Lauff (Gräfin Mansfeld, Hofdame der Kaiserin), Harry Hardt (Fürst Montenuova), Erik Frey (Graf Ferry), Erich Dörner (Veterinärarzt Gralitschek)

Inhalt: Erzherzog Ludwig und sein Adjutant, Leutnant Zauner, reisen nach Ischl, wo die kaiserliche Familie ihren Sommersitz hat.
Ludwig lernt die charmante Volksschullehrerin Luise Pichler kennen und stellt sich als Leutnant Zauner vor. Er verliebt sich in sie und wäre sogar bereit, für sie Ehre und Titel aufzugeben.
Auch der wirkliche Leutnant Zauner hat sein Herz an ein nettes Mädchen verloren. Es ist dies die Konditorstochter Mizzi Bachmeyer. Doch der Leutnant wird von seiner Wiener Geliebten verfolgt, die plötzlich in Ischl auftaucht und ihm Schwierigkeiten macht. Sie lässt sich erst beruhigen, als sie durch Ludwigs Vermittlung an der Hofoper als Primaballerina engagiert wird und reist nach Wien zurück.

Kaiserwalzer

Der Sommer geht zu Ende. Ludwig und sein Adjutant verlassen Ischl. Die beiden Mädchen bleiben traurig zurück. Luise ist der Meinung, dass ihr Leutnant sie aus finanziellen Gründen nicht heiraten kann, denn ein Offizier in dieser Stellung muss 10000 Gulden zur Vermählung bereit haben. So fährt sie nach Wien, um bei der Kaiserin um den Nachlass der Kaution zu bitten. Doch diese klärt die junge Lehrerin, als sie von der Affäre hört, über die Tatsache auf, dass der Leutnant Erzherzog Ludwig ist und eine sächsische Prinzessin heiraten muss.

Schmerzerfüllt beschließt sie, auf ihn zu verzichten und hilft auch ihm, die Trennung leichter ertragen zu können, indem sie ihm eine leichtfertige, unbekümmerte Lebedame vorspielt und er sich von ihr abwendet. Luise kehrt zu ihrem treu ergebenen Freund und Kamerad, dem Lehrer Resinger, zurück.
Für Mizzi und Zauner gibt es ein glücklicheres Ende, denn dieser sattelt um und wird Konditor.

Heute Nacht passiert's
1953

Produktion:	Ariston-Film
Verleih:	Herzog-Film
Regie:	Franz Antel
Regieassistenz:	Arnd Heyne
Drehbuch:	K. G. Külb, W. P. Zibaso
Musik:	Heino Gaze
Texte:	Aldo von Pinelli, Bruno Balz
Kamera:	Ernst W. Kalinke
Bauten:	Arne Flekstad
Aufnahmeleitung:	Felix R. Fohn
Schnitt:	Arnd Heyne
Herstellungsleitung:	Jochen Genzow
Produktionsleitung:	Rudolf Wischert

Darsteller: Theo Lingen (Studienrat Dr. Bräutigam),
Ilse Petri (Evchen, seine Frau),
Hans Holt (Schlagerkomponist Peter),
Christiane Jansen (Elfie, Sängerin im Tabarin),
Ingrid Lutz (Kitty, Mannequin bei Wallenstein),
Hans Leibelt (Prof. Meerwald, Schwiegervater Dr. Bräutigams), Loni Heuser (seine Frau Wanda),
Hubert von Mayerinck (Textilkaufmann Schulz),
Hilde Jäger (seine Ehefrau),
Eva Kerbler (Tochter Inge), Rudolf Schündler (Steuerberater Pagel), Charlott Daudert (Frau Lebedanz, Direktrice im Modesalon),
Fritz Imhoff (Direktor des Tabarin),
Fritz Eckart (Studienrat Krickau),
Ilse Peternell (Tochter Lisa),
Olga Tschechowa

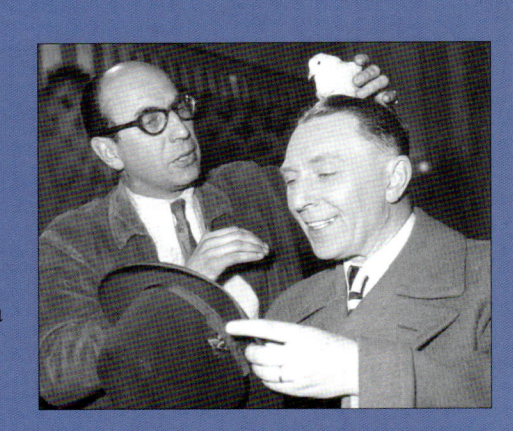

Theo Lingen, Franz Antel

Inhalt: Der Chemiker Professor Meerwald hat völlig unerwartet von einer Jugendliebe den stadtbekannten Modesalon Wallenstein geerbt. Um den lieben Ehefrieden nicht zu gefährden, muss er diese Erbschaft vor seiner eifersüchtigen Frau Wanda verheimlichen. Er will deshalb so schnell wie möglich verkaufen, doch bis dahin braucht er einen Geschäftsführer und wendet sich an seinen Schwiegersohn August.

Nicht völlig bedenkenlos übernimmt August Bräutigam die Leitung des Modesalons. Somit beginnt für ihn ein Doppelleben vormittags als pflichtbewusster Lehrer der Mädchenschule und nachmittags als eleganter Chef eines vornehmen Modesalons. Und er findet Gefallen an seiner neuen Tätigkeit.

Bis eines Tages die bekannte Schauspielerin Olga Tschechowa in den Salon kommt, um einige Kleider zu kaufen. Sie wird zusammen mit Dr. Bräutigam fotografiert. Die Bilder erscheinen in einer Illustrierten der Stadt. Für die Freunde und Bekannten Bräutigams ist das natürlich eine Sensation. Ihm gelingt es jedoch kaum, seine Frau zu beruhigen.

Durch Vermittlung des Steuerberaters Pagel hat sich ein Käufer für das Geschäft gefunden. Der Abschluss wird im Tabarin gefeiert. Auch Peter Riegelhoff, ein Schlagerkomponist und Frauenheld ist eingeladen. Er will sich mit der Sängerin des Tabarin, Elfie, verloben. Doch Kitty, ein Mannequin bei Wallenstein, meldet auch Ansprüche auf Peter an. So kommt es in der Bar zu einer heftigen Auseinandersetzung. Am nächsten Tag weiß die ganze Stadt davon. Dr. Bräutigams Ruf und Karriere stehen wieder auf dem Spiel. Doch der wahre Sünder wird gefunden, als die Schwiegermutter Wanda in das Geschehen eingreift. Sie hat nämlich alles durchschaut und deckt das Komplott schonungslos auf.

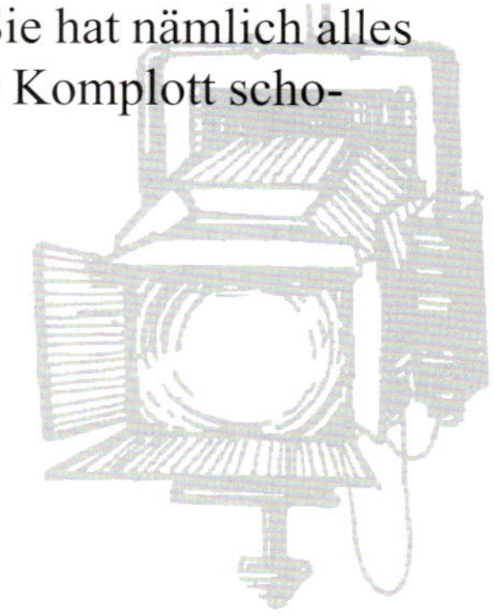

Kaisermanöver
1954

Produktion:	Hope/Neusser
Verleih:	Gloria
Regie:	Franz Antel
Regieassistenz:	Arnd Heyne
Drehbuch:	Jutta Bornemann, Karl Leiter, Gunther Philipp nach einer Idee von Franz Antel und Dr. Edmund Strzygowski
Texte:	Erich Neder
Musik:	Hans Lang, Herbert Janecka
Ton:	Kurt Schwarz
Standfotos:	Will Appelt
Kamera:	Georg Bruckbauer
Bauten:	Hans von Borsody, Hans Rouc
Aufnahmeleitung:	Felix R. Fohn, Max Weber
Schnitt:	Arnd Heyne
Kostüme:	Gerdago
Masken:	Teo Wiedmann, Fritz Jelinek, Finny Gruber
Produktionsleitung:	Franz Hoffmann
Gesamtleitung:	Erich von Neusser

Darsteller: Benno Smytt (Kaiser Franz Joseph I), Harry Hardt (Korpskommandant von Trattenbach), Winnie Markus (Comtesse Valerie von Trattenbach), Hannelore Bollmann (Steffi, Zofe bei Valerie), Rudolf Prack (Hauptmann Eichfeld), Hans Moser (Radler, Besitzer der "Waldschnepfe"), Walter Müller (Franz Radler jun.), Eric Frey (Major von Jurinic), Gunther Philipp (Hauptmann Török), Oskar Sima (Feldwebel Pieringer), Josef Meinrad (Offiziersbursche Wondrasch), Susi Nicoletti (Gräfin Trangini), Ilse Peternell (Therese)

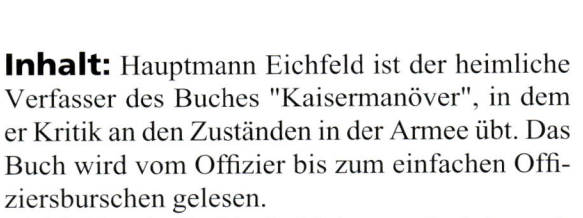

Inhalt: Hauptmann Eichfeld ist der heimliche Verfasser des Buches "Kaisermanöver", in dem er Kritik an den Zuständen in der Armee übt. Das Buch wird vom Offizier bis zum einfachen Offiziersburschen gelesen.

Eichfeld und sein Rivale Major von Jurinic streiten um die Gunst der reizenden Valerie, Comtesse von Trattenbach und Tochter eines k.u.k. Generals. Valerie gesteht ihrer Zofe Steffi, dass Eichfeld der Auserwählte ist.

Jurinic ist eifersüchtig, als er das junge Liebespaar bei einer Bootsfahrt erwischt. Wutentbrannt sucht er seinen Gegner Eichfeld auf und es kommt zu einer heftigen Auseinandersetzung zwischen den beiden. Dabei entdeckt er, dass der Hauptmann der Verfasser des skandalösen Buches ist.

Major Jurinic glaubt nun, sein neu erworbenes Wissen gegen den Rivalen ausspielen zu können und teilt Valeries Vater den Namen des Schriftstellers mit. Daraufhin stellt Korpskommandant von Trattenbach Eichfeld vor die Wahl, entweder von dem Geschriebenen Abstand zu nehmen oder aus der Armee auszutreten. Doch dieser lehnt beides ab.

Eichfeld beleidigt Jurinic. Es kommt zu einem Duell. Als Valerie davon hört, bittet sie den Beleidigten, Eichfeld nicht zu verletzen. Als Gegenleistung erklärt sie sich bereit, seine Frau zu werden. Jurinic jedoch bricht sein Versprechen und das Duell findet statt, bei dem die Widersacher unverletzt bleiben. Hauptmann Eichfeld ist tief betrübt über den Verrat seiner Geliebten, doch muss er sehr bald erkennen, dass sie aus Liebe zu ihm in eine Heirat mit Jurinic eingewilligt hat und so beschließt er, sie zu entführen.

Ein Skandal ist unvermeidlich. Eichfelds endgültiger Ruin scheint bevorzustehen. Die Kameraden des Offizierskorps erreichen schließlich doch noch durch ihre Fürsprache beim Kaiser, dass dem Hauptmann verziehen wird und er Valerie heiraten kann.

Bei der Drehbuchbesprechung

Ehesanatorium – Ja so ist es mit der Liebe
1954

Produktion:	ÖFA/Schönbrunn-Film
Verleih:	Herzog-Film
Regie:	Franz Antel
Regieassistenz:	Arnd Heyne
Drehbuch:	Dr. Kurt Nachmann, Gunther Philipp, Franz Antel
Musik:	Lotar Olias
Musikaufnahme:	Herbert Janeczka
Liedertexte:	Peter Mösser
Ton:	Kurt Schwarz
Kamera:	Hans Theyer
Bauten:	Fritz Jüptner-Olias
Aufnahmeleitung:	Felix Fohn, Max Weber
Schnitt:	Arnd Heyne
Maskenbildner:	Hans Kreis, Fritz Jellinek
Frisuren:	Hilde Wiedemann
Garderobe:	Franz Nezerka, Trude Vogl
Produktionsleitung:	Walter Tjaden
Herstellungsleitung:	Dr. Herbert Gruber

Darsteller: Adrian Hoven (Stefan Seidlitz, Journalist), Maria Emo (Franziska Kaub), Margit Saad (Rita Keller), Hans Moser (Meisel), Paul Hörbiger (Professor Eschenburg), Gunther Philipp (Fritz Keller, Pressefotograf), Oskar Sima (Herr Lehmann), Christl Mardayn (Hermine Kaub, Besitzerin des Berlages Kaub), Annie Rosar (Frau Hübner), Susi Nicoletti (Frau Dietze), Rudolf Carl (Dienstmann), Kurt Nachmann (Rudolf Burg, Verlagsdirektor), Erica Beer (Frau Brose), Ernst Waldbrunn (Herr Dietze), Peter Gerhard (Herr Hübner), Ilse Peternell (Frau Müller), Adrienne Gessner (Frau Lehmann), Helly Servi (Frau Kunz), Fritz Eckhart (Herr Rübsam), Hans Unterkirchner (Herr im Frack), Elfriede Weissenböck (Fräulein Stein, Sekretärin), Peter Hey (Professor Lebeau), Bibi Ptak (Wärter)

Inhalt: Stefan, der Reporter des Kaub-Verlages, verkleidet sich als Dienstmann, um den pressefeindlichen Professor Lebeau zu interviewen. Doch Stefan ist den Frauen allzu sehr zugetan und lässt das Interview zugunsten eines kleinen Flirts mit der reizenden Franziska sausen. Stattdessen wird der Kollege Fritz mit Hilfe eines Maskenbildners vom Fotoreporter in Professor Lebeau verwandelt. Das Bild erscheint am nächsten Tag auf der Titelseite der Zeitschrift.

Im Auftrag für den Kaub-Verlag will Stefan das Geheimnis des Ehe-Therapeuten Professor Eschenburg lüften. Zu diesem Zweck erklärt sich Rita, Fritz' Ehefrau, bereit, als Freundschaftsdienst Stefans Ehefrau zu spielen und mit ihm das Sanatorium zur

Rudolf Carl, Margit Saad und Gunther Philipp

Wiederherstellung kaputter Ehen aufzusuchen. Doch leider musste Rita entdecken, dass ihr wirklicher Ehemann fremde Frauen in der gemeinsamen Wohnung fotografiert und so packt sie ihre Sachen und fährt weg.

Der eifrige Reporter muss sich nun eine andere suchen, die mit ihm seinen Plan durchführt. Franziska, die Tochter Hermine Kaubs, bietet sich an.

Als unglückliches Ehepaar Keller stellen sich die beiden in Begleitung von Professor Lebeau, der in Wirklichkeit Fritz ist und die Fotokamera transportiert, im Sanatorium Grünwiese vor. Sie kommen hinter Professor Eschenburgs Geheimnis: Seine Therapie besteht darin, dass die Eheleute voneinander getrennt werden und solange den Eigenarten, die der andere Partner besonders hasst, nachgehen müssen, bis ihnen die eigenen Fehler selbst auf die Nerven gehen. Das Trio hat gute Arbeit geleistet und die Reportage wird ein voller Erfolg. Professor Eschenburg weiß jetzt natürlich, wer die Übeltäter sind und sperrt sie zur Strafe zusammen in einen Pavillon. Die beiden, die sich mittlerweile ineinander verliebt haben, beginnen heftig zu streiten, weil Franziska auf ihr mütterliches Vermögen nicht verzichten will, und Stefan nicht einsieht, dass er von ihrem Geld leben soll.

Der geheimnisumwitterte Eheprofessor stellt sich als erste Liebe der Hermine Kaub heraus. Damals ging ihr Verhältnis in Brüche, weil auch er nicht von ihrem Geld leben wollte. Und da der gleiche Fall bei Stefan und Franziska eingetreten ist, darf dieser Fehler nicht noch einmal gemacht werden. So finden nicht nur die Jungen zueinander, sondern auch das ältere Paar versöhnt sich.

Zum Schluss schafft es Professor Eschenburg auch noch, die Ehe von Fritz und Rita, die sich scheiden lassen wollen, zu retten.

Rosen aus dem Süden
1954

Produktion:	Victor von Struve
Verleih:	Panorama-Film
Regie:	Franz Antel
Drehbuch und Idee:	Edgar Kahn
Musik:	Lothar Olias
Standfotos:	Rolf Lantin
Kamera:	Hans Theyer
Bauten:	F. Maurischat
Produktionsleitung:	Victor von Struve, Heinz Bohner

Darsteller: Maria Holst (Marylin Parker), Gustav Fröhlich (Julien de Costa), Karl Schönböck (Sergius Konstantin), Susi Nicoletti (Janine Rocca), Oskar Sima (Barsoni), Gunther Philipp (Otto Pfennig), Hannelore Bollmann (Dora Köslin), Wilfried Seyferth (Pierre), Ilse Peternell (Hilla Pfennig), Malte Jaeger (Protokollchef), Jutta Bornemann (Fräulein Putzke), Theodor Loos (Minister), Karin Dor

Inhalt: Die Premiere der Operette "Rosen aus dem Süden" ist gefährdet, weil die Hauptdarstellerin ausgefallen ist. Direktor Barsoni will daraufhin Janine Rocca verpflichten. Diese erklärt sich bereit, im Palladium aufzutreten. Doch hatte sie ein Verhältnis mit dem Tenor des Stückes und um diesem zu entgehen, beschließt sie gemeinsam mit ihrer Sekretärin Dora, das Gerücht zu verbreiten, dass sie bereits wieder gebunden sei.

Bei ihrer Anreise lernt sie den Militärattaché von San Maroni, Julien de Costa) kennen, der sich sofort einverstanden erklärt, ihren Begleiter zu spielen.

Julien de Costa ist dienstlich unterwegs. Er soll mit der Staatssekretärin eines befreundeten Landes, Marylin Parker, gewisse Zugeständnisse für San Maroni aushandeln.

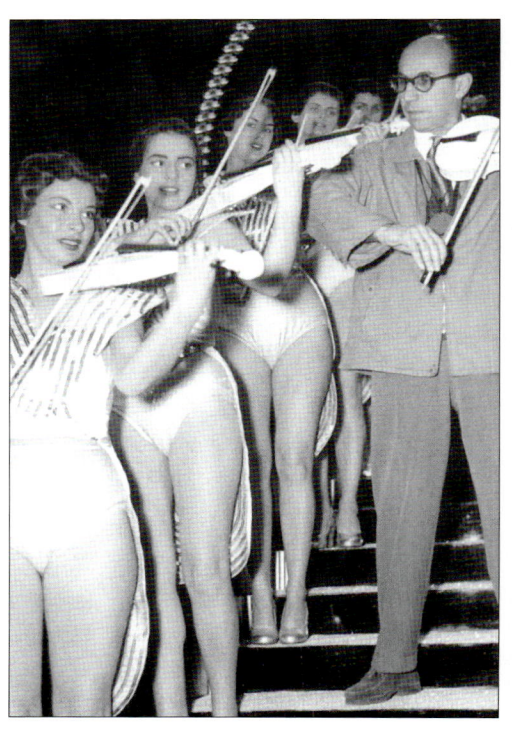

Die beiden finden sofort Gefallen aneinander, doch seine Verbindung mit Janine lässt sie Zurückhaltung üben.

Zufällig erwerben Janine und Marylin gleich aussehende Schuhe. Marylin verliert beim Tanzen einen Absatz ihrer Schuhe. Julien beauftragt den Hotelportier, diese wieder in Ordnung bringen zu lassen. Der Portier stellt Marylins Schuhe gemeinsam mit Juliens Schuhe vor dessen Hotelzimmertüre.

Am nächsten Morgen geht der Tenor Sergius an der Zimmertüre vorbei, bemerkt zwar die Schuhe, schenkt dem Geschehen jedoch keine Bedeutung.

Janine und Sergius versöhnen sich und wollen sogar heiraten. Bei der Hochzeit entdeckt der Bräutigam, dass seine Braut die Schuhe trägt, die vor der Türe des Attachés gestanden sind.

Im Glauben, dass Janine die Nacht bei Julien verbracht hat, verlässt er sie.

Julien de Costa ist nicht umsonst Diplomat. Er weiß alles so zu ordnen, dass das Glück der beiden Operettenstars gerettet wird. Auch Marylin verzeiht ihm die vielen Damenbekanntschaften, als er ihr verspricht, aus dem Staatsdienst auszutreten und sich zu wandeln.

Verliebte Leute
1954

…oder Verliebter Sommer

Produktion:	Neusser-Hope
Verleih:	Constantin
Regie:	Franz Antel
Regieassistenz:	Arnd Heyne
Drehbuch:	Herbert Reinecker
Musik:	Lotar Olias
Ton:	Max Vernoij
Fotos:	Will Appelt
Kamera:	Hans Theyer
Kameraassistenz:	Hans Matula, Leopold Frank
Bauten:	Sepp Rothauer
Aufnahmeleitung:	Felix R. Fohn, Max Weber
Schnitt:	Arnd Heyne
Script:	Susi Fehring
Produktionsleitung:	Franz Hoffmann
Gesamtleitung:	Erich von Neusser

Darsteller: Peter Pasetti (Manfred Böttcher, Ingenieur), Rudolf Platte (Gerhard Rohne, Vertreter), Peter Alexander (Karl Munk, Musiker), Hannelore Bollmann (Brigitte Mansfeld, Telefonistin), Doris Kirchner (Anja Polsterer), Oskar Sima (Otto Polsterer, Großkaufmann), Hans Moser (Gustl Kränzlein, Tankstellenbesitzer), Paula Braend (Martha, seine Frau), Ilse Peternell (Marianne, Kranzljungfer), Karl Eidlitz (Hotelgeschäftsführer), Herbert von Strohmer (Empfangschef)

Inhalt: Die drei Freunde Manfred, Karl und Gerhard haben beschlossen, gemeinsam Urlaub zu machen. Ihre Reise führt sie von Stuttgart nach München, wo sie Manfreds Onkel, den Tankstellenbesitzer Gustl Kränzlein, besuchen.

Gegenüber der Tankstelle liegt ein Hotel, in dem gerade der Großkaufmann Otto Polsterer mit seiner schönen Tochter Anja eingetroffen ist. Anja träumt von ihrer großen Liebe Jonny, aber der Vater ist nicht einverstanden und passt deshalb besonders gut auf sie auf. Unvorhergesehen muss Polsterer wegen eines Millionengeschäftes nach Hamburg fliegen und so bittet er Gustl Kränzlein, seine Tochter nach Velden an den Wörthersee zu fahren.

Wenn Sie woll'n
Polka-Fox

(Aus dem Franz-Antel-Film „Verliebte Leute"
der Neusser-Hope-Filmproduktion
im Verleih Constantin-Film)

Text: Karl Peter Mösser   Musik: Lothar Olias

WT 1232

Gustl hat sehr viel zu tun und lässt seinen Neffen Manfred diese Angelegenheit für sich erledigen. Voll Erstaunen über die bildhübsche junge Dame nimmt er sie in Empfang. Er weiß nicht, dass er die Hoteltelefonistin Brigitte Mansfeld vor sich hat. Die beiden Mädchen haben ihre Identität vertauscht und Anja ist auf der Suche nach ihrem Jonny.

Manfreds Freunde Karl und Gerhard lassen sich nicht abschütteln und bleiben ihm auf den Fersen, denn sie haben ja am Beginn ihrer Reise beschlossen, sich nicht durch Mädchen trennen zu lassen. So treffen sie alle wieder zusammen und setzen die Reise gemeinsam fort. Kurz vor St. Wolfgang lesen sie die richtige Anja auf, die inzwischen feststellen musste, dass ihr Jonny verheiratet ist. Damit der Schwindel nicht aufgedeckt wird, gibt sie sich als Brigitte aus.

Drehpause vor der Hohen Salzburg

Die Reise geht nach Heiligenblut, wo Gerhard auf einer Bauernhochzeit die Kranzljungfer Marianne kennen lernt und sich dieser nur mit größter Mühe erwehren kann. Schließlich endet die Reise der fünf jungen Leute in Velden am Wörthersee. Doch es haben sich einige Veränderungen ergeben: Manfred hat sich in die echte Anja verliebt und Karl sich in die echte Brigitte.
Voll Sorge um seine Tochter eilt Herr Polsterer herbei, doch die Situation lässt sich nicht mehr ändern.

Symphonie in Gold
1955, Farbfilm

Produktion:	Neusser/Cosmos
Verleih:	Herzog
Regie:	Franz Antel
Regieassistenz:	Arnd Heyne
Drehbuch:	Dr. Kurt Nachmann, nach einer Idee von Franz Antel, Fritz Böttger, Walter Forster
Musik:	Lotar Olias, Herbert Janecka, Karl Hinze
Tonaufnahme und Sprache:	Hans Riedl
Bild:	Hans Heinz Theyer
Standfotos:	Will Appelt
Kamera:	Hans Matula
Bauten und Entwürfe:	Sepp Rothauer, Walter Schmiedl
Aufnahmeleitung:	Felix R. Fohn, Max Weber
Schnitt:	Arnd Heyne
Kostüme:	Gerdago
Maskenbildner:	Hans Kreis, Hilde Wiedermann, Leo Wiedemann
Produktionsleitung:	Franz Hoffmann
Gesamtleitung:	Erich von Neusser

Darsteller: Joachim Fuchsberger (Walter Gerlos), Germaine Damar (Eva Bell), Gunther Philipp (Joe Lobedanz), Hans Moser (Anton Koriander), Susi Nicoletti (Mathilde Seidlitz), Hannelore Bollmann (Susi Hagedorn), Paul Westermeier (Charles Bierwirth), Ernst Waldbrunn (Magnus Mispel), Fritz Muliar (Hotelportier), Jirina Nekolova (ein Eisstar), Fernand Leemans (Bill Johnson), Karl Schäfer (Trainer), Will Appelt (Pressereporter), die Wiener Eisrevue

Inhalt: Walter Gerlos, ein junger, begeisterter Meisterläufer des Eislaufvereins Auberg, wird nur Vierter bei den Eiskunstlaufeuropameisterschaften. Enttäuscht fährt er in sein Heimatdorf zurück. Sein Verein hat kein Geld mehr, ihm weiterzuhelfen. Magnus Mispel, Berichterstatter vom "Kleinen Sportblatt", weiß einen zwar nicht korrekten, aber erfolgversprechenden Weg, wie Walter genug Geld verdienen könnte, um sich und andere Talente seines Vereins weiter auszubilden. Er soll als "Mister X mit der goldenen Maske" in Eisrevuen anonym als Berufsläufer auftreten.
Der Erfolg stellt sich schnell ein. Und um die Tarnung perfekt zu machen, spielt Walter seinen eigenen Sekretär. Er hat es geschafft, soviel Geld zu verdienen, dass er

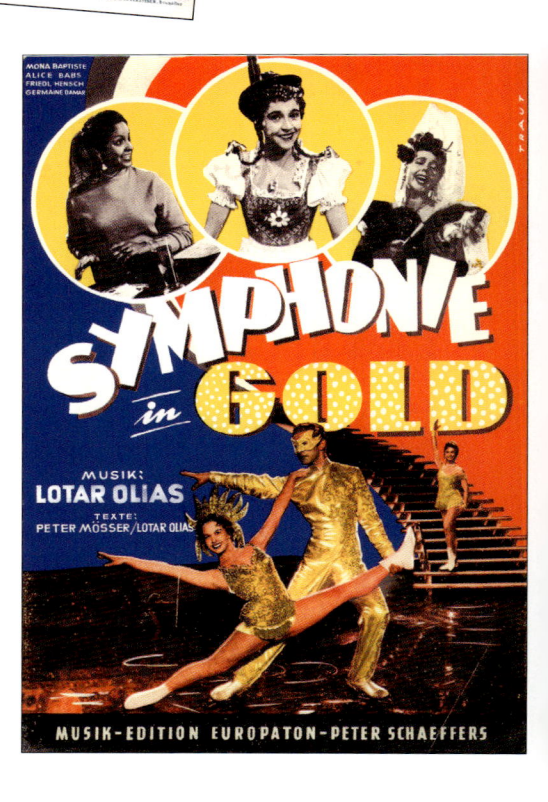

und seine Kollegen vom Eislaufverein sämtliche Vorbereitungen für die nächste Europameisterschaft treffen können.

Doch da ist noch Eva, die sich vor einem Jahr in Walter verliebt hat. Sie wollte mit ihm als Partner Solotänzerin in Bierwirths Eispalast werden. Durch seine Weigerung, in das Lager der Berufssportler überzuwechseln, nahm er ihr diese große Chance. Nun ist sie enttäuscht von ihm, weil er als Sekretär von Mister X seinen sportlichen Idealen untreu geworden ist. Mister X hat mit Bierwirth einen Vertrag abgeschlossen, dass drei talentierte Eisläufer aus Auberg im Eispalast trainieren dürfen.

Die Situation um Mister X wird immer verwirrender. Erst mit Hilfe der Vereinsvorsitzenden Koriander und Magnus Mispel gelingt es, die Unklarheiten zu bereinigen, und Mister X für immer verschwinden zu lassen.

Eva und Walter feiern einen großen Triumph als Sololäufer in der Eisrevue, und Hans Fellinger, einer der drei Eiskunstläufer, feiert seinen Sieg als Europameister.

Der Kongress tanzt
1955

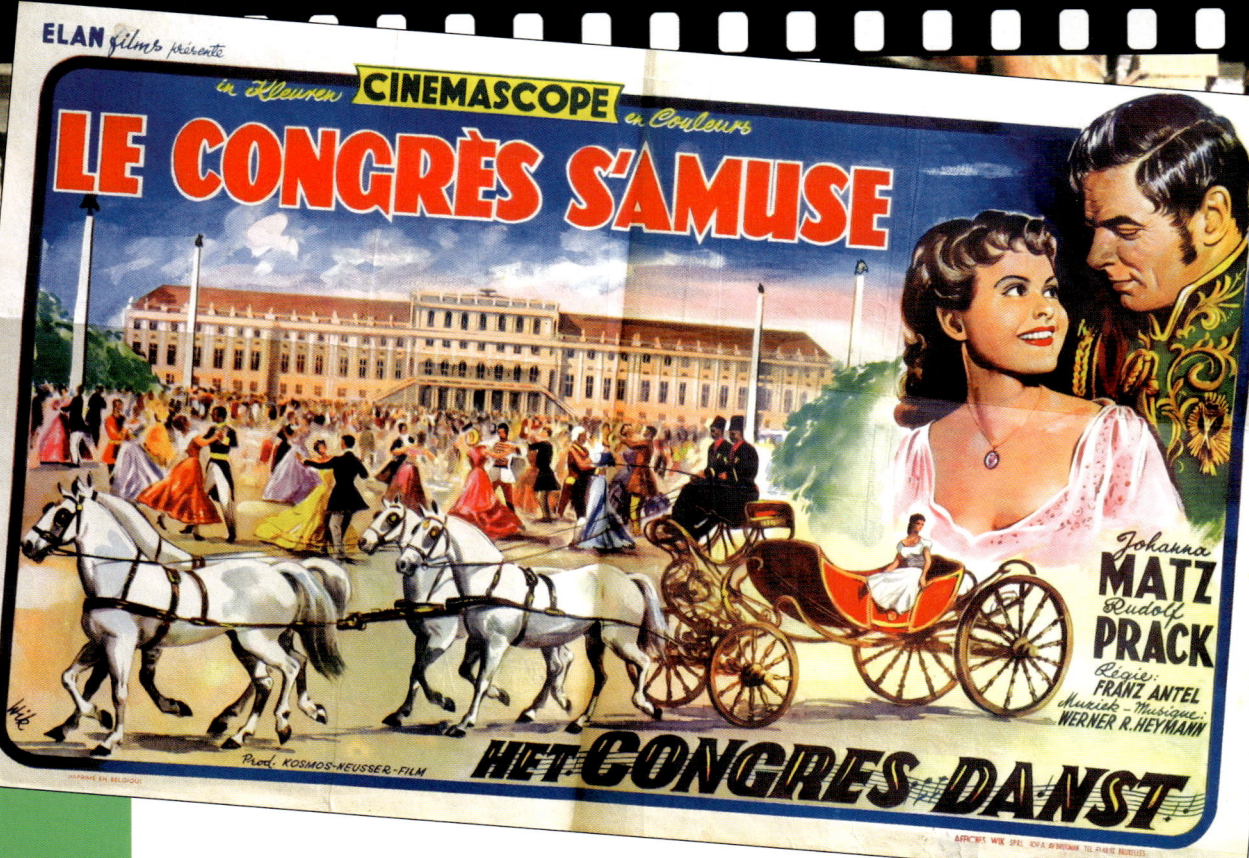

Produktion:	Cosmos/Neusser
Verleih:	Gloria
Regie:	Franz Antel
Texte:	Robert Gilbert
Musik:	Werner Richard Heymann
Ton:	Max Vernoij
Kamera:	Georg Bruckbauer
Standfotos:	Will Appelt
Architekt:	Werner Schlichting, Isabella Schlichting
Choreografie:	Schulte-Vogelheim
Produktionsleitung:	Ing. Franz Hoffmann
Gesamtleitung:	Erich von Neusser

Darsteller: Rudolf Prack (Alexander I, Zar von Russland), Oskar Sima (Bibikoff, sein Adjutant), Johanna Matz (Christl Weinzinger), Karl Schönböck (Fürst Metternich), Gunther Philipp (Pepi Gallinger, sein Sekretär), Marte Harell (Gräfin Ballansky), Hans Moser (Schöberl), Hannelore Bollmann (Babette, seine Tochter), Josef Meinrad (Franzl Eder), Jester Naefe (Lydia), Paul Westermaier (Franz, preußischer Hofkoch), Ernst Waldbrunn (Schabzigl), Ilse Peternell (Liesl)
In weiteren Rollen:
Carl W. Fernbach, Raoul Retzer, Karl Fochler, Peter Czeike

Inhalt: Christl Weinzinger steht in einer Menge von Menschen, um die Ankunft des Zaren von Russland, der zum Wiener Kongress erwartet wird, mitzuerleben. Zu seiner Begrüßung wirft sie ein Bukett in seine Kutsche. Die Russen missverstehen diese Gabe als Angriff auf Alexander und lassen sie verhaften. Der Zar, der sich einen Anschlag auf sein Leben, durchgeführt von einem Wiener Mädel, nicht vorstellen kann, besucht sie im Gefängnis. Sie hält ihn für einen ebenfalls unschuldig Verhafteten und flieht mit ihm.
Alexander versucht einen Weg zu finden, um seinem Adjutanten von dem Vorgefallenen zu berichten und übergibt dem Wirt Schöberl einen Brief an Bibikoff, in dem er diesen auffordert, ihn in Christl's Wohnung zu verhaften. Christl fällt auf dieses Schauspiel herein und bemüht sich, ihren Begleiter zu retten.
Alexander lässt sich bei den offiziellen Empfängen meist durch seinen Doppelgänger Uralski vertreten. So ist es auch Uralski, der sich mit der Balletttänzerin Lydia vergnügt. Dieses Mädchen wurde von Fürst Metternich und seiner Vertrauten, Gräfin Ballanski, ausgesucht, um den Zaren von den Sitzungen fernzuhalten.

Alexander lässt Christl in sein Jagdschloss bringen, wo er sich ihr als Zar zu erkennen gibt. Sie fühlt sich hintergangen und läuft weg. Doch als er zu ihr kommt, um sich zu entschuldigen, erleben sie einige schöne Stunden. Als Alexander am nächsten Tag ihre Verabredung nicht einhält, erfährt sie, dass dieser seine Zeit mit Lydia verbringt. Tief verletzt fährt sie zu ihrer Großmutter. Doch sie will den Zaren noch einmal sehen und kehrt nach Wien zurück. Sie trifft mit ihm zusammen und er klärt sie über seinen Doppelgänger Uralski auf. Napoleon ist in Frankreich gelandet, der Wiener Kongress ist aus. Christl und Alexander verbringen ihre letzten Stunden miteinander, bevor sie sich endgültig trennen müssen.

Oskar Sima und Rudolf Prack

Der Kongress tanzt

Heimatland
1955, Farbfilm

Produktion:	Sascha-Lux-Film
Verleih:	Gloria
Regie:	Franz Antel
Regieassistenz:	Arnd Heyne
Drehbuch:	Josef Friedrich Perkonig, Hans Holt, Dr. Kurt Nachmann, nach der Novelle "Krambambuli" von Marie von Ebner-Eschenbach
Musik:	Willi Schmidt-Gentner, unter Verwendung des Liedes "Heimatland" von Nico Dostal
Text:	Hermann Hermecke
Ton:	Max Vernoij
Tonliche Gesamtltg:	Herbert Janecka
Standfotos:	Will Appelt
Kamera:	Hans H. Theyer
Bauten:	Sepp Rothauer
Maskenbildner:	Josef Schober, Waltraud Repper, Fritz Jelinek
Kostüme:	Edith Almoslino
Aufnahmeleitung:	Wolfgang Birk
Schnitt:	Arnd Heyne
Tieraufnahmen:	Ernst von Theumer
Produktionsleitung:	Walter Tjaden
Gesamtleitung:	Dr. Herbert Gruber

Darsteller: Rudolf Prack (Thomas Heimberg), Adrian Hoven (Hans Bachinger), Marianne Hold (Helga Sonnleitner), Hannelore Bollmann (Inge Sonnleitner), Oskar Sima (Vater Bachinger), Annie Rosar (Frau Korbinian), Christiane Maybach (Lisa), Franz Muxeneder (Schnabl), Ernst Waldbrunn (Apotheker), C. W. Fernbach (Gendarmerieinspektor), Vera Comployer (Kreszenz), Peter Sparovitz (Sepp), Raoul Retzer (Loisl, ein Holzknecht), Marianne Gerzner (Vroni), Theodor Krieg (Polizeikommissar), Ena Valduga (Frau Pichler), Kurt Jaggberg (ein dürrer Mann) Hund Hatti von Fernstein als der Hund Krambambuli

Inhalt: Hans Bachinger, der Sohn eines heruntergekommenen Sägewerksbesitzers, hat seinen Heimatort verlassen und zieht, begleitet von seinem treuen Freund, dem Hund Krambambuli, durch die Welt. Auf seiner Reise findet er Arbeit auf einem Rummelplatz. Er lässt sich für kurze Zeit hier nieder und beginnt ein Verhältnis mit Lisa. Die ständigen Auseinandersetzungen mit der Chefin des Rummelplatzes, Frau Korbinian, treiben ihn heimwärts. Die Dorfgemeinde nimmt den heimkehrenden Hans nur widerwillig auf. Erst als er seiner Jugendfreundin Helga Sonnleitner, der Schwester der Wirtin "Zum weißen Hirschen", durch eine mutige Tat das Leben rettet, tritt man ihm etwas freundlicher gegenüber. Helga und Hans empfinden eine

Franz Antel – Ist das Wetter heute sonnig

tiefe Zuneigung füreinander, und er beschließt, im Ort zu bleiben und einen neuen Anfang mit Helga zu versuchen.
Der Förster Thomas Heimberg hat sich schon lange Zeit vor Hans um die Gunst der jungen Lehrerin Helga bemüht. Durch die Entscheidung für Hans, kann Thomas diesen nur mehr als Feind und Rivalen gegenübertreten.
Hans Bachinger verfällt wieder seinem alten Laster, dem Wildern. Thomas weiß, dass es nur Hans sein kann, der die Tiere abschießt, hat jedoch keine Beweise.
Frau Korbinian und Lisa stellen ihre Schießbuden im Dorf auf. Lisa versteht es, ein Wiedersehen mit Hans zu arrangieren. Diese Begegnung bringt den Bruch zwischen Hans und Helga.

Bei einer handgreiflichen Auseinandersetzung mit dem Holzknecht Loisl verletzt Hans diesen tödlich. Daraufhin wird er wegen Totschlages zu drei Jahren Gefängnis verurteilt.
Einige Monate sind vergangen. Helga hat Thomas geheiratet. Das Paar nimmt Krambambuli zu sich und Thomas wird der neue Herr des Hundes. Unterdessen gelingt es dem Gefangenen zu fliehen. Mit Hilfe Krambambulis findet Thomas die Spur von Hans. Im Kampf wird der junge Bachinger getötet und der Förster verletzt.
Krambambuli hält Hans die Treue und wartet an dessen Grab auf den eigenen Tod. Helga findet das völlig erschöpfte Tier und holt es nach Hause zurück.

Spionage
1955

…oder Oberst Redl

Produktion:	Neusse/Hope
Verleih:	Sascha-Film
Regie:	Franz Antel
Regieassistenz:	Arnd Heyne
Drehbuch:	Alexander Lernet-Holenia, Dr. Kurt Nachmann
Musik:	Willy Schmidt-Gentner
Standfotos:	Will Appelt
Kamera:	Hans H. Theyer, Hans Matula
Kameraassistenz:	Leopold Frank, Kurt Kodal
Architekt:	Felix Smetana
Ton:	Max Vernoij
Militärische Beratung:	General a.D. Gustav Adolph Auffenberg-Komarov
Militärischer Kostümberater:	Prof. Peter Schönpflug
Aufnahmeleitung:	Felix R. Fohn
Schnitt:	Arnd Heyne
Maske:	Hans Kreis, Fritz Jelinek
Kostüme:	Gerdago
Herstellungsleitung:	Franz Hoffmann
Gesamtleitung:	Erich von Neusser

Darsteller: Rudolf Forster (Chef des Generalstabes, von Heymeneck), Hannelore Bollmann (Pauline, seine Tochter), Ewald Balser (Oberst Redl), Erik Frey (Oberst Robansky), Gerhard Riedmann (Hauptmann Angelis), Oskar Werner (Leutnant Zeno von Baumgarten), Alexander Trojan (Baron Korff), Barbara Rütting (Nadeschda), Marte Harell (Gräfin Lichtenfels), Attila Hörbiger (Dr. Hartmuth), Heinz Moog (Baron Letten), Hermann Erhardt (Steidl), Ernst Waldbrunn (Ebinger), Carl Fernbach (Rittmeister Weidler), Karl Ehmann (Leopold, Diener bei Lichtenfels), Harry Hardt (General Maximoff)

Kostümentwürfe bei Gerdago

Inhalt: Oberst Redl, der Chef der Spionageabwehr, ist beauftragt zu ermitteln, an welcher Stelle geheimes Material des österreichischen Generalstabes nach Petersburg durchsickert. In Hauptmann Angelis findet er eine nützliche Unterstützung. Der junge und ehrgeizige Offizier ist mit der Tochter des Generalstabchefs, Pauline, verlobt.

Nadeschda, die Schwester Baron Korffs, kommt nach Wien zu ihrer Tante, Gräfin Lichtenfels. Bei einem kleinen Empfang im Hause Lichtenfels lernt Nadeschda Angelis kennen und sie verlieben sich ineinander. Auch Zeno von Baumgarten, der Freund Oberst Redls, ist anwesend und macht Nadeschda den Hof.

Der junge Hauptmann, getrieben von seinem Ehrgeiz, wagt einen dienstlich widerrechtlichen Schritt. Er beschafft sich heimlich einen Stempel aus Oberst Redls Büro und ermächtigt sich zur Briefzensur. Es gelingt ihm, zwei Briefe mit dem Chiffre "Opernball Nr. 13" zu finden. Er nimmt einen an sich und gibt den Befehl, den Abholer des zweiten Briefes zu verhaften.

Baron Korff, ein österreichischer Spion, ist in Petersburg hingerichtet worden. Nadeschda hat einen Brief ihres Bruders, aus dem hervorgeht, dass ein Agent mit dem Decknamen "Opernball Nr. 13" ihn verraten hat.
Sie wendet sich an Oberst Redl, doch dieser kennt keinen Baron Korff in Petersburg. Daraufhin geht sie zu Angelis und findet in dessen Wohnung einen Brief mit dem Chiffre "Opernball Nr. 13". Sie vermutet nun in ihm den Mörder ihres Bruders.

Oberst Redl wird unter Druck gesetzt, endlich konkrete Ergebnisse zu bringen. Er lässt Nadeschda überwachen und bei einem Treffen zwischen ihr und Angelis diesen verhaften. Aufgrund des belastenden Materials, unter anderem der besagte Brief, kommt Angelis vor das Kriegsgericht und wird zu lebenslanger Haft verurteilt.

Doch seine Braut Baronesse Heymeneck hält zu ihm und sie veranlasst, dass Angelis Mitarbeiter weiterhin versuchen, den Abholer des zweiten Briefes zu fassen.

Der Brief wird tatsächlich abgeholt, doch der Täter entwischt. Den Beamten gelingt es, ihn wieder aufzuspüren und sie verfolgen ihn bis zu seinem Hotel, wo sich durch eine Unachtsamkeit des Verfolgten herausstellt, dass dieser Oberst Redl ist. Noch in derselben Nacht wird ihm Gelegenheit gegeben, sich selbst zu richten.

Angelis wird rehabilitiert und findet wieder zu seiner Braut zurück.

Nadeschda verlässt auf Anraten Oberst Redls das Land, obwohl sie weiß, dass ihr bei Überschreitung der Grenze Gefahr droht. Ihr ist bewusst geworden, wie unrecht sie Angelis getan hat und nimmt deshalb die bevorstehende Bedrohung in Kauf.

Roter Mohn
1956, Farbfilm

Produktion:	Sascha/Lux
Verleih:	Gloria
Regie:	Franz Antel
Regieassistenz:	Arnd Heyne
Drehbuch:	Werner P. Zibaso, Kurt Nachmann, unter Verwendung einer Idee von Abdre Zsoldos
Musik:	Johannes Fehring, unter Verwendung des Liedes "Roter Mohn", Musik von Michael Jary, Text von Bruno Balz
Standfotos:	Will Appelt
Kamera:	Hans Heinz Theyer
Kameraassistenz:	Kurt Kodal, Richard Kamerad
Bauten:	Sepp Rothauer, Franz Szivatz
Aufnahmeleitung:	Felix R. Fohn, Max Weber
Schnitt:	Arnd Heyne
Cutterassistenz:	Angelika Appel
Maskenbildner:	Hans Kreis, Hilde Wiedermann
Kostüme:	Edith Almoslino
Choreografie:	Marina Candael
Produktionsleitung:	Karl Schwetter, Walter Tjaden
Gesamtleitung:	Dr. Herbert Gruber

Darsteller: Rudolf Prack (Stefan von Reiffenberg), Hans Moser (Anton, sein Diener), Ida Wüst (Tante Theresa), Carola Höhn (Barbara), C. W. Fernbach (Ferry), Laya Raki (Ilonka), Rolf Olsen (Theo Ritter), Kurt Nachmann (Leo Ritter), Gundula Korte (Marina), Mady Rahl (Gina), Heinz Conrads (Joachim), Ilse Peternell (Kukula), Oskar Sima (Ottokar Scheidl), Maria Perschy (Musikstudentin)

Inhalt: Ottokar Scheidl will das Wiener Theater des Grafen Reiffenberg kaufen und es in einen Amüsierbetrieb umwandeln. Das Ensemble, dessen Direktoren die Brüder Ritter sind, sieht sich schon vor die Tür gesetzt und versucht mit allen möglichen Mitteln, dies zu verhindern. So schicken die beiden Direktoren die Salondame Gina aus, um sich Herrn Scheidl zu widmen. Auch für den Grafen haben sie sich einen Plan ausgedacht. Die Schauspielerin Marina soll sich im Brautkleid in den Wagen des Grafen setzen und diesem erzählen, dass sie kurz vor der Hochzeit ihrem Bräutigam davongelaufen sei und nun zu ihrer Tante nach Rust zurück will. Daraufhin wird sie Stefan Reiffenberg mitnehmen, und weil Marinas Tante

nicht zu Hause ist, sie auf sein Schloss einladen, wo dann der getäuschte und betrogene Bräutigam Vergeltung von Stefan fordern werde. Doch Theo und Leo Ritter werden als Retter in der Not auftreten und Stefan helfen, sodass auch dieser zu einem Gegendienst bereit sein muss. Zuerst läuft alles planmäßig, bis dann Marina wirklich für Stefans Braut gehalten wird, und sie als Brautpaar im Schloss begrüßt werden. Und um die leidende Tante Theresa nicht zu enttäuschen, klären sie den Irrtum nicht auf.
Marinas Verbündete haben eine Autopanne und erscheinen nicht. Sie und Stefan beginnen Gefallen aneinander zu finden, doch Barbara, eine Jugendfreundin des Schlossherrn, will Stefan für sich haben. Sie durchschaut die Situation sehr schnell und veranlasst Marina zum Verlassen des Gutes, indem sie ihr erzählt, dass Stefan verschuldet sei und eine reiche Frau heiraten werde.

Reiffenberg ist enttäuscht über das Verschwinden Marinas und fährt mit Barbara an die Riviera. Das ebenfalls unglückliche Mädchen trifft sich mit Scheidl, um diesen zu bitten, das Theater zu kaufen und so den Grafen vor einer Heirat mit einer reichen Frau zu bewahren. Doch Anton, der Verwalter, lehnt einen Verkauf ab, weil er von Marinas wahren Motiven erfahren hat. Außerdem ermöglicht er dem Ensemble die Premiere der neuen Revue.
Anton verständigt rechtzeitig zur Premiere seinen Herrn. Als Marina ihn sieht, verliert sie die Nerven und verlässt das Theater. Doch Stefan eilt ihr nach und alle Unstimmigkeiten lösen sich auf.

Lumpazivagabundus
1956, Farbfilm

Produktion:	Rhombus-Film
Verleih:	Herzog
Regie:	Franz Antel
Regieassistenz:	Arnd Heyne
Drehbuch:	Dr. Kurt Nachmann, nach dem Volksstück von Johann N. Nestroy
Musik:	Hans Lang
Ton:	H. Janecka, Max Vernoij
Standfotos:	Will Appelt
Kamera:	Hans H. Theyer
Bauten:	Otto Pischinger
Aufnahmeleitung:	Felix R. Fohn, Max Weber
Schnitt:	Arnd Heyne
Kostüme:	Gerdago
Produktionsleitung:	Gerog M. Reuther

Darsteller: Paul Hörbiger (August Knieriem, Schuster), Gunther Philipp (Willibald Zwirn, Schneider), Joachim Fuchsberger (Johann Leim, Tischler), Hans Moser (Hobelmann, Tischlermeister), Waltraut Haas (Pepi Hobelmann, seine Tochter), Jester Naefe (Signora Palpiti), Renate Ewert (Traudl, Kellnerin), Günther Lüders (Lumpazivagabundus), Jane Tilden (Fortuna, Fee des Glücks), Werner Finck (Stellaris), Fritz Muliar (Stranzl, Bürgermeister), Hugo Gottschlich (Schnapperl, Gendarm), Fritz Imhoff (Fassl, Wirt), Rudolf Carl (Strolch)

Inhalt: Lumpazivagabundus, der Beschützer der Gauner und Trinker, und Fortuna, die Glücksfee, kämpfen um die Seele dreier Handwerksburschen. Er will beweisen, dass der Mensch grundsätzlich schlecht ist, sie aber meint, dass ein bisschen irdisches Glück den Menschen zum Guten bekehren kann.

Es scheint, als würde Lumpazivagabundus der Sieger der Wette sein, denn alle drei Gesellen haben ihr bürgerliches Leben aufgegeben und führen ein liederliches Dasein. Der fleißige Tischler Leim ist weggegangen, weil er nicht mit ansehen konnte, dass seine geliebte Pepi, die Tochter des Meisters, mit dem Bürgermeister Stranzl verheiratet werden soll. Der Luftikus Zwirn hat es zu toll mit den

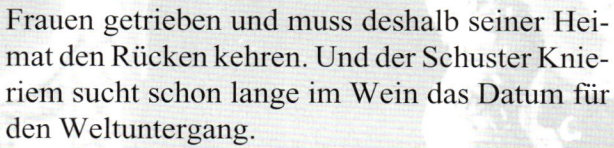

Frauen getrieben und muss deshalb seiner Heimat den Rücken kehren. Und der Schuster Knieriem sucht schon lange im Wein das Datum für den Weltuntergang.

Doch nun greift Fortuna ein und lässt die drei in der Lotterie ein Vermögen gewinnen.

Zwirn kann auf die Gefühle seiner Traudl keine Rücksicht mehr nehmen, er muss in eine vornehmere Welt und geht nach Paris. Leim geht zurück zu seiner Pepi und bekommt sie auch als Frau. Knieriem richtet in einem Ruinenkeller ein Observatorium für Weltuntergang ein, und ein Vorrat an Tausenden von Weinflaschen muss ausgetrunken werden. Am Jahrestag treffen die drei Freunde wieder zusammen.

Zwirn lebte in Saus und Braus. Er hat für falsche Adelstitel und schöne Frauen zu viel Geld ausgegeben. Bettelarm kehrt er zurück. Auch Leim hat es nach anfänglichem Glück schwer getroffen. Er wird der Brandstiftung verdächtigt, denn

Paul Hörbiger, Gunther Philipp und Joachim Fuchsberger

der Bürgermeister hat aus Eifersucht böswillig den Verdacht auf Leim gelenkt. Auch Knieriem ist das Geld ausgegangen und seine Saufkumpane haben ihn daraufhin verlassen.

Nun sitzen sie wieder zusammen und erzählen von ihrem Missgeschick. Noch einmal greift Fortuna ein. Sie zwingt Stranzl zuzugeben, dass er und nicht Leim die Schreinerei angezündet hat. Zwirn bekommt eine Schneiderwerkstätte und Traudl verzeiht ihm. Nur Knieriem kann nicht bekehrt werden. Als er die Wahl zwischen einem Glas Wein und einer Schusterwerkstätte hat, entscheidet er sich für den Wein.

Trotzdem konnte Fortuna ihrem Widersacher beweisen, dass nicht alle Menschen schlecht sind.

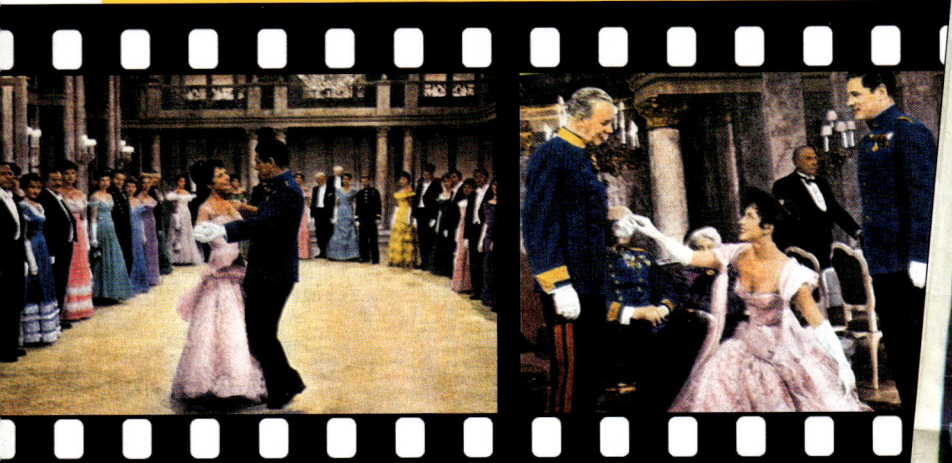

Kaiserball
1956

...oder Zwischen Salzburg und Bad Ischl

Produktion:	Hope
Verleih:	Gloria
Regie:	Franz Antel
Regieassistenz:	Arnd Heyne
Drehbuch:	Karl Leiter, Jutta Bornemann
Musik:	Lotar Olias, Hans Lang, Johannes Fehring, Heinz Musil
Standfotos:	Will Appelt
Kamera:	Hans Heinz Theyer
Kameraassistenz:	Richard Kamerad, Kurt Kodal
Bauten:	Otto Pischinger, Sepp Rothauer
Aufnahmeleitung:	Felix R. Fohn
Schnitt:	Arnd Heyne
Ton:	Max Vernoij
Kostüme:	Gerdago (Iro Gerda)
Maskenbildner:	Hans Kras, Leopold Czerny, Hilde Wiedermann
Produktionsleitung:	Heinz Pollak
Herstellungsleitung:	Dipl.Ing. Franz Hoffmann

Darsteller: Sonja Ziemann (Franzi), Rudolf Prack (Georg, Reichsgraf auf Hohenegg), Hannelore Bollmann (Christine, Prinzessin zu Schenkenberg-Nürtlingen), Bully Buhlan (Niki, Graf Barany), Hans Moser (Rienössl), Hans Olden (Erzherzog Benedikt), Maria Andergast (Fürstin zu Schenkenberg-Nürtlingen), Jane Tilden (Gräfin Reichenbach), Tommy Hörbiger (Willi), Ilse Peternell (Direktrice), Paul Löwinger (Bichler, Aushilfssportier), Raoul Retzer (Kriminalkommissär), Rolf Olsen (Jean Müller)

Inhalt: Fürstin Schenkenberg hat im Einvernehmen mit Erzherzog Benedikt beschlossen, dass sich ihre Tochter Christine mit seinem Adjutanten Georg, Graf von Hohenegg, verloben soll. Zu diesem Zweck reisen Christine und ihre Mutter nach Ischl in das Hotel "Kaiser von Österreich", um sich als Komtesse Lindenkron mit Kammerfrau den zukünftigen Mann anzusehen. Zur selben Zeit steigt Gräfin Reichenbach in diesem Hotel ab. Sie hat ein Wiener Modehaus beauftragt, ihr ein Ballkleid ins Hotel zu schicken. Mit dem Auftrag wird die junge, bescheidene Schneiderin Franzi betraut. Franzi steht ratlos in der Hotelhalle und wartet auf die Gräfin, die aber nicht kommt. Dafür lernt sie den draufgängerischen Oberleutnant Niki Graf Baranay kennen, der ihr eindeutige Angebote macht. Sie weiß sich nicht anders zu helfen, als den zufällig vorbeikommenden Graf von Hohenegg als ihren Bräutigam zu bezeichnen. So wendet sich Niki der eben angekommenen Komtesse von Lindenkron zu.

Die Ereignisse überstürzen sich. Der Chefportier des Hotels, Rienössl, hält die Komtesse für eine Hochstaplerin, Georg hält Franzi für Prinzessin Christine und Niki die wirkliche Prinzessin für eine Abenteuerin.

Gräfin Reichenbach lässt den Chef des Wiener Modehauses nach Ischl kommen, weil sie ihr Kleid noch immer nicht erhalten hat. So wird Franzi als Schneidermädel entlarvt. Georg fühlt sich genarrt, er ist enttäuscht und wendet sich von ihr ab. Auch Niki fühlt sich blamiert, weil er es gewagt hat, der wirklichen Prinzessin ein Verhältnis vorzuschlagen.

Bein Blumenkorso in Wien lösen sich alle Unstimmigkeiten in Wohlgefallen auf. Niki gelingt es durch eine schneidige Attacke, die richtigen Paare zusammenzubringen, Georg und Franzi, Christine und ihn selbst.

Kostümentwurf für Sonja Ziemann

Vier Mädels aus der Wachau
1957, Farbfilm

Produktion:	Cosmos-Film
Verleih:	NF
Regie:	Franz Antel
Drehbuch:	Rolf Olsen, Dr. Kurt Nachmann
Lieder und Musik:	Lotar Olias, Johannes Fehring, Heinrich Strecker
Ton:	Max Vernoij
Kamera:	Hans H. Theyer
Bauten:	Sepp Rothauer, Franz Szivatz
Aufnahmeleitung:	Felix R. Fohn, Max Weber
Produktionsleitung:	Heinz Pollak
Herstellungsleitung:	Franz Hoffmann

Gedreht wurde in Krems

Darsteller: Isa Günther (Christl), Jutta Günther (Gretl), Alice Kessler (Franzi), Ellen Kessler (Hanni), Hans Moser (Anton Zacherl), Oskar Sima (Leopold Scherzinger), Michael Cramer (Peter, sein Neffe), Thomas Hörbiger (Schani), Heinz Conrads (Webel), Harald Dietl (Otto Held), Rolf Olsen (Bobbek), Jane Tilden und Franzi Tilden (Rosina Kurzweg), Carl Fernbach (Luis Esteban Montemajor), Jutta Bornemann (Fräulein Scheibenpflug), Ilse Peternell (Frau Thaller), Vera Comployer (Frau Redlich), Rudi Priefer (Schani jun.), Cora Roberts

Inhalt: In Weineck, einem romantischen Dorf in der Wachau, werden vier Mädchen geboren, zwei Zwillingspärchen. Die Mutter des einen Paares ist die junge Wirtswitwe Maria Thaller, Chefin der "Schönen Aussicht". Die zweite Mutter ist Rosina, Küchenmagd in demselben Wirtshaus. Schnell verbreitet sich das Gerücht, dass in der "Schönen Aussicht" Vierlinge geboren wurden. Und mit dieser Neuigkeit ändert sich auch das Leben der Bewohner von Weineck. Bürgermeister Scherzinger bietet sich als Vormund der vier Mädchen an und macht unter dem Schlagwort "die Wachauer Vierlinge" Weineck zu einem berühmten Fremdenverkehrsort.

Oskar Sima, Hans Moser und Rolf Olsen

Zwanzig Jahre später. Die Mädchen sind zu bildhübschen jungen Damen herangewachsen und unter ihrer Führung ist aus dem damaligen Wirtshaus das exklusive Hotel "Zu den Wachauer Vierlingen" geworden. Bürgermeister Scherzinger ist dank der Arbeit und Beliebtheit der vier Schönen zu einem reichen und mächtigen Mann aufgestiegen, doch er hat seine Mündel rücksichtslos ausgenutzt und hat immer gewusst, wie er ihren Wunsch nach ein bisschen Privatleben unterdrücken konnte.

Aber nun sind vier Männer in das Leben der Mädchen getreten, mit deren Hilfe der Despot Scherzinger bezwungen wird. Sie errichten gemeinsam auf einem eleganten Donaudampfer

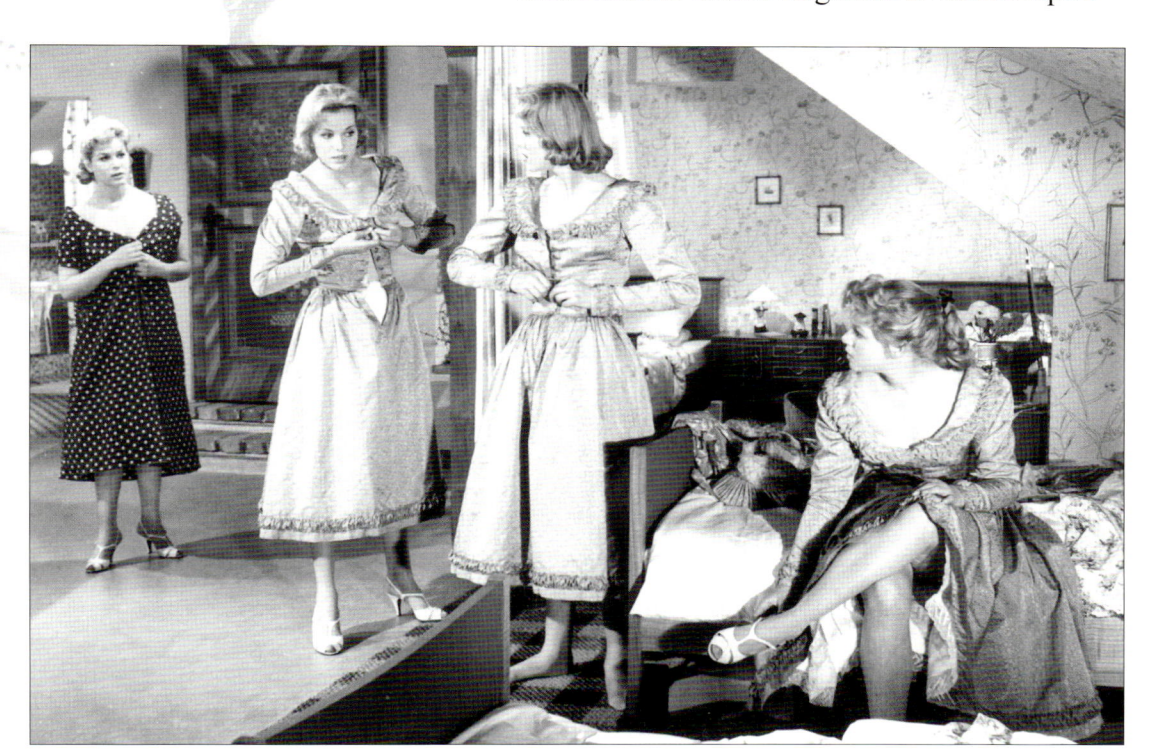

Rolf Olsen und Oskar Sima

einen "Show-Boat-Betrieb" und beginnen damit ein Konkurrenzunternehmen. Der Bürgermeister kocht vor Wut und versucht, sie mit allen möglichen Mitteln unter Druck zu setzen. Die ehemalige Küchenmagd Rosina, die damals nach Amerika ausgewandert war und es zu einem beachtlichen Reichtum gebracht hat, kehrt nach Weineck zurück. Als sie erfährt, wie es um die Vierlinge bestellt ist, beschließt sie, ihnen zu helfen, um wenigstens einen Teil ihrer Schuld wieder gut zu machen, denn sie hat ja vor zwanzig Jahren ihre beiden Töchter verlassen. Mit viel List zwingt sie Scherzinger zuzugeben, dass er sie damals verführt hat und eigentlich der Vater ihrer zwei Töchter ist. Dieser sieht sein Unrecht ein. Mit ihm und Rosina gibt es zum Schluss eine fünffache Hochzeit.

Heimweh... dort wo die Blumen blüh'n
1957, Farbfilm

Produktion:	Hope-Film
Verleih:	Gloria
Regie:	Franz Antel
Regieassistenz:	Susi Fehring
Drehbuch:	Dr. Kurt Nachmann, Rolf Olsen
Musik:	Hans Lang
Musikalische Leitung:	Johannes Fehring
Kamera:	Hans H. Theyer, Hans Matula
Bauten:	Sepp Rothauer, Franz Szivatz
Kostüme:	Gerdago
Aufnahmeleitung:	Felix R. Fohn, Max Weber
Produktionsleitung:	Heinz Pollak
Herstellungsleitung:	Franz Hoffmann

Gedreht wurde in Krems, Spitz in der Wachau

Darsteller: Sabine Bethmann (Renate),
Rudolf Prack (Robert),
Paul Hörbiger (Abt), Hans Holt (Pater Benedikt),
Erik Frey (Pater Vinzenz),
Oskar Sima (Herr Schürmann),
Christiane Nielsen (Erika Schürmann),
Annie Rosar (Theres),
Josef Egger (Josef), Okar Wanka (Toni),
Rudi Priefer (Peter), Markus Stumvoll (Karli),
C. W. Fernbach (Pater Anselmus),
Thomas Hörbiger (Franz),
Gretl Schmidek (Gretl),
Jürgen Wilke (Teddy)

Inhalt: Pater Benedikt und die Sängerknaben von St. Quirin kommen von einer Gastspielreise zurück. Auf dem Heimweg sehen sie, wie ein Mädchen versucht, sich im Fluss zu ertränken. Der Pater stürzt zu ihr hin und rettet Renate Burg das Leben. Sie nehmen sie mit ins Stift und übergeben sie der Obhut der Wirtschafterin Theres und des Gärtners Josef.

Der Abt von St. Quirin stellt Nachforschungen über das Mädchen an. Dabei erfährt er, dass sie Telefonistin in den Schürmann-Werken ist und mit dem Chefingenieur Robert Wegner befreundet war, dieser aber die Tochter des Chefs, Erika Schürmann, heiraten will.

Im Dorf unterhalb von St. Quirin ist man empört, dass im Stift einer Selbstmörderin Zuflucht gewährt wird. Doch Renate bleibt einige Zeit im Stift und macht sich nützlich.
Die Sängerknaben sind eingeladen, in den Schürmann-Werken anlässlich des Firmenjubiläums zu singen. Renate erfährt davon und hat Angst, dass Pater Benedikt Robert zur Rede stellt. Als sie dann auch noch hört, dass das Stift durch ihre Anwesenheit in Schwierigkeiten geraten ist, läuft sie weg.
Der Pater wird von der Abwesenheit Renates informiert. Die Sängerknaben unterbrechen ihren Gesang, um sie zu bitten, wieder zurückzukommen. Diese Worte hört Renate im Rundfunk.
Als die Sängerknaben zum Stift zurückfahren, steht sie winkend am Straßenrand. Es hält ein Wagen neben ihr, Robert steigt aus und schließt sie glücklich in die Arme. Nun erfährt er auch, dass sie das Opfer einer Intrige geworden ist, denn Herr Schürmann hat ihr fälschlicherweise erklärt, dass Robert mit seiner Tochter so gut wie verlobt sei.

Das Glück liegt auf der Straße
1957, Farbfilm

Produktion:	Rhombus-Film
Verleih:	Herzog
Regie:	Franz Antel
Regieassistenz:	Susi Fehring-Fernbach
Drehbuch:	Dr. Kurt Nachmann
Musik:	Lotar Olias
Ton:	Hans Löhmer
Bild:	Hans THeyer
Standfotos:	Will Appelt
Bauten:	Otto Pischinger, Herta Hareiter
Aufnahmeleitung:	Karl Gillmore, Fritz Renner
Schnitt:	Walter von Bonhorst
Kostümberatung:	Trude Ulrich
Produktionsleitung:	Georg M. Reuther

Darsteller: Walter Giller (Felix Rabe), Georg Thomalla (Tobby Zimmt), Doris Kirchner (Helga Müller), Susanne Cramer (Elfie), Christiane Maybach (Sylvia), Hubert von Meyerinck (Generaldirektor Kartzer), Ruth Stepahn (Studentin), Hans Schwarz jr. (Otto Wuttke), Alexander Engel (Prof. Frühauf), Bum Krüger (Dr. Kalmus), Frances Martin (Schauspielerin), Brigitte Wentzel (Verkäuferin Käthe), Nina von Porembsky (Lehrmädchen)

In weiteren Rollen: Margarete Haagen, Ethel Reschke, Albert Hehn, Reinhard Kolldehoff, Willi Rose, Gert Kollat, Otto Matthies, Willi Schaeffers

Inhalt: Der lebensfrohe Friseurgeselle Felix Rabe ist von seiner Tante zum Universalerben eingesetzt worden. Er verlässt die Stätte seines bisherigen Wirkens und verabschiedet sich von seiner Angebeteten, der Maniküre Elfie.
Auf dem Weg zur Wohnung seiner Tante lernt er die überaus reizvolle, aber berechnende Sylvia kennen und will mit ihr am Abend in der Bar die Erbschaft feiern. Doch Felix wird enttäuscht. Das Vermögen der Tante besteht aus einer leeren Wohnung mit einem wackeligen Sofa, einem Portrait der Verstorbenen und dreizehn Biedermeierstühlen. So beschließt er, wenigstens aus den Stühlen Geld zu machen. Er verkauft sie an Tobby, dem ebenfalls mittellosen Inhaber des gegenüberliegenden Antiquitätengeschäftes.

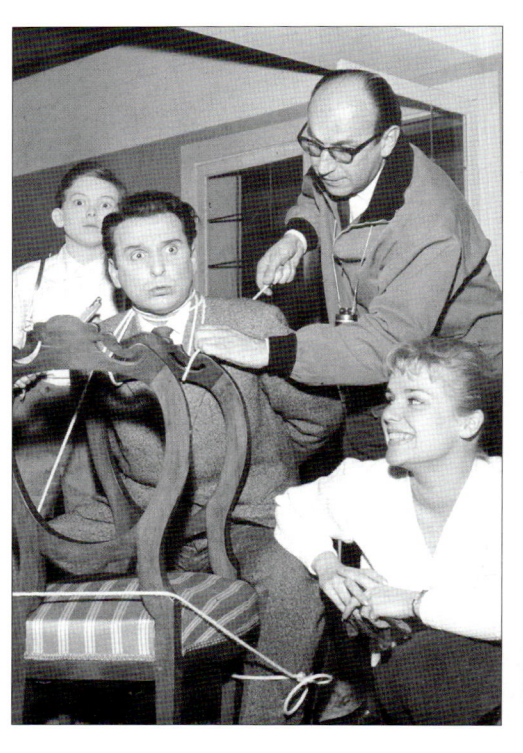

Franz Antel zeigt wie man richtig rasiert

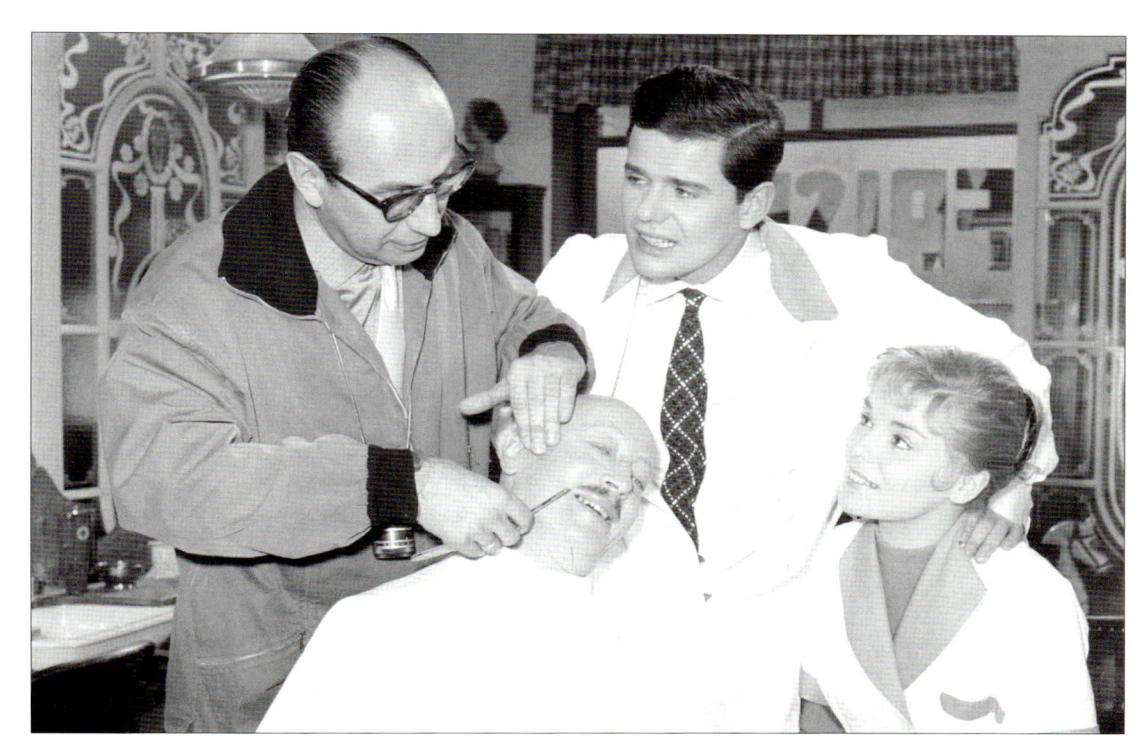

Susanne Cramer und Franz Antel

Felix muss am Abend erkennen, dass ein armer Mann kein Interesse findet bei einer Frau wie Sylvia. So kehrt er in die leere Wohnung zurück und versetzt dem Bild seiner Tante einen heftigen Stoß, dabei fällt ein Brief zu Boden, den er aber achtlos zerreißt. Doch am nächsten Morgen, als er sich die Papierschnitzel betrachtet, muss er feststellen, dass die Tante in einem der Stühle 100.000 Mark eingenäht hat. Er stürzt zu Tobby, aber diese hat die Stühle bereits verkauft.

Sie machen sich auf die Suche nach den Käufern. Es gelingt ihnen, zwölf Stühle zu finden, sie aufzuschlitzen und nachzuschauen, ob Geld darin verborgen ist. Doch sie haben kein Glück und werden sogar verhaftet. Mit Hilfe von Helga, der Freundin Tobbys, werden sie wieder freigelassen.

Der dreizehnte Stuhl ist an ein Waisenhaus verkauft worden. Als sie sich auf den Weg machen, dieses aufzusuchen, hören sie im Radio, dass ein anonymer Spender dem Waisenhaus 100.000 Mark gestiftet hat. Und sie bringen es nicht über das Herz, das Geld den armen Kindern wieder wegzunehmen.

Ein Glücksfall ereignet sich. Bevor Felix von seiner Arbeitsstätte weggegangen ist, hat er zuvor noch den glatzköpfigen General Kartzer mit einem selbst entwickelten Haarwuchsmittel behandelt. Die Haare sind gewachsen. Nun bietet er Felix an, die Produktion dieses Mittels zu finanzieren.

So haben Felix und Elfie doch noch Aussicht, ein wohlhabendes Paar zu werden.

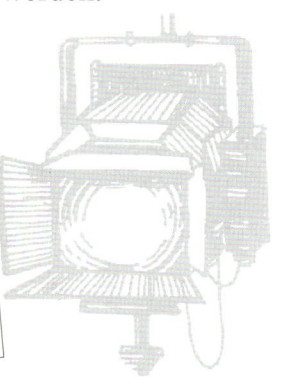

Oh, diese Ferien
1958, Farbfilm

Produktion:	Cosmos-Film
Verleih:	NF
Regie:	Franz Antel
Drehbuch:	John Anderson
Musik:	Lotar Olias, Johannes Fehring
Tonliche Gesamtltg:	Herbert Janeszka
Ton:	Max Vernoij
Bildgestaltung:	Hans Heinz Theyer
Standfotos:	Will Appelt
Bauten:	Otto Pischinger, Franz Szivatz
Schnitt:	Arnfried Heyne
Produktionsleitung:	Heinz Pollak
Gesamtleitung:	Franz Hoffmann

Darsteller: Heidi Brühl (Monika Petermann), Georg Thomalla (Max Petermann), Hannelore Bollmann (Brigitte, seine Frau), Hans Moser (Großpapa Seidelbast), Mara Lane (Baby Small), Michael Cramer (Willi Boltz), Rolf Olsen (Otto Muffler), Elke Aberle (Stupsi Petermann), C. W. Fernbach (Direktor), Oskar Wanka (Andi Petermann)

Inhalt: Die Beamtenfamilie Petermann, das sind Max, seine Frau Brigitte, seine Kinder Stupsi und Andi, seine Schwester Monika und sein Schwiegerpapa Seidelbast, unternimmt ihre Ferienreise mit einem Leihwagen. Die Fahrt geht in den Süden nach Italien.
Eine sogenannte Gangsterfamilie, das sind der Direktor, Baby Small, Otto Muffler und Willi Boltz, auch bekannt unter dem Namen einer Import- und Export-Firma "Inimpex", fährt auch mit einem Leihwagen in den Süden.
Die Fahrzeuge entstammen derselben Verleihfirma. So kommt es, dass Otto Muffler die Fracht in das falsche Auto einbaut, und sie deshalb die Familie Petermann verfolgen

Für das Familienalbum

... wurde dieses Bild von Ateliers Standfotograf Will Appelt in Monte Carlo geknipst, wo die Außenaufnahmen für den Streifen „Oh, diese Ferien" gedreht wurden. Von links: Michael Cramer, Heidi Brühl, Georg Thomalla, Ossi Wanka, Elke Abele, Mara Lane, Hans Moser, Hannelore Bollmann, Rolf Olsen und C. W. Fernbach. Das Team reiste von Wien nach Barcelona und von Barcelona bis Krems — und es erlebte dabei vergnügliche Geschichten.

Uns kam so manches spanisch vor

Von Rolf Olsen

Über diese Erlebnisse schrieb Filmkomiker, Lustspielautor und Kabarettist Rolf Olsen einen heiteren Bericht für EXPRESS. Lesen Sie ab Montag täglich im EXPRESS am ABEND den Reisebericht in Fortsetzungen.

müssen. Willi fährt mit dem Motorrad und die übrigen drei mit dem Auto. Unglücklicherweise passiert ein Zusammenstoß zwischen dem Motorrad Willis und den Petermanns, sodass sich diese verpflichtet fühlen, Willi mitzunehmen.

Otto gelingt es nicht, die Fracht zurückzubekommen. Durch ein geschicktes Manöver, auf Befehl seiner Auftraggeber, landen sie alle gemeinsam an der Riviera in einer luxuriösen Villa.

Willi hat sich in Monika verliebt, will sein bisheriges Tun aufgeben und mit ihr neu beginnen. Deshalb versucht er, die Familie Petermann zu überreden, die Reise nach Spanien fortzusetzen.

Der Polizeiinspektor a. D. Opa Seidelbast aber hat schon längere Zeit hindurch Beobachtungen nicht einwandfreier Vorgänge gemacht. So gelingt es ihm, die Verbrecher aufzudecken und ins Gefängnis zu bringen.

Nur Willi findet mit Monika in ein bürgerliches Leben zurück. Die Ferienfahrt kommt schließlich doch noch zu einem erfreulichen Ende.

Liebe, Mädchen und Soldaten
1958, Farbfilm

Produktion:	Hope-Film
Verleih:	Gloria
Regie:	Franz Antel
Regieassistenz:	Susi Fernbach-Fehring
Drehbuch:	B. E. Lüthge, Gustav Kampendonk, Karl Farkas
Musik:	Klaus Ogermann
Kamera:	Hans Heinz THeyer
Kameraführung:	Hans Matula
Architekt:	Sepp Rothauer
Aufnahmeleitung:	Felix R. Fohn, Max Weber
Schnitt:	Arnfried Heyne
Ton:	Franz Vernviz
Kostüme:	Gerda Iro
Produktionsleitung:	Heinz Pollak
Gesamtleitung:	Franz Hoffmann

Gedreht wurde in Krems an der Donau

Darsteller: Renate Holm (Steffi Gruber, Sängerin), Willy Hagara (Rudi Zaremba, Sänger und Rekrut), Carla Hagen (Annuschka), Franz Muxeneder (Alois Krumstiel, Rekrut) Walter Müller (Oberleutnant Bobby von Riedhoff), Rolf Olsen (Feldwebel Feierabend), Loni Heuser (Frau Major Siebenstern), Hubert von Meyerinck (Major Siebenstern), Helga Martin (Mimi Holzer), Hans Olden (Major Holzer), Willy Millowitsch (Feldwebel Fritz), C. W. Fernbach (Ferdy Wimmer, Sekretär), Ilse Peternell (Stubenmädchen), Raoul Retzer (Koloman, Rekrut), Tommy Hörbiger (Hanusch, Rekrut), Fritz Imhoff (Schöberl, Empfangschef)

Inhalt: Der junge, berühmte Sänger Rudi Zaremba wird zum Militärdienst einberufen. In der Garnisonsstadt Krems wird ihm von seinen Fans ein herrlicher Empfang geboten. Doch er ist nicht gekommen, um ein Konzert zu geben, sondern um bei den k.u.k. Dragonern einzurücken.

Oberleutnant von Riedhoff nimmt ihn unter seine persönliche Aufsicht. Rudi fällt es schwer, sich zurechtzufinden, zumal er nicht gewohnt ist, tägliche Arbeiten selbst zu verrichten, und so überträgt er diese zusätzlichen Aufgaben seinem Privatsekretär außerhalb der streng bewachten Kasernenhofmauern.
Rudis Rekrutentage wechseln zwischen Strafexerzieren und besonderen Vergünstigungen. Eines Nachts veranstaltet er im

Kasernenbau ein Fest. Mit Hilfe seiner Kameraden hat er Alkohol und Mädchen eingeschmuggelt. Doch das Unglück naht, als Major Holzer erscheint und dem Treiben ein Ende macht. Nun muss Zaremba für seine Fehltritte büßen. Auch das unerwartete Eintreffen seiner Verlobten Steffi Gruber bringt ihn in Verlegenheit.

Erst der Besuch Major Siebensterns, eines Abgesandten des deutschen Kaisers, in Krems, kann die verworrene Situation wieder ins Reine bringen.

Franz Antel umschwärmt von schönen Frauen

Zirkuskinder
1958, Farbfilm

…oder Solang die Sterne glüh'n

Produktion:	Hope-Film
Verleih:	Gloria
Regie:	Franz Antel
Regieassistenz:	Arnd Heyne
Drehbuch:	Dr. Kurt Nachmann, nach einer Idee von Rolf Olsen
Musik:	Johannes Fehring
Kamera:	Hans Heinz Theyer
Kameraassistenz:	Kurt Kodal
Standfotos:	Will Appelt
Bauten:	Otto Pischinger, Herta Hareiter
Aufnahmeleitung:	Felix R. Fohn, Max Weber
Schnitt:	Arnd Heyne
Ton:	Max Vernoij
Kostüme:	Inge Lüttich
Masken:	Hans Kreis, Hilde Wiedermann
Produktionsleitung:	Heinz Pollak
Gesamtleitung:	Franz Hoffmann

Darsteller: Heidi Brühl (Cora, Kunstreiterin), Gerhard Riedmann (Conny Meister, Reporter), Hans Moser (Pipo, alter Clown), Elga Andersen (Doris Hoff, Fotografin), Josef Meinrad (Karl Eibisch, Polizist), Fritz Eckhart (Otto Runkelmann, Besitzer der Rumag), Erik Frey (Dr. Corvin), C. W. Fernbach (Waxhagen, Adlatus von Runkelmann), Heinz Moog (Schimmelpfennig, Chefredakteur), Raoul Retzer (Lokalbesitzer), Erich Dörner (Milchkutscher), Ossi Wanka (Silvio, das Zirkuskind), Stefan Schwarz (ein anderes Zirkuskind)

Inhalt: Der Zirkus Marinelli steht vor dem Ruin, den Zirkusleuten Cora, Pipo und Silvio sind nur noch wenige Tiere übriggeblieben, doch sie versuchen mit all ihrer Energie, sich eine neue Existenz aufzubauen.

Der Rumag-Direktor Runkelmann, genannt der "Milchkönig", will das Zirkusgelände kaufen, um seine Werke zu vergrößern. An der diesbezüglichen Pressekonferenz nehmen unter anderem der Reporter Conny Meister und die Fotoreporterin Doris Hoff teil. Conny wittert eine gute Geschichte für seine Zeitung.
Unterdessen versuchen Pipo und Cora Geld zu verdienen, indem Pipo als Clown und Cora als Nachtclubtänzerin arbeiten. Conny befreundet sich mit ihnen und als Cora im Nachtclub in Schwierigkeiten gerät, hilft er ihr.

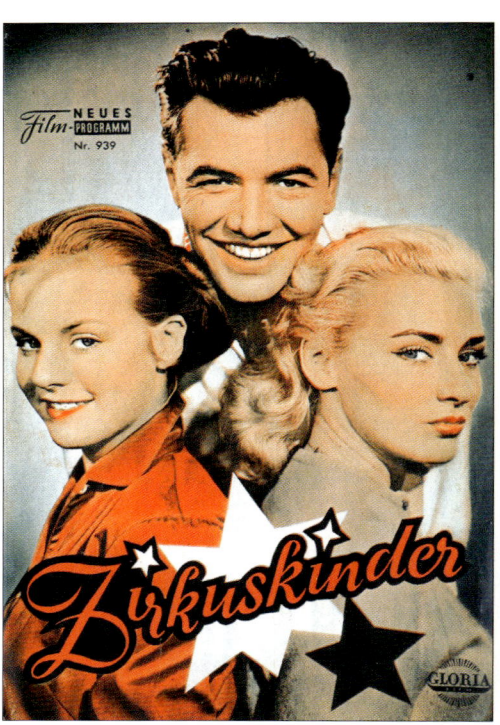

Die Kinder der Gegend versuchen ebenfalls zu helfen, damit wenigstens die Tiere versorgt werden können. Sie veranstalten ein Fußballmatch und verlangen für einen guten Zweck Eintrittspreise.

Franz Antel in der Drehpause mit Hans Moser

Runkelmann gibt seinen Plan nicht auf und will dem Treiben auf dem Zirkusgelände ein Ende machen. Als Cora einen Diebstahl, den in Wirklichkeit der Affe Charly begangen hat, auf sich nimmt, glaubt Runkelmann, dass nun die Gelegenheit gekommen ist, den Zirkus in Verruf zu bringen und dadurch seine Meinung über die Zirkusleute zu bestätigen.

Conny organisiert eine Großdemonstration und alle Kinder weigern sich Rumag-Milch zu trinken. Er und Cora sind sich sehr nahe gekommen. Doch ist sie verstört, als sie von Doris erfährt, dass Conny angeblich nur an einer guten Geschichte interessiert ist.

Die wahren Hintergründe des Diebstahles klären sich auf und auch Herr Runkelmann muss einsehen, dass er sich falsch verhalten hat. Er besinnt sich und verkündet, dass er das Zirkusgelände kostenlos zur Errichtung eines Tierasyls zur Verfügung stellt. Auch Cora und Conny versöhnen sich.

Der Schatz von Toplitzsee
1959

Pressetitel: Schüsse im Morgengrauen

Produktion:	Cinelux Film München
Verleih:	Deutsche Cosmopol Film
Regie:	Franz Antel
Drehbuch:	Dr. Kurt Nachmann und Rolf Ohlsen, nach einer Idee von Wolfgang Löhde
Musik:	Michael Jary
Kamera:	Hans H. Theyer
Bauten:	Hans Sohnle, Sepp Rothauer
Aufnahmeleitung:	Felix Fohn, Kurt Miksch, Erwin Rauch
Schnitt:	Arnd Heyne
Produktionsleitung:	Rudolf Wischert
Gesamtleitung:	Leopold Branoner

Darsteller: Joachim Hansen (Reporter Wolfgang Löhde), Sabina Sesselmann (Didi Lanz), Gert Fröbe (Johannes Grohmann), Hennelore Bollmann (Brigitte Grohmann), Werner Peters (Alfred Kopetzsky), Til Kiwe (Harald Kosel), Romana Rombach (Wanda), Wolfgang Stumpf (Franz Hanusch), Gerhard Kittler (Kriminalkommissar Wolff), Erica Vaal (Anna), Bruno Hübner (Arzt Brankovich), Franz Roberti (Landbriefträger Schiestl), Karl Ehmann (Seewirt), Peter Brand (Gendarm), Lukas Amann (jugoslawischer Leutnant), W. Schäfer (jugoslawischer Sergeant)

Inhalt: April 1945. Soldaten der Wehrmacht werden erschossen, als sie Kisten mit Falschgeld im Toplitzsee versenken. Dr. Brandt alias Johannes Grohmann verschwindet mit den restlichen Kisten. Der einzige Zeuge dieses nächtlichen Dramas, Franz Hanusch, wird unschuldig für diese Morde verantwortlich gemacht. Jahre später beginnt der Chefreporter Wolfgang Löhde die im Dritten Reich gefälschten englischen Pfundnoten aus dem Toplitzsee zu bergen. Dieses Unternehmen erregt großes Aufsehen in der Weltöffentlichkeit. Besonders betroffen fühlen sich einige ehemalige SS-Führer, die den Vertrieb dieser Millionen leiteten und sich dadurch pompöse Existenzen aufbauen konnten. Der erfolgreiche Bankier und angesehene Bürger Johannes

Gert Fröbe und Werner Peters

Im oder am Toplitzsee

Grohmann erkennt die Gefahr und lässt seinen einstigen Mitarbeiter Alfred Kopetzsky nach München kommen. Sie bieten Löhde anonym 20.000 Mark für den Fall an, dass er seine Ermittlungen einstellt. Dieser lehnt jedoch ab. Daraufhin verüben die beiden Gangster einen Anschlag auf Löhdes Freundin Didi, die durch einen glücklichen Umstand heil davonkommt. Löhde fährt nach Jugoslawien zu einem Gesichtschirurgen, der Grohmann damals operiert hat. Bei der Rückreise versucht man, ihn zu fangen, doch er kann entkommen. Er trifft sich mit Hanusch und sie finden auf einem Schloss wichtige Papiere. Durch die Presse lässt der Reporter Grohmann wissen, dass er im Besitz belastender Dokumente ist. Für Grohmann steht seine Existenz auf dem Spiel und er setzt alles daran, die Beweise seiner Identität mit Dr. Brandt zu bekommen. Kopetzsky, der in Panik gerät, wird liquidiert.
Grohmann fährt zum Toplitzsee und stürzt bei einer Verfolgungsjagd auf Leben und Tod von einer morschen Holzbrücke in die reißenden Fluten.

79

Glocken läuten überall
1960, Farbfilm

Die Glocke ruft oder Das Wunder von St. Justin
oder Unser Pfarrer ist der Beste
Arbeitstitel: Einmal noch zu Hause sein

Produktion:	Neusser-Film
Verleih:	NF
Regie:	Franz Antel
Drehbuch:	Dr. Kurt Nachmann, Rolf Olsen
Musik:	Johannes Fehring
Kamera:	Hans H. Theyer
Standfotos:	Will Appelt
Bauten:	Sepp Rothauer
Aufnahmeleitung:	Karl Spiehs, Felix R. Fohn, Heinz Starka
Schnitt:	Arnd Heyne
Produktionsleitung:	Kurt Miksch
Herstellungsleitung:	Franz Antel
Herstellungsgruppe:	Antel-Löwinger

Darsteller: Hans Holt (Johann Stadler, Pfarrer von St. Justin), Sieghardt Rupp (Stadlers Bruder Franz), Annie Rosar (Cilli, Wirtschafterin im Pfarrhaus), Oskar Sima (August Ehrlich), Helga Frank (Ehrlichs Tochter Ursula), Paul Löwinger (Mesner Bartl), Christine Buchegger (Lena Gabriel), Rolf Olsen (Friseur Hermann Ziervogel), Ilse Peternell (Ziervogels Frau Luise), Toni Bukovicz (Bacher-Großmutter), Bernhard Ilming (Enkel Peter), Raoul Retzer (Bürgermeister), Maria Menzel (Bürgermeisterin), Franz Muxeneder (Martin), Ewald Balser (Bischof), Karl Spiehs (Barbesucher), die Wiener Sängerknaben

Inhalt: Der Pfarrer von St. Justin befindet sich in einer teils ernsten, teils heiteren Fehde mit dem mächtigsten Mann der Umgebung, dem Kino- und Espressobesitzer August Ehrlich. Der Pfarrer hat viel Kummer und Ärger, weil Ehrlich die Werbeplakate für sein Kino boshafterweise vor dem Kirchentor aufstellt.

Gerade zu dieser Zeit kommt auch noch Stadlers Bruder Franz nach jahrelanger Abwesenheit zurück. Er will sich von Johann Geld borgen, um den verkommenen Bauernhof ihres Vaters wieder zurückkaufen zu können. Er verlangt aus dem der Kirche gespendeten Orgelfonds das nötige Kapital. Doch Johann weist ihn ab. Es gehen ihm aber die Worte seines Bruders, der sich für seine Bitte um Geld damit rechtfertigt, dass der Fonds wohltätigen Zwecken zugeführt werden soll, nicht aus dem Kopf. Und als er unfreiwilliger Zeuge verzweifelter Gebete eines alten Weibleins wird, lässt er dieser anonym einen Geldbetrag aus dem Fonds zukommen. Seine Wirtschafterin Cilli erfährt sein Geheimnis und veranlasst ihn, auch weiterhin arme Menschen und Bedürftige zu unterstützen.

Franz Stadler trifft seine Jugendliebe Lena wieder und sie verlieben sich erneut ineinander. Ihr zuliebe verspricht er, zu arbeiten und Geld für einen neuen Anfang zu verdienen. Sie bietet ihm ihr Sparbuch an. Er nimmt an und verwendet es für ein Transportunternehmen. Ehrlichs Tochter Uschi ist auf dem Weg nach St. Justin und verursacht einen Unfall, bei dem der Wagen und die darauf sich befindliche Fracht Franz Stadlers beschädigt werden. Er verlangt Ersatz für den Schaden, doch er wird sowohl von Ehrlich als auch von dessen Tochter abgewiesen. Er bittet Uschi, sich mit ihm zu treffen und versucht, sie noch einmal bezüglich des Schadens umzustimmen. Lena erfährt von diesem Treffen und missversteht dies. Franz gelingt es nicht, Geld von Uschi zu bekommen und beschließt, Ehrlichs Tankstelle auszurauben. Er entwendet dem Tankstellenwärter Bartl ein paar tausend Schilling.

Bartl hat Angst, vor Ehrlich den Verlust zuzugeben und erzählt Cilli von seinem Missgeschick. Die Wirtschafterin rät ihm "die wundertätige Madonna", die in letzter Zeit so oft geholfen hat, um Hilfe zu bitten. Bartls Flehen wird erhört und er findet das Geld wieder.

Rolf Olsen,
Franz Antel,
Christine Buchegger,
Oskar Sima,
Hans Holt und
Paul Löwinger

Das neuerliche Wunder der Madonna bringt Ehrlich auf eine Idee: St. Justin soll ein Wallfahrtsort werden. Als der Pfarrer davon erfährt und den Gedanken an die Vermarktung des Dorfes nicht ertragen kann, klärt er das Geheimnis um die "wundertätige Madonna" auf. Die Gemeinde ist erschüttert und kehrt sich von ihm ab. Johann Stadler muss St. Justin verlassen und sich einer bischöflichen Untersuchung stellen. Er geht in ein Kloster, bis die Situation geklärt ist.

Lena erwartet ein Kind von Franz und ist verzweifelt, weil sie glaubt, dass er sie wegen Uschi Ehrlich verlassen hat. Sie will sich umbringen und wartet auf den nächsten Zug, um sich darunter zu werfen. Der Pfarrer, der gerade auf dem Weg zum Bahnhof ist, sieht sie und erkennt sofort ihre Absicht. Es gelingt ihm, sie zur Vernunft zu bringen und die Situation zwischen ihr und Franz aufzuklären.

Uschi Ehrlich ist verreist. Als ihr Vater von einem Flugzeugabsturz hört, nimmt er an, dass sich seine Tochter in dieser Maschine befunden hat. Gebrochenen Herzens geht er in die Kirche, um für seine tot geglaubte Tochter zu beten. Nach diesem Besuch erfährt er, dass seine Tochter lebt und es ihr gut geht. Voll Dankbarkeit und Scham über sein bisheriges Verhalten bringt er alle Probleme wieder in Ordnung. Er geht persönlich zum Bischof, um ihn um die Wiedereinstellung des Pfarrers zu bitten. Als Dank für die Erfüllung seiner Bitte spendet er der Kirche eine neue Orgel.

Ehrlich bringt auch den Unfallschaden von Franz wieder in Ordnung und erstattet keine Anzeige wegen des gestohlenen Geldes.

Im schwarzen Rössl
1961, Farbfilm

Produktion:	Neue Delta-Film
Verleih:	Constantin
Regie:	Franz Antel
Regieassistenz:	Margrith Spitzer
Drehbuch:	Dr. Kurt Nachmann, Karl Farkas
Musikarrangement:	Johannes Fehring
Kamera:	Hans Matula
Kameraassistenz:	Kurt Kodal
Bauten:	Sepp Rothauer
Aufnahmeleitung:	Felix R. Fohn
Schnitt:	Hermine Diethelm
Ton:	Willi Strigl
Masken:	Fritz Jelinek
Herstellungsgruppe:	Antel-Löwinger
Herstellungsleitung:	Carl Szokoll

Darsteller: Karin Dor (Eva Lantz), Hans von Borsody (Dr. Martin Behrend), Peter Kraus (Gustl Zwanzger), Trude Herr (Maxie Sperling), Lolita (Walpurga Fux), Gretl Schörg (Wirtin des "Weißen Rössl"), Paul Löwinger (Zacherl, Faktotum im "Schwarzen Rössl"), Josef Egger (Franz Joseph, Portier in "Weißen Rossl"), Raoul Retzer (Anton, Hausknecht), Rudolf Carl (Korbinian Fux), Robertino Loretti (Piccolo im "Weißen Rössl"), Tommy Hörbiger (Poldo), Hilde Brauner (Lotte), Kristina Hansen (Susi), Annemarie Schüler (Katja), Gerti Belzer (Jane), Ines Beinauer (Ines), Hannelore Granser (Putzi); Gus Backus und Lil Babs (Sänger)

Franz Antel und Peter Kraus

Inhalt: Das Nummerngirl Eva hat das Palast-Hotel in St. Wolfgang geerbt. Sie kündigt bei ihrem Arbeitgeber und fährt mit ihrer Freundin Maxie an den Wolfgangsee. Enttäuscht müssen die beiden Mädchen feststellen, dass das Hotel ein alter, baufälliger Kasten ist, auf dem auch noch eine Menge Schulden lasten. Doch sie beschließen, die Erbschaft zu nützen und das Hotel wieder in Schwung zu bringen. Es finden sich auch sofort hilfsbereite junge Menschen: Sechs Musiker, die sie auf ihrer Anreise kennengerlernt haben, wovon sich einer, Gustl, in Eva verliebt hat. Weiters sechs junge Studentinnen, die am See kampieren. Dr. Martin Behrend, der Neffe der Wirtin vom "Weißen Rössl", verliebt sich ebenfalls sofort in Eva und ist auch der erste Gast im neu eröffneten "Schwarzen Rössl". Martin bringt immer mehr Gäste mit, sodass sich das Haus sehr schnell füllt. Und alle sind davon überzeugt: Evas Therapie, durch gesünderes Leben und Diätkost das Körpergewicht zu reduzieren, ist die beste.

Hans von Borsody und Karin Dor

Doch das Finanzamt fordert die Rückzahlung der Steuerschulden und zwar binnen drei Tagen. So verlegt Martin einen Sommernachtsball, der eigentlich im "Weißen Rössl" stattfinden sollte, ins "Schwarze Rössl". Mit Hilfe dieser Einkünfte kann Eva sogar ihre großen Schulden bezahlen und braucht das Hotel nicht zu verkaufen.

Eva, die sich bisher immer geweigert hat, sich Martin zu nähern, verliert nun auch ihre letzte Widerstandskraft. Die beiden Hotels kommen unter eine Leitung

...und Du, mein Schatz, bleibst hier
1961

...oder Die große, heitere Musikparade oder
Muss i denn zum Städtele hinaus
Arbeitstitel: Freunde fürs Leben

Produktion:	Stadthalle
Verleih:	Constantin Film
Regie:	Franz Antel
Regieassistenz:	Margrith Spitzer
Drehbuch:	Dr. Kurt Nachmann, Karl Farkas, Rolf Olsen
Musikalische Leitung:	Johannes Fehring
Musikaufnahmeleitung:	Karl Spiehs
Choreografie:	Willi Dirtl
Kamera:	Hans Heinz Theyer
Kameraführung:	Hans Matula
Kameraassistenz:	Kurt Kodal
Standfotos:	Otto Klimacek
Bauten:	Otto Pischinger, Herta Hareiter
Aufnahmeleitung:	Felix Fohn, Heinz Starka
Ton:	Willi Striegl
Herstellungsleitung:	Franz Antel, Paul Löwinger
Produktionsleitung:	Kurt Miksch

Darsteller: Vivi Bach (Helga),
Hans von Borsody (Peter Baumann),
Trude Herr (Trude), Hans Moser (Haberl),
Paul Hörbiger (Berger),
Susi Nicoletti (Gräfin Hildegund von Korowsky),
Anne Marie Kolb (Margot),
Oskar Sima (Generaldirektor Grossmüller),
Rolf Olsen (Gabriel Käs), Rudolf Carl (Kubitschek),
Hans Olden (Rittmeister von Wendelin),
Josef Egger (Fogel), Fritz Muliar (Inspektor Stieglitz);
Gus Backus, Ines Taddio, Udo Jürgens, Laurie London,
Blue Diamonds und Günter Beil (Sänger)

Inhalt: Die Jazzkapelle von Peter Baumann und seinen Freunden Hans, Tommy, Max, Udo und Gus ist ausgezeichnet. Doch der Weg zum ersten öffentlichen Auftritt ist schwer. Die Stadthalle wäre genau die richtige Kulisse, der Generaldirektor lässt jedoch keine unbekannten Musiker aufs Podium. Ein paar alte Männer, Insassen eines Altersheimes, erfahren von den Schwierigkeiten der jungen Leute und wollen ihnen helfen. Sie haben aber auch keinen Erfolg.

Peter Baumann hat einen Job als Chauffeur angenommen und stößt mit einem Sportwagen zusammen. Es hat Glück im Unglück. Die Lenkerin des Sportwagens ist die Tochter des Stadthallendirektors Grossmann. Es gelingt ihm, die etwas hochnäsige junge Dame zu einem kleinen Konzert seiner Band einzuladen. Gerade als sich die beiden anzufreunden beginnen, werden sie von Peters Verlobter Helga dabei überrascht.

Franz Antel, Vivi Bach und Hans von Borsody

Die Männer aus dem Altersheim haben sich einen Plan ausgedacht, um Peter und seiner Band einen Auftritt in der Stadthalle zu verschaffen: Die Sängerin Trude Herr soll am Abend in der Stadthalle auftreten. Leider geht dem Auto des Sekretärs Käs, der die Sängerin vom Flughafen abholen muss, die Luft aus. Auch für das Orchester Würges ist gesorgt, es kann ebenfalls nicht kommen.
Generaldirektor Grossmann ist verzweifelt. In seiner Hilflosigkeit engagiert er die Jazzkapelle von Peter. Die Vorstellung wird zu einem großen Erfolg. Helga kann ihrem Peter nicht länger böse sein und sie versöhnen sich.

Ohne Krimi geht die Mimi nie ins Bett
1962, Farbfilm

Arbeitstitel: Sonntags Angeln gehen

Produktion:	Neue Delta-Film
Verleih:	Constantin
Regie:	Franz Antel
Regieassistenz:	Hertha Friedl
Drehbuch:	Johannes Kai, Hugo Wiener
Musikalische Bearbeitung und Leitung:	Johannes Fehring
Kamera:	Hans Matula
Kameraassistenz:	Kurt Kodal
Standfotos:	Will Appelt
Bauten:	Otto Pischinger
Schnitt:	Pauline Dvorac
Masken:	Ladislaus Valicek
Produktionsleitung:	Gustav Gavrin
Herstellungsleitung:	Carl Szokoll

Darsteller: Heinz Erhardt (Eiernudelfabrikant Direktor Otto Keyser),
Karin Dor (Barbara Holstein),
Harald Juhnke (Thomas Steffen),
Ann Smyrner (Marion Keyser),
Peter Vogel (Michael Lutz),
Trude Herr (Gina),
Gus Backus (Bob Stuart),
Raoul Retzer (Polizeichef),
Bill Ramsey (Bill),
Edith Hancke (Mimi)

Inhalt: Seit drei Jahren verbringen der Ingenieur Michael und seine Freundin, die Stewardess Barbara, ihren Urlaub auf einer einsamen Insel zwischen Sizilien und Korsika. Die Isola Piccola wäre ein ideales Ferienziel für ein verliebtes Paar. Doch Barbara ist über Michael verärgert, weil er zuviel Zeit beim Angeln vergeudet. Ihr geht die paradiesische Ruhe auf die Nerven und sie freut sich, als Otto Keyser mit seiner Tochter Marion und seinem Kompagnon Thomas Steffen ebenfalls auf die Insel kommt, um die Ferien hier zu genießen.

Michael fühlt sich in seiner Einsamkeit gestört und beschließt, die Eindringliche zu verjagen. Er überredet seinen Freund Bob, einen maskierten Überfall auf die ahnungslosen Urlauber zu fingieren. Bob ist mit dem

Ann Smyrner, Heinz Erhardt, Karin Dor und Harald Juhnke

Plan einverstanden, zieht jedoch zur Sicherheit die Frau des Polizeichefs, Gina, ins Vertrauen. Gina, die gegen einen Nebenverdienst nichts einzuwenden hat und deshalb zusammen mit ihren Brüdern Urlauber bestiehlt, benützt ihr neu erworbenes Wissen dazu, einen echten Überfall auf die Isola Piccola zu machen und Bob und seine Freunde auf eine andere Insel zu schicken. Ginas Gehilfen rauben die Familie Keyser aus. Sie zerstechen das einzige Schlauchboot, das sich auf der Insel befindet, um zu verhindern, dass die fünf die Insel verlassen können.

Die Überfallenen sitzen fest. Michael amüsiert sich über die Empörung der anderen, weil er immer noch glaubt, dass das Vorgefallene ein von ihm inszeniertes Schauspiel war. Er beginnt heftig mit Marion zu flirten. So entwickelt sich ein furchtbarer Streit.

Marion versteckt heimlich das Leukoplast, mit dem Michael das Boot kleben wollte. Barbara gelingt es dennoch, mit Thomas an das Festland zu rudern. Dort erwartet sie eine böse Überraschung. Sie werden festgenommen und zusammen mit Bob und seinen Jungs ins Gefängnis geworfen.

Otto, Marion und Michael werden vom Polizeichef von der Insel geholt und ebenfalls ins Gefängnis gesteckt. Bei einer allgemeinen Gegenüberstellung kann der Polizeichef Pepe alles aufklären und seine Frau Gina als Täterin und Anstifterin überführen.

Durch den gemeinsamen Aufenthalt im Gefängnis haben sich Barbara und Michael, Marion und Thomas wieder versöhnt.

...und ewig knallen die Räuber
1962, Farbfilm

... oder Räuberhauptmann Tschinderle

Produktion: Neue Delta-Film, Art Film Vaduz
Verleih: Bavaria
Regie: Franz Antel
Drehbuch: Dr. Kurt Nachmann, unter Verwendung von Motiven aus dem Roman "Nikolaus Tschinderle, Räuberhauptmann" von F. J. Perkonig
Musik und musikalische Leitung: Johannes Fehring
Kamera: Hans Matula
Standfotos: Will Appelt
Bauten: Otto Pischinger, Herta Hareiter
Aufnahmeleitung: Gerold Martell, Wolfgang Müller
Schnitt: Hermine Diethelm
Produktionsleitung: Heinz Pollak
Herstellungsleitung: Carl Szokoll

Darsteller: Helmut Lohner (Tschinderle), Georg Thomalla (Krummfinger Achilles), Paul Hörbiger (der nasse Elias), Franz Muxeneder (das dumpe Seppele), Peter Weck (Graf Ildefons), Beba Loncar (Afra), Helga Sommerfeld (Lucina), Fritz Tillmann (Fürst Zeno), Sieghardt Rupp (Georg), Stanislav Ledinek (der rote Rollo), Heinrich Gretler (Pfarrer), Olga Toni (Mutter von Afra), Hubert von Meyerinck (Herr von Merlyn), Klaus Rott (Lutz), Alice Lach (Aja), Walter Regelsberger (Anderl), Rudolf Carl (Müller), Raoul Retzer (Fuhrmann), Herbert Fux (Hahn), Damie Mejovschek (Lix), Vladimir Meda (Krummhändel)

Inhalt: Der gutmütige Schneidermeister Tschinderle Nikolaus beschließt, Räuber zu werden, um seinen spottenden Mitmenschen zu beweisen, welch ein Kerl er ist. So zieht er los und begegnet drei armseligen Landstreichern, die er in seiner Ahnungslosigkeit für Mitglieder der gesuchten Räuberbande des "roten Rollo" hält. Die neu gewonnenen Freunde ernennen Tschinderle zu ihrem Hauptmann und anstatt Untaten zu begehen, helfen sie jedem, der in Not gerät. Zur selben Zeit treibt die echte Räuberbande ihr Unwesen. Um die Verfolger irrezuführen, hinterlässt der "rote Rollo" bei jedem Überfall einen Hinweis auf Tschinderle.

Wird Helmut Lohner gehängt?

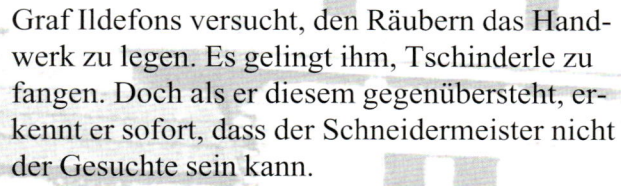

Graf Ildefons versucht, den Räubern das Handwerk zu legen. Es gelingt ihm, Tschinderle zu fangen. Doch als er diesem gegenübersteht, erkennt er sofort, dass der Schneidermeister nicht der Gesuchte sein kann.

Dennoch kann der Graf den wahren Täter fassen. Nikolaus, der aber nicht eingestehen will, dass er ein unfähiger Räuber ist und dass niemand ihn fürchtet, beharrt auf seiner Behauptung, der "rote Rollo" zu sein. Um die Empfindsamkeit des sensiblen Schneiders nicht zu verletzen, inszeniert Graf Ildefons mit Hilfe des Fürsten und der schönen Afra ein Schauspiel: Kurz bevor Nikolaus der Strick um den Hals gelegt wird, fleht Afra den Fürsten um Gnade für den verurteilten an. Nach alter Sitte kann eine Jungfrau einen mit dem Tode zu Bestrafenden loskaufen, wenn er sie heiratet. Überglücklich, dass Afra ihn heiraten will, besinnt sich Nikolaus Tschinderle und wird wieder zum Schneidermeister.

89

Das ist die Liebe der Matrosen

1962, Farbfilm

Produktion:	Neue Delta-Film
Verleih:	Constantin
Regie:	Franz Antel
Drehbuch:	Dr. Kurt Nachmann, Hugo Wiener
Musik und musikalische Leitung:	Johannes Fehring
Kamera:	Hans Matula
Standfotos:	Will Appelt
Herstellungsleitung:	Carl Szokoll

Darsteller: Gunther Philipp (Bertl Stowasser), Gerhard Riedmann (Fritz Schönthal), Helga Schlack (Charlotte von Lindenau), Ursula Borsodi (Katharina, die Große), Hannelore Auer (Mitzi Bauer, Soubrette), Hans Olden (Korvettenkapitän von Lindenau), Michael Cramer (Oberleutnant Franz von Hofstätter), Franz Muxeneder (Freiherr von Mumpitz), Susi Nicoletti (Tante Agathe), Rudolf Carl (Bogumil Zappler), Raoul Retzer (Oberbootsmaat Zauck), Viktor Afritsch (Käpitän Sperling), Geza Földessy (Theaterdirektor), Elisabeth Stiepl (Souffleuse)

Inhalt: Der Beamte der k.u.k. Monarchie Bogumil Zappler wird als Stationsvorstand und Telegrafenbeamter in die Hafenstadt Maromir versetzt. Seine mangelnden Sprachkenntnisse bringen ihn in größte Schwierigkeiten. So verstümmelt er ein Telegramm derart, dass aus dem harmlosen Inhalt "Spitalbau ohne Verzug anfangen, dringend", "Spione fangen, dringend" wird. Daraufhin ergreift der Kommandant von Maromir, Dagobert von Lindenau, alle notwendigen Maßnahmen, um die Spione zu fangen.

Fünf Personen sind seit Erhalt des Telegramms in Maromir angekommen und alle erscheinen verdächtig: Fritz Schönthal, Tenor eines Operettentheaters mit seinem Buffo-Kollegen Bertl Stowasser, beide Mitglieder einer Komödiantengruppe, die in

Maromir auftreten soll. Fritz hat wenige Tage zuvor in Wien Charlotte, die Tochter des Kommandanten von Maromir, kennen und lieben gelernt, sich dabei jedoch als Marineoffizier ausgegeben. Der Freiherr von Mumpitz ist ebenfalls nach Maromir gekommen, um Agathe, die Schwester des Kommandanten, zu heiraten. Oberleutnant Franz von Hochstätter, ein richtiger Offizier, der mit seinem Burschen Josef in die kleine Hafenstadt reist, soll sich hier zum Dienst melden. Den Dienstantritt verschiebt er jedoch um einen Tag, um einige Stunden mit seiner Geliebten Mitzi Bauer zu genießen.

Von Mumpitz, Oberleutnant von Hofstätter und sein Bursche Josef werden als Spione verhaftet. Kurz vor ihrer Exekution tritt Bertl Stowasser als Erzherzog Max auf und befiehlt, dass die Gefangenen freizulassen sind.

Fritz Schönthal erklärt seiner Charlotte, wer er in Wirklichkeit ist und sie kann ihm nicht böse sein. Auch Bertl Stowasser gibt dann seine Identität zu erkennen. Es löst sich alles in Wohlgefallen auf, und alle Liebenden bekommen einander.

Gruppenfoto mit allen Darstellern

Die ganze Welt ist himmelblau
1963

…oder Rote Lippen soll man küssen

Produktion:	Wiener Stadthalle-Stadion
Verleih:	Constantin
Regie:	Franz Antel
Drehbuch:	Franz Antel, Dr. Kurt Nachmann
Musik:	Johannes Fehring
Kamera:	Hans Matula
Kamerateam:	Kurt Kodal, Heinz Menschik
Standfotos:	Will Appelt
Bauten:	Ferry Windberger
Aufnahmeleitung:	Jakob Palle, Otto Dworak
Schnitt:	Paula Dworak
Ton:	Oskar Nekut
Choreografie:	Willy Dirtl
Herstellungsleitung:	Karl Spiehs
Produktionsleitung:	Günter Eulau
Gesamtleitung:	Adolf Eder

Darsteller: Johanna Matz (Eve), Peter Weck (Peter), Gustav Knuth (Hoover), Sabina Sesselmann (Candy), Peter Vogel (Frank), Gunther Philipp (Burian), Evi Kent (Inge), Trude Herr (Frau Kiekebusch), Paul Hörbiger (Muckenhuber), Rudolf Carl (Alois), Paul Löwinger (Franz), Josef Egger (Severin), Elisabeth Karlan (Therese), Raoul Retzer (Havranek), Alma Seidler (Frau Barotti-Hohenthal), Egon von Jordan (Dr. Hellwig), G. W. Fernbach (Bezirksinspektor Hermann)
In weiteren Rollen:
Vico Torriani, Eddie Constantine, Chubby Checker, Blue Diamonds, Cliff Richard (Titellied), es tanzen die Mitglieder des Wiener Staatsopernballetts

Inhalt: Eve, die Tochter des amerikanischen Reisebürokönigs J. P. Hoover, will unbedingt Tänzerin werden. Eves Begabung ist zwar nicht sensationell, doch mit der kräftigen Unterstützung ihres Vaters sprechen sogar die Kritiker von einem aufgehenden Stern.
Eines Tages belauscht Eve ein Gespräch zwischen Candy, ihres Vaters Freundin, und Frank, Hoovers rechte Hand, und sie erfährt, wie es um ihr angebliches Talent wirklich bestellt ist. Sie beschließt, nach Wien an die Stätte der wahren Triumphe zu fliegen, und reist unter dem Namen Peggy Meyer.
Als Eve in Wien eintrifft, versucht sie Kontakt mit Herrn Burian aufzunehmen, dem Wiener Vertreter des Hoover Konzerns. Doch dessen eifersüchtige Sekretärein Inge weiß dies zu verhindern.

Eve lernt den Oberwachmann Peter kennen, dem sie ihre Geschichte erzählt, und der sie daraufhin in das Café Muckenhuber mitnimmt. Der Besitzer dieses Cafés hat auch Peter schon gemanagt und könnte auch Peggy unter seine Fittiche nehmen.

Burian hat inzwischen ein Telegramm von Hoover erhalten, worin ihm mitgeteilt wird, dass die angebliche Peggy Meyer in Wirklichkeit Eve Hoover ist. Der Papa fliegt nach Wien, um seine Tochter zu suchen.
Eve und Peter verlieben sich, bis er durch eine Interpol-Fahndung erfährt, dass eine gewisse Peggy Meyer als Hoteldiebin und Hochstaplerin gesucht wird. Es kommt zu einer heftigen Auseinandersetzung.

Johanna Matz und Paul Hörbiger

Peter Weck und Johanna Matz

Vater Hoover hat in Wien eine Suchanzeige erstattet und das Missverständnis um Peggy Meyer, die in Paris gefasst wurde, klärt sich. Peter und Eve finden wieder zueinander. Auch Candy und Frank entdecken, dass sie sich sehr gut verstehen.
Eine frühere Primaballerina der Hofoper verhilft der begeisterten Tänzerin zu einem Auftritt. Der Erfolg ist jedoch nicht allzu groß und so beschließt Eve, noch einige Jahre hart zu arbeiten, bevor sie einen neuerlichen Auftritt riskiert.

Im singenden Rössl am Königssee
1963, Farbfilm

Arbeitstitel: Das schwarzweiße Rössl vom Königssee

Produktion:	Wiener Stadthalle
Verleih:	Constantin
Regie:	Franz Antel
Drehbuch:	Dr. Kurt Nachmann, Gunther Philipp, nach den Motiven von "Der Färber und sein Zwillingsbruder" von Johann Nepomuk Nestroy
Musik:	Johannes Fehring
Kamera:	Hans Matula
Kamerateam:	Kurt Kodal, Heinz Menschik
Standfotos:	Will Appelt
Bauten:	Herta Hareiter, Sepp Rothauer
Aufnahmeleitung:	Gerald Martell, Otto Dworak, Wolfgang Müller
Schnitt:	Hermine Diethelm
Ton:	Eduard Kasacek
Herstellungsleitung:	Karl Spiehs
Produktionsleitung:	Heinz Pollak
Gesamtleitung:	Adolf Eder

Darsteller: Peter Weck (Franz Fidelis, Benedikt Fidelis), Waltraut Haas (Cordula), Ingeborg Schöner (Monika), Oskar Sima (Onkel Simon), Trude Herr (Sieglinde), Paul Hörbiger (Zwicker, Amtsgerichtsrat i.R.), Adeline Wagner (Putzi), Rolf Olsen (Hugo Maria Krahn), Paul Löwinger (Ignaz), Ady Berber (Harald), Gunther Philipp (Straks); Manuela und Peter Hinnen (Sänger)

In weiteren Rollen:
Herbert Fux, Hugo Lindinger, Evi Kent, Elisabeth Stiepl

Inhalt: Cordula, die Wirtin vom "Singenden Rössl am Königssee", muss in weniger als zwei Wochen verheiratet sein. So steht es im Testament der verstorbenen Vaters. Wenn sie nicht bis zum fünften Sterbetag des Erblassers mit einem Mann aus dem Hotelgewerbe die Ehe geschlossen hat, fällt das "Rössl" ihrem Onkel Simon zu.
Cordula ist in den Oberkellner Franz Fidelis verliebt. Mit Hilfe von Rouge und Lippenstift versucht sie, sich zu verschönern. Doch Franz sieht in ihr nur die Chefin und nicht die Frau.
Eine neue Hotelpraktikantin kommt. Von nun an hat Franz nur noch Augen für die hübsche Monika. Und auch sie ist ihm sehr zugetan.

Unter den neuen Gästen befinden sich zwei Gauner: Karl-Heinz Eberhard Straks, ein ehemaliger Offizier, und sein Chauffeur Harald. Sie sind darauf spezialisiert, reiche Witwen auszunehmen. Die wohlhabende Sieglinde soll ihr nächstes Opfer sein. Doch Franz durchschaut ihre dunklen Absichten. Bevor er die Sache jedoch weiterverfolgen kann, muss er wegen eines Verkehrsdeliktes eine 48-stündige Haft antreten. Und das in der Hochsaison. So bittet er seinen Zwillingsbruder Benedikt aus Salzburg, sich für ihn einsperren zu lassen. Doch wie der Zufall will, wird Franz von den Gendarmen abgeführt und Benedikt muss als Kellner einspringen.
Benedikt verliebt sich in Cordula. Monika ist wütend über das offensichtliche Einverständnis, das zwischen Cordula und dem Kellner herrscht.

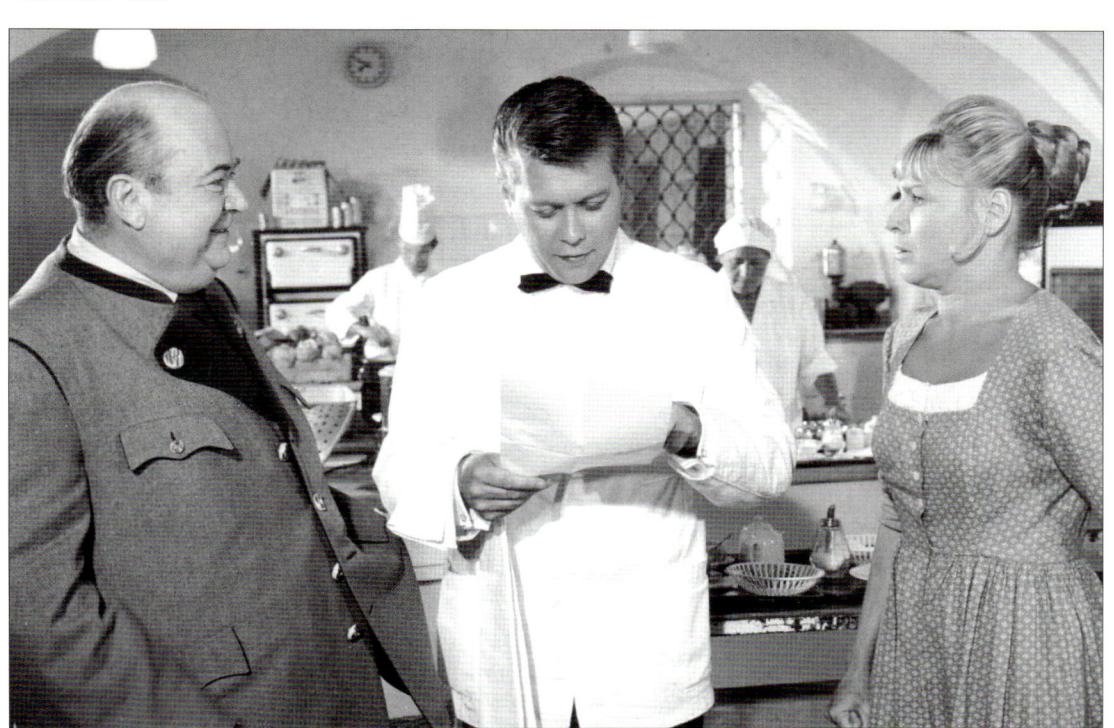

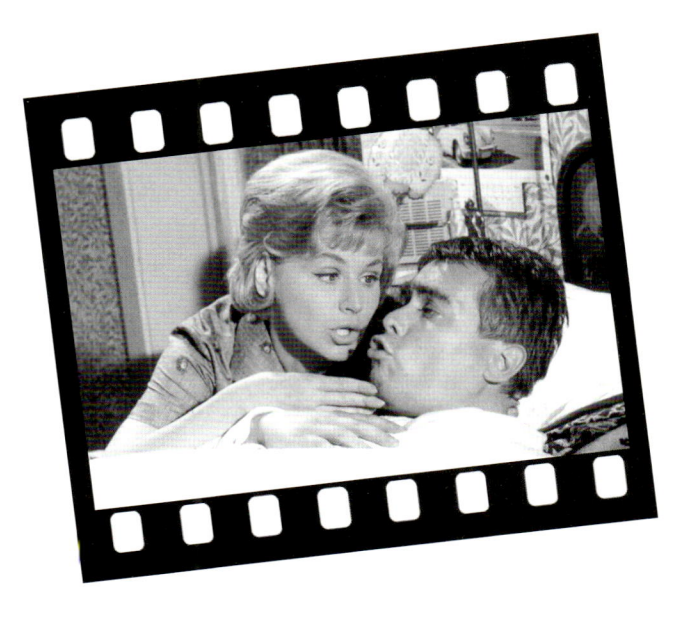

Oskar Sima, Peter Weck und Waltraut Haas

Es kommt noch zu etlichen Unklarheiten, weil niemand ahnt, dass Franz einen Zwillingsbruder hat.
So gelingt es Franz, den Gendarmen zu überreden, ihn aus dem Gefängnis freizulassen. Er kommt gerade zurecht, um am Kellnerrennen teilzunehmen und gewinnt mit Hilfe seines Bruders Benedikt.
Auch der Raubversuch an Sieglinde schlägt fehl und der Gauner Straks bleibt dem "Rössl" als Hausknecht erhalten.
Das Missverständnis um die beiden Brüder klärt sich auf und die richtigen Paare finden zueinander.

Liebesgrüße aus Tirol
1964, Farbfilm

Arbeitstitel: Hully Gully in Tirol

Produktion:	Neue Dealta-Film
Verleih:	Constantin
Regie:	Franz Antel
Regieassistenz:	Otto Stenzel
Drehbuch:	Dr. Kurt Nachmann
Musikalische Leitung:	Johannes Fehring
Kamera:	Hannes Staudinger
Kameraschwenker:	Robert Hofer
Bauten:	Theo Harrisch
Schnitt:	Annemarie Reisetbauer
Masken:	Alfred Merheim
Herstellungsleitung:	Carl Szokoll

Darsteller: Peter Weck (Dr. Stefan Burger), Gitte (Rena Larsen), Marlene Warrlich (Susanne Lenz), Gunther Philipp (Joshua Graham), Margit Nünke (Gräfin Melanie von Wengern), Thomas Alder (Thomas Holl), Josef Egger (Sebastian Holl), Peter Fröhlich (Robert von Zarewsky), Franz Muxeneder (Cyprian Knoll), Mady Rahl (Alwine Zwilch), Rudolf Schündler (Professor Krusius), Otto Haenning (Konsul Larsen), Grethe Weiser (Mrs. D.W. Applewhite), Bill Ramsey (Sänger)

Inhalt: Die reiche Amerikanerin Mrs. Applewhite richtet in einem Schloss in Tirol ein Institut ein, das der wissenschaftlichen Erforschung des Teenagerkomplexes dient. Sie stellt an einen zukünftigen Institutslehrer die Bedingung, dass dieser Vater ist. Der Kinderpsychologe Dr. Stefan Burger bewirbt sich um die Stelle, obwohl er ein kinderloser Junggeselle ist, und reist nach Tirol.
Susi Lenz, eine Schülerin des Dozenten Dr. Burger, ist sehr betrübt über dessen Abreise. Gemeinsam mit ihrer Freundin Rena beschließt sie, die Ferien ebenfalls in Tirol zu verbringen. Sie wollen im selben Hotel wie der Psychologe absteigen, müssen jedoch erfahren, dass keine Zimmer mehr frei sind. Deshalb lassen sie sich als Telefonistin und Stubenmädchen engagieren.

Mrs. Applewhite lädt Dr. Burger ein, um sich und sein Kind vorzustellen. Stefan sieht sich in einer ausweglosen Situation. Die beiden Mädchen erfahren von dieser Einladung und wollen ihm helfen.

Ohne Wissen ihres Angebeteten verkleidet sich Rena als Dreizehnjährige und stellt sich bei Mrs. Applewhite als Tochter vor. Die reiche Amerikanerin ist von der Kleinen so sehr begeistert, dass sie den Vater engagiert, ohne ihn vorher kennen gelernt zu haben.

Susi, die sich besonders zu ihrem Lehrer hingezogen fühlt, weiht diesen in das Komplott mit der Freundin ein. Bei einem gemeinsamen Abendessen mit der Sponsorin verläuft alles zur vollsten Zufriedenheit. Die Situation scheint gerettet.

Ein unverhoffter und ungeahnter Zwischenfall zerstört den erhofften Sieg der drei Verbündeten. In Gegenwart von Mrs. Applewhite öffnet sich der Koffer von Rena, dessen Inhalt und Utensilien einer Dreizehnjährigen nicht entsprechen. Dr. Burger wird als Betrüger und Hochstapler entlarvt.

Trotz der Verdächtigungen fühlt sich Stefan als sehr glücklicher Mensch, denn er hat sich in seine angebliche Tochter verliebt. Susi kann ihm und ihrer Freundin Rena leichten Herzens verzeihen, weil sie sich in der Zwischenzeit mit dem Hotelier Thomas angefreundet hat. Auch Mrs. Applewhite zeigt sich versöhnlich und gibt Dr. Burger die Stelle als Institutsleiter.

Volles Herz und leere Taschen
1964

Produktion:	Loewant, Geos, Sincar
Verleih:	Columbia
Regie:	Franz Antel
Drehbuch:	Franz Antel, Dr. Kurt Nachmann, Eduard Anton
Musik:	Ennio Morricone
Kamera:	Ricardo Pallottini
Standfotos:	K. H. Vogelmann
Bauten:	Herta Hareiter
Schnitt:	Adolph Schlyssleder
Herstellungsleitung:	Carl Szokoll
Gesamtleitung:	Franz Antel

Darsteller: Thomas Fritsch (Rik), Alexandra Stewart (Laura), Gino Cervi (Botta), Senta Berger (Jane), Linda Christian (Minelli), Dominique Boschero (Elga), Francoise Rosay (Borgia), Eduardo Spadaro (Kutscher), Helga Lehner (Sabine), Margaret-Rose Keil (Giulia), Massimo Serato (Chefredakteur), Manfred Spiehs (Luigi)

Inhalt: Rik Hofer kommt nach Rom, um hier sein Glück zu machen. Im Café de Paris auf der Via Veneto ist er der zehntausendste Besucher des Lokals und erhält dafür 10.000 Lire und die Einladung zu einem Essen nach freier Wahl. Er lädt die Journalistin Laura, die um ein Interview bat, zum Essen ein. Dabei erzählt er ihr von seinen Plänen und dass er eines Tages Schlagzeilen in der Zeitung machen werde.
Wenig später lernt er die Dame Elga kennen. Sie nimmt ihn mit in ihre Wohnung zu einem Schäferstündchen und stiehlt sein Geld aus der Brieftasche. Doch er beobachtet diesen Vorgang und eignet sich als Gegenleistung den Inhalt ihrer Handtasche an. In aller Eile verlässt er die Wohnung und rammt dabei einen Hausierer. Als Entschuldigung schenkt er diesem tausend Lire und

Thomas Fritsch und Senta Berger

dieser ihm eine Tube mit Bräunungscreme. Auf der Tube entdeckt er den Hinweis: "1. Preis des großen Venus-Creme-Wettbewerbes". Rick gewinnt einen Traumwagen, übergeben von der attraktiven Jane, der Vertrauten und Freundin des Industriellen Botta. Jane kann Herrn Botta davon überzeugen, dass es nützlich sein könnte, sich mit dem jungen Mann gut zu stellen. So gründet der skrupellose Industrielle eine Firma und setzt Rik als Leiter des Unternehmens ein. Die Aufgabe des neuen Direktors ist es, Briefe zu unterschreiben und Schecks zu quittieren. Rik ändert seinen Lebensstil. Er steigt nur mehr in den besten Hotels ab und lässt sich von den bekanntesten Modeschöpfern einkleiden.

Rik gelangt zufällig in den Besitz streng geheimer Unterlagen. Er verkauft sie für 50 Millionen Lire an die schöne und reiche Ambrogia Minelli. Botta erfährt davon und wirft ihn hinaus. Die Dokumente sind, wie sich herausstellt, doch nicht so wertvoll und deshalb ist auch Frau Minelli wütend.

Rik muss sich geschlagen geben. Er kann die Hotelrechnung nicht bezahlen, seine Schecks sind nicht gedeckt und sein Auto ist mit einem Wechsel bezahlt worden. Er fährt zurück in seine Heimat.

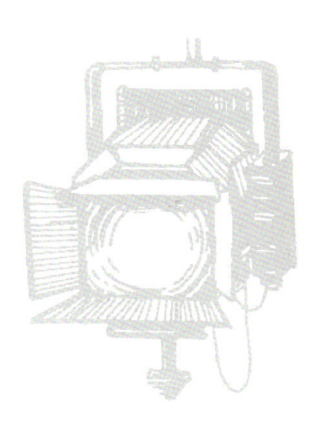

Die große Kür
1964, Farbfilm

Produktion:	Team-Film, Wiener Stadthalle
Verleih:	Nora
Regie:	Franz Antel
Drehbuch:	Dr. Kurt Nachmann
Musik:	Erwin Halletz
Kamera:	Siegfried Hold
Bauten:	Horst Henicke
Aufnahmeleitung:	Fred Kolhanek
Schnitt:	Arnd Heyne
Herstellungs- und Produktionsleitung:	Carl Szokoll, Karl Spiehs

Darsteller: Marika Kilius (Marika), Hans-Jürgen Bäumler (Hans-Jürgen), Peter Kraus (Jonny, Mrs. Kings Sohn), Paul Hörbiger (Franz Haslinger), Mady Rahl (Marikas Trainerin), Peter Fröhlich (Peter, Fotoreporter), Marlene Warrlich (Helga, Journalistin), Marte Harell (Mrs. King, Chefin der amerikanischen Eisrevue), Wolf Albach-Retty (Vetter, Chef der Wiener Eisrevue), Marlene Rahn (Kiki), Dorothee Parker (Jane), Heinz Erhardt (Eberhard Traugott, Manager), Gunther Philipp (Tommy Toifel, Manager)
In weiteren Rollen:
Ensemble der Wiener Eisrevue, Mitglieder des Balletts der Wiener Staatsoper, Flamenco-Tänzer Pedro di Cordoba, Ingrid Wendl, Raoul Retzer

Inhalt: Im Festsaal des Hotels International in Wien feiern die beiden Eiskunstweltmeister Marika und Hans-Jürgen ihren Abschied als Amateurläufer. Sie stehen vor der Entscheidung, bei der Wiener oder einer amerikanischen Eisrevue als Profis einzusteigen, können sich jedoch noch nicht entscheiden. Die Manager Traugott und Toifel konkurrieren um ihre Gunst.
Hans-Jürgen, der Marika noch nie gestanden hat, dass er in sie verliebt ist, beschließt, ihr an diesem Abend von seiner Zuneigung zu erzählen. Bevor es zu dieser Aussprache kommt, muss er entdecken, dass Marika einen zweiten Verehrer hat und diesen auch sehr nett findet.

Am nächsten Morgen gibt es für Hans-Jürgen ein böses Erwachen. Marika, Tante Trude, Verehrer Jonny und die beiden Manager haben in der Eden-Bar einen feuchtfröhlichen Abend verbracht und Tante Trude, der Vormund der minderjährigen Marika, hat einen Vertrag bei Eberhard Traugott unterschrieben. Marika ist somit an die Agentur der amerikanischen Eisrevue gebunden.

Jonny lädt Tante Trude mit ihrer Nichte und die Journalistin Helga ein, einige Tage in Villars zu verbringen. Die Mutter Jonnys, die gleichzeitig der Boss der amerikanischen Eisrevue ist, trainiert gerade mit ihrem Ensemble in Villars. Sie möchte, dass auch Hans-Jürgen in ihrer Eis-Show tanzt und macht Helga ein verlockendes Angebot, wenn sie imstande ist, Hans-Jürgen ebenfalls in die amerikanische Revue zu bringen.

Die Sensationsmeldung, dass Jonny und Marika sich verlobt haben, lässt Hans-Jürgen noch am selben Tag einen Vertrag mit der Wiener Eisrevue unterzeichnen.
Das Weltmeisterpaar ist getrennt. Aber weder Marika noch Hans-Jürgen haben Glück mit ihren neuen Partnern. Ihre Leistung sinkt schon während der Proben für die Shows. Die einzige Verbindung der beiden, die noch besteht, ist ihr Hund Lumpi.
Dem alten Mann namens Haslinger, bei dem Hans-Jürgen wohnt, kommt die Idee, dass Lumpi der einzige ist, der das Paar wieder zusammenbringen kann. Und es gelingt ihm. Die Premiere in der Wiener Eisrevue findet mit Marika und Hans-Jürgen statt.

Frühstück mit dem Tod
1964

Produktion:	Wiener Stadthalle, Team-Film
Verleih:	Nora
Regie:	Franz Antel
Regieassistenz:	Otto Stenzel
Drehbuch:	Albert Thomas, Thomas Alder, nach dem Roman "Gestehen Sie, Herr Rechtsanwalt" von Day Keene
Musik:	Gert Wilden
Kamera:	Werner M. Lenz, Wolfgang Hannemann
Bauten:	Otto Pischinger
Aufnahmeleitung:	Fred Kollhanek, Hans-Joachim Bracht
Schnitt:	Wolfgang Wehrum
Ton:	Gunther Kortwich
Kostüme:	Ingrid Neugebauer
Masken:	Herta Kyrath-Schwarz, Werner Schröder
Herstellungsleitung:	Karl Spiehs
Gesamtleitung:	Adolf Eder, Gero Wecker

Darsteller: Sonja Ziemann (Rechtsanwältin Jane Painter-Talbot), Wolfgang Preiss (Staatsanwalt Ted Talbot), Loni von Friedl (Vickie Paul), Robert Graf (Hal Young, stellvertretender Staatsanwalt), Ivan Desny (Luke Adama, Nachtclubbesitzer), Dieter Eppler (Polizeileutnant Keller), Dominique Boschero (Beth Conley), Ady Berber (Ernie, Adamas Leibwächter), Stanislav Ledinek (Larry, Besitzer eines Motels), Marlene Rahn (Tänzerin), Kurt Nachmann (Dr. Nelson, Polizeisrzt), Chris Howland (Tom, Barkeeper), Peter Fritsch (Peter Fröhlich)
In weiteren Rollen:
Susanne Roquette, Siegfried Dornbusch, Rudolf Lasch, Manfred Lopsien, Heinrich Löffler

Inhalt: Ted Talbot ist Staatsanwalt in Newtonville. Im Zuge seiner Tätigkeit klagt er Jim Conley an, eine Bank ausgeraubt und dabei den Kassier getötet zu haben. Teds Frau Jane übernimmt Conleys Verteidigung. Als das Gericht den Angeklagten zum Tode verurteilt, reicht sie die Scheidung ein. Beth Conley, die Ehefrau, sucht den Staatsanwalt auf und bittet ihn, den Urteilsvollzug um dreißig Tage zu verschieben. Als dieser ablehnt, droht sie ihm mit Enthüllungen. Zeuge dieser Auseinandersetzung wird der stellvertretende Staatsanwalt Hal Young.

Zwei Stunden nach der Hinrichtung wird der Selbstmord des Gewohnheitsverbrechers Edi Marlowe entdeckt. Neben ihm liegt ein Abschiedsbrief, in dem er die Jim Conley angelastete Tat gesteht. Die Polizei findet bei dem Toten 5000 Dollar.

Hal Young versucht, den Staatsanwalt über die Wende des Falles zu unterrichten, findet ihn jedoch erst am nächsten Morgen zusammen mit seiner Freundin, Vickie Paul, in Teds Villa. Als dieser von dem Selbstmord erfährt, reicht er sofort sein Rücktrittsgesuch ein. Sein Freund Hal übernimmt als Nachfolger die Stelle des Staatsanwaltes.

Ted ist von Selbstvorwürfen, einen Unschuldigen zum Tode verurteilt zu haben, geplagt und fährt zu der Witwe, um sich zu entschuldigen und ihr Geld anzubieten. Doch sie lehnt ab. Am Abend treffen sich Vickie und er in der Villa. Vickie versucht, ihn aufzurichten und ihm zu helfen. Ein anonymer Anruf veranlasst ihn, wiederum in die Wohnung Beth Conleys zu gehen. Vickie fährt mit, bleibt jedoch im Auto zurück und Ted betritt alleine die Wohnung. Mrs. Conley liegt ermordet in der Küche. Als er sie berührt, geht das Licht aus und er wird angeschossen. Stunden später werden die Tote und Ted im Bett gefunden. Die Polizei und der neue Staatsanwalt halten ihn für den Mörder. Mit Vickies Hilfe gelingt es ihm zu fliehen.

Polizeileutnant Keller verhört Larry, in dessen Motel der Tote gefunden wurde. Dieser erzählt, dass Edi Marlowe mit einer Brünetten bei ihm übernachtet hat. Der Polizist und der Staatsanwalt erinnern sich an Teds Freundin, die auch brünett ist, und verdächtigen Vickie.

Inzwischen sind Ted und Vickie in einer Hütte am Meer untergetaucht. Es wird ihnen klar, dass Ted in eine Falle geraten ist und jemand ihn aus dem Weg haben will. Ted denkt sofort an Luke Adama, den er einmal ins Gefängnis gebracht hat, und der sich wahrscheinlich rächen will. Ted sucht Luke in dessen Lokal auf und stellt ihn zur Rede. Bei einem Gefecht der beiden erwischt Ted einen Geldschein, der aus dem Bankraub stammt.

Ted fährt zu seiner Frau und hinterlegt die Banknote als Beweisstück im Safe. Sie erzählt, dass der Selbstmord gar keiner war, sondern Mord. Er verbringt die Nacht bei seiner Frau. Am nächsten Morgen verlässt er überstürzt das Haus und nimmt Janes Brieftasche mit.

Ted sucht Larry auf, um ihn über Edi Marlowe und dessen Freundin auszufragen. Als Ted ihm für seine Auskunft Geld geben will, bemerkt er in Janes Brieftasche die gekennzeichneten Scheine, die aus dem Bankraub stammen. Bei Jane Painter-Talbot ist eingebrochen worden. Sie meldet die Tat und bei der polizeilichen Untersuchung ergibt sich, dass Beth Conley die Täterin war.

Ted kommt zu dem gemeinsamen Unterschlupf zurück. Vickie erwartet ihn. Er erzählt ihr von den letzten Vorfällen, als Vickie angeschossen wird. Er bringt sie ins Krankenhaus und ruft von dort seine Frau an. Aufgeregt bittet ihn diese, sofort in ihr Haus zu kommen.

Jane versucht, ihren Mann davon zu überzeugen, dass Hal der Gesuchte ist. Bei einer Gegenüberstellung der drei Personen verrät sich Jane und gesteht, dass sie die beiden Morde ausgeführt hat, weil sie sich dadurch Geld und beruflichen Erfolg erhofft hat. Sie arbeitete mit Jim Conley zusammen, ermordete Edi Marlowe, um den Verdacht von Jim zu lenken und erschoss auch Beth Conley, weil die sie erpresste.

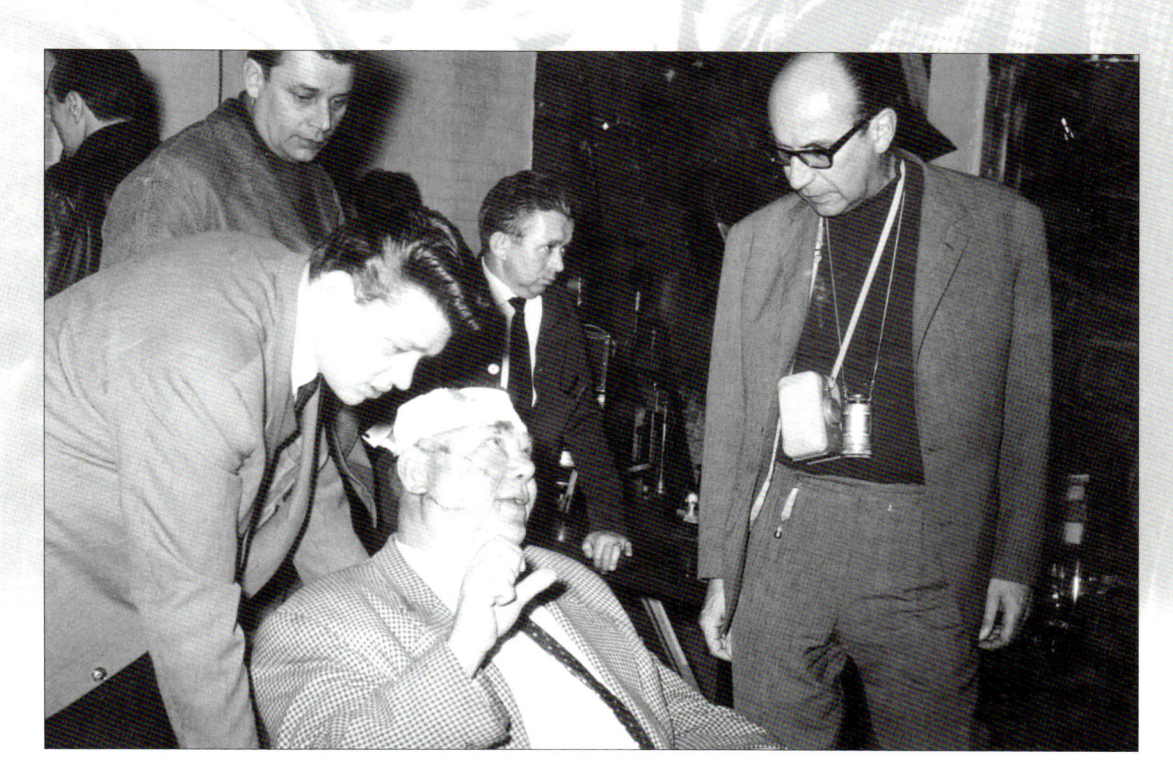

Sonja Ziemann und Franz Antel

Maskenball bei Scotland Yard

1964, Farbfilm

Produktion:	Neue Delta-Film, Tele-Film
Verleih:	Nora
Regie:	Domenico Paolella
Drehbuch:	Karl Anton, Franz Antel
Musik:	Johannes Fehring
Kamera:	Franco Villa
Standfotos:	Will Appelt
Bauten:	Wolf Witzemann
Herstellungsleitung:	Carl Szokoll
Produktionsleitung:	Franz Antel

Darsteller:
Bill Ramsey (Agostino),
France Anglade (Brenda),
Stelvio Rosi (Giorgio),
Trude Herr (Maddalena),
Carlo delle Piane (Matteo),
Raoul Retzer (Mr. Funken),
Rudolf Carl (Carlo, Irrenwärter)

In weiteren Rollen:
Rex Gildo,
Hennelore Auer,
Peter Sisters,
Peppino di Capri,
Alice und Ellen Kessler

Inhalt: Agostino Celli behauptet, dass er sich in sämtliche Televisionsprogramme der ganzen Welt einschalten kann. Er wird von der Spitze der Engelsburg heruntergeholt und als Narr ins Irrenhaus gesperrt. Der Werbefachmann Giorgio glaubt jedoch an die Möglichkeit von Agostinos Projekt. Er verhilft ihm zur Flucht. Unterstützt werden die beiden von dem Stotterer Matteo. Schon am nächsten Abend starten sie den Versuch mit dem neuen Apparat. Sie installieren diesen in den Ruinen des Kolosseums, unterbrechen damit das Fernsehprogramm und machen Werbung für die Kuchenfabrik der Schwestern Bonetti, Giorgios Tanten.

Doch schon bald ist ihnen die Polizei auf der Spur. Auch ein gewisser Herr Funken ist an ihnen interessiert und schickt die hübsche Brenda aus, um das Trio zu suchen.

Der Produktionsstab

Die drei verstecken sich auf einer Hühnerfarm und es gelingt ihnen immer wieder, ihre Sendung zu bringen. Brenda spürt sie auf, verliebt sich in Giorgio und wird zur Mitwisserin. Trotzdem ist sie sich ihrer Aufgabe bewusst und gibt ihrem Auftraggeber den Schlupfwinkel bekannt.

Die Tanten werden verhaftet und mit Hilfe der Werbesendung versuchen Giorgio und seine Kameraden, Geld für die Freilassung aufzutreiben. Doch dann wird die Farm überfallen und die Anwesenden werden gefesselt. Brenda vermutet in ihrem Chef den Täter und gesteht Giorgio ihren Auftrag. Es stellt sich aber glücklicherweise heraus, dass einfache Hühnerdiebe den Überfall begangen haben und Mr. Funken kein Gangster ist, sondern den Apparat für das Fernsehen ankaufen sollte.

Auf der Engelsburg wird eine Schlagersendung über ganz Europa ausgestrahlt. Auch der beleidigte Giorgio versöhnt sich wieder mit Brenda.

Ruf der Wälder
1965, Farbfilm

Produktion:	Neue Delta-Film
Verleih:	NORA
Regie:	Franz Antel
Drehbuch:	Dr. Kurt Nachmann
Musik und musikalische Leitung:	Johannes Fehring
Bildgestaltung:	Siegfried Hold
Standfotos:	Will Appelt
Bauten:	Otto Pischinger
Herstellungsleitung:	Carl Szokoll

Darsteller: Hans-Jürgen Bäumler (Bernd Helwig), Mario Girotti (Marcello Scalzi), Gerhard Riedmann (Mathias), Johanna Matz (Angelika Hirt), Paul Hörbiger (Gustl Wegrainer), Rolf Olsen (Kubesch), Franz Muxeneder (Pepi Nindl), Ellen Farner (Petra), Rudolf Prack (Ing. Prachner), Judith Dornys (Tina), Raoul Retzer (Zingerl), Elisabeth Stiepl (Hofrätin), Erich Padalewski (Felix), Eva Kinsky (Lucie), der Hund Ricky

Inhalt: Der italienische Gastarbeiter Marcello arbeitet beim Seilbahnbau in Kaprun. Er hat mit den Vorurteilen der heimischen Bevölkerung zu kämpfen, besonders viele Schwierigkeiten macht ihm der Kraftfahrer Kubesch.
Marcello verliebt sich in die Bankangestellte Angelika. Auch Bernd, ein Forstgehilfe beim Oberförster Mathias, ist dem Mädchen sehr zugetan. Doch das Verhältnis zwischen Marcello und Angelika wird immer inniger. Auch seine in der Heimat wartende Braut hat der junge Italiener bereits vergessen. Kubesch und der Tankstellenwart Felix wollen die Bank, in der Angelika arbeitet, berauben, denn sie rechnen damit, dass jeder an die Schuld Marcellos glauben wird,

wenn sie den Verdacht auf ihn lenken. Marcello überrascht die beiden bei dem Einbruch und es kommt zu einem Kampf zwischen ihm und Felix. Marcello erwürgt ihn und Kubesch flieht. Doch der Italiener wird als Bankräuber und Totschläger verurteilt.
Bernd nimmt Marcellos Hund zu sich und kümmert sich um ihn. Angelika muss Kaprun verlassen und geht nach Wien.
Die Braut aus Italien taucht plötzlich auf. Es kommt zu einer Aussprache zwischen ihr und Angelika, wobei Angelika erkennt, dass es für sie besser ist, Marcello verloren zu haben. Sie kehrt nun zurück nach Kaprun.
Dem Gefangenen gelingt es zu fliehen und er taucht in Kaprun auf, um Angelika zu holen. Doch diese hat ihre Vergangenheit abgestreift und will nichts mehr von ihm wissen. Wutentbrannt stürzt er sich auf sie. Zu ihrem Glück nahen die Verfolger und er muss weglaufen. Der Hund, der zu seinem einstigen Herrn zurück will, wittert ihn und bringt Bernd und Mathias in Marcellos Versteck, wobei dieser bei einem Schusswechsel getötet wird.
Bernd und Angelika werden einen neuen Anfang versuchen.

00 Sex am Wolfgangsee
1966, Farbfilm

…oder Happy End am Wolfgangsee

Produktion:	Neue Delta-Film
Verleih:	Constantin
Regie:	Franz Antel
Drehbuch:	Dr. Kurt Nachmann, Walter Breuer
Musik:	Johannes Fehring
Kamera:	Siegfried Hold
Standfotos:	Will Appelt
Bauten:	Ferry Windberger
Herstellungsleitung:	Carl Szokoll

Darsteller: Waltraut Haas (Hilde Moll), Hans-Jürgen Bäumler (Mike), Erwin Strahl (James Sander), Helga Anders (Bibi), Paul Löwinger (Pankraz), Judith Dornys (Chicky), Rolf Olsen (Rabanus), Franz Muxeneder (Sepp), Günther Frank (Teddy), Erich Padalewski (Peter), Lisl Löwinger (Rosl), Raoul Retzer (Chefportier), Hedy Bader (Mara), Joe Dark (Nino), Wolfgang Jaroschik (Waldi), Helmut Jaroschik (Jo), Elisabeth Stiepel (Mutter), Mechthild Jaekel (Tochter), Xenia Doppler (Lilo), Heidi Pickelmann (Kate), Angelika Aichberger (Nancy), Hedy Antonie (Baby), Tatjana Gruber (Jane), Gunther Philipp (Eberhard)

Inhalt: Der junge Musikstudent Peter bekommt ein Engagement als Drummer im Hotel Excelsior in St. Gilgen. Doch er bricht sich die Hand und so beschließt seine Schwester Bibi, als Peter verkleidet das Engagement anzunehmen. Die übrigen Mitglieder erkennen sofort, dass etwas nicht stimmt und das Verkleidungsspiel droht aufgedeckt zu werden. Fortan gibt sich Bibi als Peters Schwester aus bis Mike, der sich in sie verliebt hat, ihr verbietet, weiterhin aufzutreten.
Der Hoteldiener Pankraz befindet sich im James-Bond-Fieber und vermutet in jedem Gast einen Agenten. Unterstützt wird er von seinem Freund Eberhard, der für ihn ein

Die Hochzeit von Waltraut Haas und Erwin Strahl wurde in diesem Film miteinbezogen

Auto baut, mit dem Pankraz auf Agentenjagd gehen kann. Außerdem bildet er sich ein, dass im Haus eine Bombe versteckt ist, die sich dann jedoch als Frühstückspaket entpuppt. Durch die Steuererklärung des Hotelbesitzers und Playboys James Sander kommt seine ehrgeizige Verlobte Hilde auf die Spur seiner sämtlichen Freundinnen und bekehrt ihn mit Hilfe eines Tricks doch noch zur Ehe. Sie bestellt jede Einzelne in James Villa und lässt sie dort zusammentreffen. Es kommt natürlich zu einer heftigen Auseinandersetzung zwischen den Schönen, sodass nur mehr James und Hilde übrigbleiben.

Auch für Bibi und Mike läuten die Hochzeitsglocken.

Das große Glück
1967, Farbfilm

Produktion:	Neue Delta-Film
Verleih:	Constantin
Regie:	Franz Antel
Regieassistenz:	Otto Stenzel
Drehbuch:	Dr. Kurt Nachmann
Musik:	Johannes Fehring
Kamera:	Siegfried Hold
Kameraassistenz:	Konrad Bruckner
Standfotos:	Will Appelt
Bauten:	Otto Pischinger
Aufnahmeleitung:	Fred Kollhanek
Schnitt:	Paula Dworak
Ton:	Walter Prokosch
Masken:	Alfred Mehrheim, Herta Matula
Kostüme:	Gerdago
Herstellungsleitung:	Carl Szokoll
Produktionsassistent:	Kurt Kodal

Gedreht wurde unter anderem in der Antel-Villa

Darsteller: Marika Kilius (Marika Kilius), Hans-Jürgen Bäumler (Hans-Jürgen Bäumler), Gunther Philipp (Wallace, Manager), Uschi Glas (Lilo, Sekretärin bei Wallace), Scilla Gabel (Molly, ein Sternchen), Gerd Vespermann (Teddy Helgers, Reporter), Theo Lingen (Ronald, Chef der Universale-Werbeabteilung), Edith Hancke (Frau Kleinschmitt), Dunja Reiter (Adelaide), Toni Seiler (Toni), Franz Muxeneder (Eiskomiker), Fritz Tillmann (Nic Parnassis), C. W. Fernbach (Franke), Uschi Keszler (Uschi)

Inhalt: Hans-Jürgen steht vor einer wichtigen Entscheidung. Seine Partnerin Marika hat geheiratet und deshalb aufgehört, Eis zu laufen. Hans-Jürgen ist sich über seinen weiteren Lebensverlauf noch nicht sicher. Diesen Umstand will der geschäftstüchtige Manager Wallace ausnützen und Hans-Jürgen zu kleinen Konditionen in einen langdauernden Eislaufvertrag mit Franke, dem Chef einer Eisrevue, überreden. Hans-Jürgen ist sich seiner momentanen Lage bewusst. Doch bevor er auf den Vertrag von Wallace eingeht, versucht er, seinen eigenen Weg zu finden.

Er arbeitet als Schlagersänger und hat auch Erfolg bis Wallace eingreift und ihm diesen Erfolg mittels eines Starlets vereitelt. Er bekommt eine Stelle als Verkäufer in einem Sportgeschäft. Wiederum wird Molly Pink eingesetzt, und so wird auch dieser Versuch einer neuen Karriere zunichte gemacht.

Marika hört von den Misserfolgen ihres früheren Partners und will ihm helfen. Heimlich verschafft sie ihm eine Anstellung bei einer Werbeagentur. Doch Hans-Jürgen hat Pech. Der Chef der Agentur, Ronald Smolk, will ihm ebenfalls keine Chance geben. So schickt er ihn nach Italien, um einen Kunden anzuwerben, obwohl Ronald weiß, dass dieser kein Interesse an einer Zusammenarbeit hat. Durch einen glücklichen Zufall gelingt es Hans-Jürgen aber schließlich, den Auftrag zu bekommen.

Inzwischen aber hat Wallace in der sicheren Meinung, dass Hans-Jürgen in Italien versagen würde, dessen Engagement bei Frank veröffentlicht.

Der Eisstar ist verzweifelt. Er hat entdeckt, dass Marika hinter der Anstellung bei der Werbeagentur steckt. Auch ist er enttäuscht, weil er annimmt, dass Lilo, in die er sich verliebt hat, mit Wallace zusammenarbeitet, um ihn zu schädigen. So fährt er nach Tirol zu seinem Freund Toni.

Als Marika von den Schwierigkeiten erfährt, reist sie Hans-Jürgen nach Kitzbühel nach. Sie klärt die Unstimmigkeiten zwischen ihm und Lilo auf und bietet ihm an, noch einmal in der Eisrevue mit ihm aufzutreten.

Susanne – die Wirtin von der Lahn
1968, Farbfilm

Produktion:	Neue Delta-Film
Verleih:	Constantin
Regie:	Franz Antel
Regieassistenz:	Otto Stenzel
Drehbuch:	Dr. Kurt Nachmann
Musik:	Gianni Ferrio
Lieder:	Johannes Fehring
Kamera:	Siegfried Hold
Kameraassistenz:	Zeljko Materni
Standfotos:	Will Appelt
Architekt:	Herta Hareiter
Masken:	Alfred Merheim, Herta Matula
Kostüme:	Gerdago
Herstellungsleitung:	Carl Szokoll
Produktionsleitung:	Kurt Kodal

Darsteller: Terry Torday (Susanne), Pascale Petit (Caroline), Harald Leipnitz (Ferdinand), Klaus Ringer (Roderich), Hannelore Auer (Sophie), Jacques Herlin (Comte Dulac), Judith Dornys (Dorine), Rosemarie Lindt (Berthe), Franz Muxeneder (Pumpernickel), Oskar Sima (Goppelmann), Raoul Retzer (Sergeant), Karl Krittl (Bitterling), Gunther Philipp (Wendich), Mike Marshall (Anselm)

Inhalt: Das Wirtshaus in der Universitätsstadt Gießen an der Lahn ist im Besitz der schönen Susanne. Ihr geschäftlicher Rivale, der Wirt von der "Goldenen Krone", will unbedingt Susannes Wirtshaus für seinen Sohn Roderich haben. Deshalb unternimmt er alles, um Susanne in ein schlechtes Licht zu rücken.
Die Wirtin von der Lahn lädt die Moralkommission der Stadt zu sich ein. Sie selber sollen sich davon überzeugen, dass die Vorwürfe des bösartigen Wirtes und des von diesem gekauften Studentenführers Anselm nicht zutreffen.

Terry Torday

Gerade in der Nacht, in der die Mitglieder der Kommission bei Susanne eintreffen, übernachtet auch Caroline, die Maitresse des französischen Stadtkommandanten, bei ihr. Caroline beginnt mit Ferdinand, Susannes Schauspielpartner, ein Verhältnis. Auch Anselm, das Haupt der Verschwörer gegen die Franzosen, taucht bei Susanne unter und verliebt sich in sie. So wird das Wirtshaus an der Lahn noch zum Hauptquartier der Freischärler.
Susanne gelingt es, gefährliche und verworrene Situationen zu meistern und die Herren der Moralkommission davon zu überzeugen, dass die Verdächtigungen gegen sie nicht stimmen und alles in Ordnung ist.
Der eifersüchtige Stadtkommandant Dulac entdeckt bei der Verfolgung seiner Geliebten das Hauptquartier der Aufständischen und nimmt Anselm gefangen. Dieser soll gehängt werden. Doch Susanne vereitelt die Exekution, indem sie gemeinsam mit den Frauen von Gießen ihren Männern und den Franzosen die Hosen wegnimmt.

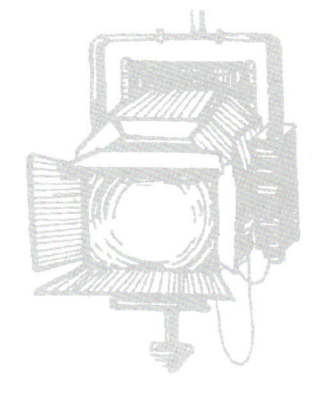

Otto ist auf Frauen scharf
1968, Farbfilm

Produktion:	Neue Delta-Film, Terra-Film München
Verleih:	Constantin
Regie:	Franz Antel
Regieassistenz:	Otto Stenzel
Drehbuch:	Dr. Kurt Nachmann
Musik:	Johannes Fehring
Kamera:	Hans Matula
Standfotos:	Will Appelt (als Ersatz für Gyula Szóvari)
Bauten:	Ferry Windberger
Aufnahmeleitung:	Bernhardt Lohse, Oskar Berek
Schnitt:	Anneli Artelt, Annemarie Reisetbauer
Ton:	Willi Bramann
Masken:	Tibor Pasztori
Kostüme:	Sissy Windberger
Herstellungsleitung:	Carl Szokoll
Produktionsleitung:	Kurt Kodal, Josef Györffy

Darsteller: Gunther Philipp (Otto Zanderl), Dietmar Schönherr (Christian Bongert), Terry Torday (Gloria Anden), Hubert von Mayerinck (Dr. Zwyfalt), Willi Millowitsch (Wackernagel), Heinz Erhardt (Klemmke), Uschi Mood (Tina), Ralf Wolter (Dr. Kobalt), Beppo Brem (Nigl), Franz Muxeneder (Wurzeneder), Hannelore Auer (Trix), Dany Siegel (Annabelle), Christiane Rücker (Maggie), Marthe Harell (Tante Bertha), Mady Rahl (Frau Krause), Werner Abrolat (Major Kroll), Edith Hancke (Garderobefrau), Jonas Csanyi (Samson), Rex Gildo und Bill Ramsey (Sänger)

Inhalt: Der Firmenchef und Playboy Christian Bongert hat sich ein Privatdomizil im Firmenlager VI eingerichtet und empfängt dort Freundinnen. Obwohl die Finanzen der Firma nicht besonders gut aussehen, hat Christian nicht vor, sein ausschweifendes Privatleben einzuschränken.
Die Zentrale des Konzerns der Bongert-Werke befindet sich in New York. Die Hauptaktionäre ahnen einen bevorstehenden Ruin des deutschen Tochterbetriebes und schicken einen Revisor nach Europa, um die Bilanzen zu prüfen.
Gloria Anden, die Tochter des Konzern-Chefs, kommt persönlich nach Deutschland. Gerade an diesem Tag aber vergnügt sich

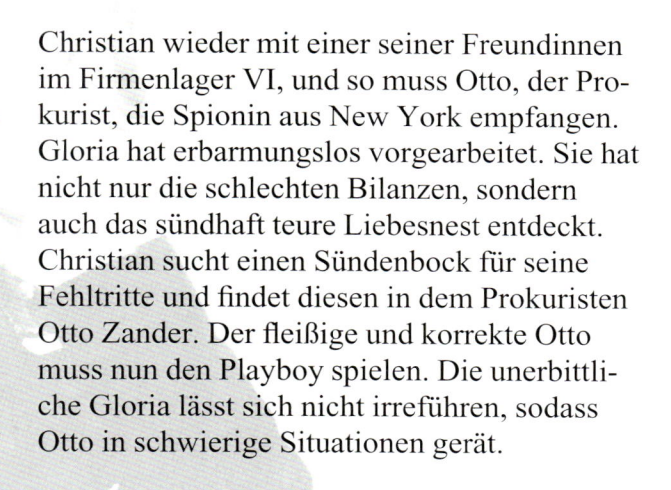

Christian wieder mit einer seiner Freundinnen im Firmenlager VI, und so muss Otto, der Prokurist, die Spionin aus New York empfangen. Gloria hat erbarmungslos vorgearbeitet. Sie hat nicht nur die schlechten Bilanzen, sondern auch das sündhaft teure Liebesnest entdeckt. Christian sucht einen Sündenbock für seine Fehltritte und findet diesen in dem Prokuristen Otto Zander. Der fleißige und korrekte Otto muss nun den Playboy spielen. Die unerbittliche Gloria lässt sich nicht irreführen, sodass Otto in schwierige Situationen gerät.

Nach einer atemberaubenden Verfolgungsjagd bleibt den beiden, Otto und Christian, nichts mehr anderes übrig, als Gloria den wahren Sachverhalt zu gestehen. Als Tochter des Konzernchefs kann sie die Schwierigkeiten der Firma Bongert lösen. Auch einem privaten Happyend zwischen Gloria und Christian steht nichts mehr im Weg.
Otto hat durch die Aufregungen, denen er ausgesetzt war, seine Schüchternheit gegenüber Frauen verloren und sich in seine neue Sekretärin Annabelle verliebt.

Der Turm der verbotenen Liebe
1968, Farbfilm

Arbeitstitel: Turm der Sünde

Produktion:	Wolf C. Hartwig Produktion der Rapid Film
Co-Produktion:	Filmes Cinematografica Rom, Films E.G.E. Paris
Verleih:	Constantin
Regie:	Franz Antel
Regieassistenz:	Eberhard Schroeder
Drehbuch:	Dr. Kurt Nachmann, nach einer Romanvorlage von Alexandre Dumas
Musik:	Mario Migliardi
Bild:	Oberdan Trojani
Standfotos:	Will Appelt
Bauten:	Peter Rothe
Aufnahmeleitung:	Peter Nobbe-Film München
Schnitt:	Herbert Taschner
Ton:	Willi Schwadorf
Kostüme:	Charlotte Flemming
Herstellungsleitung:	Ludwig Spitaler
Gesamtleitung:	Wolf C. Hartwig

Darsteller: Terry Torday (Margarithe von Burgund), Jean Piat (Capitan Puritain), Uschi Glas (Blanche Dubois), Jacques Herlin (König von Burgund)
In weiteren Rollen:
Veronique Vendell, Marie Ange Anies, Karlheinz Fiege, Franz Rudnick, Jörg Pleva, Dada Galotti, Armando Fancioli, Rudolf Forster

Inhalt: Geheimnisvolle Vorgänge ereignen sich im Turm von Neuille. Junge, adelige Männer werden in der näheren Umgebung von Neuille tot aufgefunden. Die Bevölkerung glaubt an einen Fluch der Hexe von Neuille.
Capitan Puritain macht sich auf den Weg nach Paris, um dort seine Geliebte Blanche zu treffen. Er verbringt die Nacht in einem Gasthaus und lernt den jungen Philipp kennen. Er befreundet sich mit ihm. Die Wirtsleute sind von der Königin von Burgund, die gleichzeitig die Hexe von Neuille ist, beauftragt, männliche Opfer für eine Liebesnacht zu suchen, sie in den Turm zu schicken und danach zu töten. Puritain, Philipp und ein dritter Mann sind bereit, ein Liebesabenteuer mit drei unbekannten Frauen einzugehen und treffen sich, geführt von einigen Männern, um Mitternacht beim Turm. Mit verbundenen Augen werden sie in die

Drehbesprechung

Gemächer der Damen gebracht.
Am Morgen stehen die Henker bereit, um die drei Männer umzubringen. Puritain jedoch gelingt es zu entkommen. Er hat einen der Mörder als früheren Freund George Laundry erkannt und dieser verhilft ihm zur Flucht.
Ins Gasthaus zurückgekehrt, fragt Puritain das Mädchen Florette über die Auftraggeber des Komplottes aus, ohne eine genaue Antwort zu erhalten. Ein Verdacht gegen die Königin wird aber in ihm geweckt.
Bei einer Audienz im Königspalast erkennt Puritain eine Zofe der Königin als Mädchen vom Turm wieder. Die Königin fühlt sich bedroht und versucht, den Verdacht auf ihre Hofdame zu lenken.
Margarithe und Puritain treffen im Gasthaus zusammen, sie in der Absicht, den Capitan zu töten. Dieser jedoch hat stärkere Waffen und entkommt ihr mit einer Ernennung zum Polizeipräfekten. Als solcher geht er in den Palast, um Blanche zu holen. Dabei wird er festgenommen und in das Gefängnis gesteckt. Margarithe sucht ihn auf und sagt ihm, dass er wegen Hochverrates zum Tode verurteilt werden wird. Nun gibt Puritain sich ihr zu erkennen. Er ist ihr erster Freund, dem sie auch zwei Kinder geboren hat, gewesen. Weiters hält er ihr vor, dass sie ihm damals überreden wollte, ihren Vater zu ermorden. Margarithe bleibt nichts anderes übrig, als ihn freizulassen. Sie gesteht ihm noch, dass sie die Kinder Latour übergeben hat, damit dieser sie tötet.
Capitan Puritain geht nun zu Latour, um ihn zu befragen. Dieser antwortet, dass er die Kinder nur ausgesetzt und ihnen eine Narbe am Unterarm zugefügt hat, damit sie wiedererkannt werden können. Puritain erinnert sich an Philipp und dessen Bruder, die beide diese Narbe am Arm hatten. Ihm wird bewusst, dass er seinen Sohn Philipp verloren hat und dessen Mutter ihn töten ließ.
In der Nacht treffen alle im Turm zusammen. Es entsteht ein Kampf, bei dem auch der zweite Sohn stirbt. Der Turm gerät in Brand und die Königin von Burgund erstickt und verbrennt in den Flammen.
Puriain und Blanche sind wieder glücklich vereint. Der König macht ihn zum Kanzler

Frau Wirtin hat auch einen Grafen
1968, Farbfilm

Produktion:	Neue Delta-Film, Terra Film München, AICO Film Rom
Verleih:	Constantin
Regie:	Franz Antel
Regieassistenz:	Otto Stenzel, Eberhard Schroeder
Drehbuch:	Dr. Kurt Nachmann, Günther Ebert
Musik:	Gianni Ferrio
Kamera:	Hans Matula
Standfotos:	Koller/Vogelmann
Architekt:	Herta Hareiter
Ton:	Willi Bramann
Maske:	Anceleto Giustini, Maria Miccinelli
Kostüme:	Gerdago
Herstellungsleitung:	Carl Szokoll
Produktionsleitung:	Kurt Kodal
Produktionsassistenz:	Dieter Hailer

Darsteller: Terry Torday (Susanne), Harald Leipnitz (Ferdinand)

In weiteren Rollen:
Rosemarie Lindt, Pascal Petit, Anke Syring, Daniela Giordano, Judith Dornys, Brigitte Viel, Hannelore Auer, Ralf Wolter, Jeffrey Hunter, Jacques Herlin, Gustav Knuth, Franz Muxeneder, Erich Padalewski, Carla Delle Piane, Guido von Sallis, Heinrich Schwaiger

Inhalt: Nachdem Napoleon Deutschland besetzt hat, versuchen Soldaten, Rekruten für die Armee anzuwerben und stoßen dabei auf die Schauspieltruppe, der Ferdinand und Susanne angehören. Ferdinand wird verhaftet und Susanne gelingt, es mit Hilfe des italienischen Studenten Andrea zu fliehen. Andrea ist der Bruder Enricos, des Grafen von Santa Croce di Luca.

Die italienische Grafschaft Luca wurde von Napoleon enteignet. Er hat daraufhin seine Schwester Elisa als Gräfin eingesetzt. Enrico, dessen einzige Leidenschaft die Frauen sind, durfte am Hof bleiben. Seine Liebschaften und Abenteuer sind in der ganzen Umgebung der Grafschaft bekannt. Der ehemalige Gouverneur von Gießen und nunmehrige Vertraute der Gräfin, St. Laduc, lässt sogar ein Buch über Enricos Affären schreiben.

Susanne gelingt es, unerkannt in die Burg von Luca zu kommen. Sie wird Zeugin einer Verschwörung: Enrico fordert einen Liebhaber Elisas zum Duell. Dieser, Hippolyth, aber tut sich durch besondere Feigheit hervor und so beschließt er, dass St. Laduc seinen Platz beim Duell einnimmt. Doch auch St. Laduc erkennt sofort, dass Enrico der weitaus bessere Fechter ist und bedient sich somit seines Gehilfen Pipo, um Enrico zu besiegen. Am Schauplatz des Duells trifft Susanne auf Ferdinand, dem es mit den anderen Schauspielern gelungen ist, zu fliehen. Schwer verwundet entdecken sie Enrico in einem Verließ und bieten ihm ihre Wagen als zuflucht an. Susanne verkleidet sich als Enricos Bruder Andrea und gelangt als dieser in die Burg.

Durch eine List gewinnt Susanne die Bewunderung der liebeskranken Elisa. Diese versucht sogleich, "Andrea" zu verführen. Ihre Annäherungsversuche scheitern, weil Napoleons Bruder Joseph, König von Sizilien, ihr den Befehl überbringt, zu einem Familientreffen nach Gießen zu kommen. St. Laduc benützt die Gelegenheit, um "Andrea" zu entlarven. Gemeinsam mit den anderen Schauspielern kommt sie weder ins Gefängnis, aus dem sie sich auch diesmal befreien kann.

Inzwischen warten die aufständischen Bürger und Studenten in Gießen auf eine Gelegenheit, Napoleon loszuwerden und die französische Herrschaft zu beenden. Da dies jedoch zu einem neuerlichen Krieg führen würde, beschließt Susanne, etwas zu unternehmen. Sie trifft sich mit den Frauen von Gießen und schmiedet einen Plan. Zehn Sekunden bevor Napoleon ermordet werden soll, lassen alle Frauen, die um ihn versammelt sind, ihre Mäntel fallen und stehen nackt da. Die Männer reagieren sofort, werfen ihre Waffen weg, stürzen zu den Frauen, heben ihre Mäntel auf, legen sie ihnen um die Schulter und bringen sie in Sicherheit.

Warum hab ich bloß 2x ja gesagt
1969, Farbfilm

…oder Professor Bigamo, doppelt verheiratet hält besser
Arbeitstitel: Der Schlafwagenschaffner

Produktion:	Terra Filmkunst Berlin, Fida Cinematografica Rom
Verleih:	Constantin
Regie:	Franz Antel
Regieassistenz:	Peter Heizmann, Otto Stenzel
Drehbuch:	Dr. Kurt Nachmann, Günther Ebert
Musik:	Gianni Ferrio
Kamera:	Hans Matula
Standfotos:	A. Galfano, Rom
Bauten:	Amedeo Mellone
Aufnahmeleitung:	Gerhard Pöschl
Schnitt:	Gertrud Petermann
Masken:	Duilio Scarozza
Kostüme:	Helga Zaar
Herstellungsleitung:	Carl Szokoll
Produktionsleitung:	Kurt Kodal, Felice Paceotti

Darsteller: Lando Buzzanca (Vittorio), Terry Torday (Ingrid), Raffaela Carra (Teresa), Peter Weck (Klaus), Ann Smyrner (Püppi), Jacques Herlin (Dr. Pellegrini), Willy Millowitsch (Minister), Heinz Erhardt (Weichbrod), Fritz Muliar (Zollbeamter), Andrea Rau (Marisa), Rainer Basedow (Alex), Judith Dornys (Luisa), Franco Giacobini (Roberto), Barbara Zimmermann (Tina)

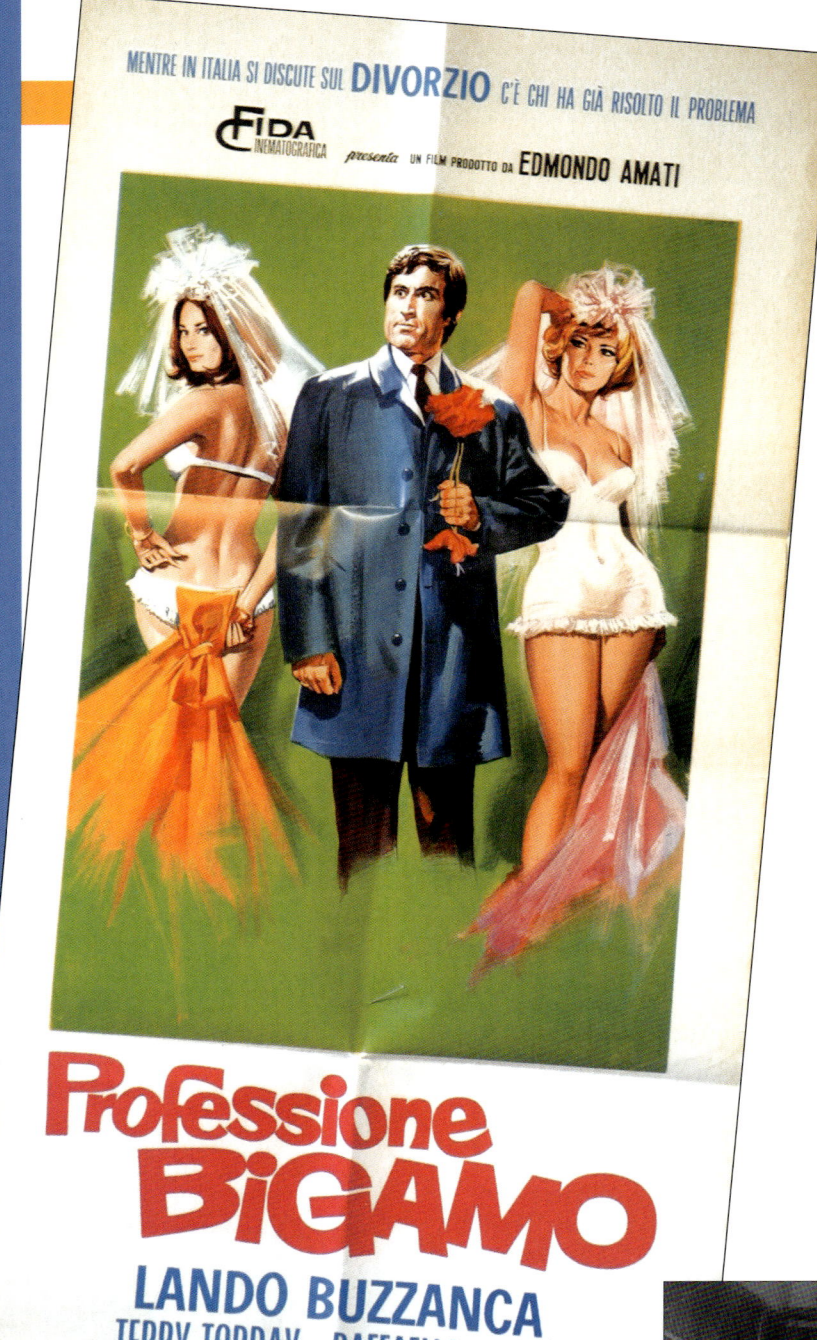

Inhalt: Vittorio Coppa ist Schlafwagenschaffner auf der Strecke Rom-München. Er ist Sizilianer und Bigamist. Seine Ehefrau Teresa lebt in Rom und seine zweite Ehefrau Ingrid lebt in München.
Vittorio hat es bisher geschafft, allen Schwierigkeiten aus dem Weg zu gehen. Er vergaß nicht einmal, die Bilder seiner Frauen auszutauschen.
So lebt er lange Zeit mit seinen beiden Frauen, bis er einmal Dr. Pellegrini aufsuchen muss. Unter Einwirkung eines Psychoschocks erzählt er diesem über sein Doppel-

leben. Zu seinem Glück darf der Arzt aufgrund der Schweigepflicht niemanden über Vittorio aufklären, doch dieser Vorfall ist der Anfang von Vittorios Pechsträhne. Es gelingt ihm sogar noch einmal, einer sehr heiklen Situation zu entgehen. Ingrid fliegt nach Rom, um ihn als Geburtstagsüberraschung vom Bahnhof abzuholen, auch die römische Ehefrau ist zur Stelle. Vittorio muss wichtige Geschäfte vortäuschen, um so seinen beiden Frauen erklären zu können, dass er keine Zeit für sie hat.

Lando Buzzanca und Andrea Rau

Das Doppelspiel ist aus, als Coppas Chef Weichbrod bei Teresa anruft, im festen Glauben, mit Ingrid zu sprechen. Die Römerin fährt sofort nach München zu ihrer Rivalin und klärt diese über den gemeinsamen Ehemann auf. Sie beschließen, sich scheiden zu lassen und Vittorio wird wegen Bigamie angeklagt. Während der Gerichtsverhandlung taucht Serafina, die erste und rechtmäßige Ehefrau, auf und Vittorio muss ein Jahr ins Gefängnis.
Doch Vittorio kann sich nicht ändern. Als er aus dem Gefängnis kommt und die Strecke Rom-Paris fährt, heiratet er in Paris eine Französin.

Liebe durch die Hintertür
1969, Farbfilm

…oder Nackedi, Nackedu, Nackedei

Produktion:	Neue Delta-Film, Terra Filmkunst Berlin
Verleih:	Constantin
Regie:	Franz Antel
Regieassistenz:	Otto Stenzel, Eberhard Schroeder
Drehbuch:	Dr. Kurt Nachmann, Günther Ebert
Musik:	Johannes Fehring
Kamera:	Hans Matula
Standfotos:	Karl Reuter
Architekt:	Ferry Windberger
Aufnahmeleitung:	Gerhard Pöschl
Schnitt:	Arnd Heyne
Tonmeister:	Paul Schöler
Maskenbildner:	Gerhard Göbl
Kostüme:	Helga Billian
Friseuse:	Hertha Matula
Technische Fertigstellung:	Aventin Studio
Massenkopien:	Mosaik-Film
Herstellungsleitung:	Carl Szokoll
Produktionsleitung:	Kurt Kodal

Darsteller: Terry Torday (Inge Thal, Steuerexpertin), Ivan Nesbitt (Peter Amrain, Manager), Paul Löwinger (Korbinian Ofenböck, Gemeindewichtigtuer), Herbert Hisel (Norbert Pomassel), Andrea Rau (Monique), Heidy Bohlen (Lynn), Uschi Mood (Babs), Hansi Linder (Coco), Fritz Muliar (Sixtus Vogel, Bürgermeister), Liesl Löwinger (Josefa, seine Frau), Ralf Wolter (Kajetan Fingerlos, Kaufmann), Franz Muxeneder (Vitus Fux, Bauer), Elfie Pertramer (Agnes, seine Frau), Tommy Hörbiger (Thomas Monk, Bauer), Ingrit Back (Traudl, seine Frau), Ernst Waldbrunn (Lechner-Bertl), Rudolf Schündler (Wolfram Kent, Direktor eines Chemie-Konzerns), Erich Padalewski (Hasso von Waltherstein), Jacques Herlin (Frederic Joerges, Architekt)
In weiteren Rollen: Sissy Löwinger, Robert Naegele, Walter Scheuer, Karl Krittl, Elisabeth Karlan, Poldi Waraschitz, Dieter Möbius

Inhalt: Inge Thal ist Steuerexpertin und arbeitet in München. Sie lernt vier leichte Mädchen kennen, die im selben Haus wohnen.
Inge erfährt, dass sie in dem Dorf Valnaun in Tirol einen Bauernhof geerbt hat und fährt mit ihren vier Freundinnen dorthin. Doch der Herr Bürgermeister hat schon längst über das Erbe verfügt und es an einen reichen Amerikaner verkauft. Er will Inge 10000 Mark geben, damit sie wieder abreist. Doch da erscheinen die Bauernburschen und die Mädchen beschließen, sich diesen zu widmen und deshalb noch eine Weile in Valnaun zu bleiben. Lynn, Monique, Coco und Babs lassen sich ihre Liebesdienste in

Form von Arbeitsleistungen bezahlen, um den Bauernhof wieder in Schwung zu bringen.

Die Bäuerinnen hecken einen Plan aus, um der Konkurrenz aus der Stadt Herr zu werden. Sie beauftragen den Handlungsreisenden Pomassel, ihnen die nötigen Unterlagen der Beate Drusus zu besorgen. Zu ihrem Glück kommen auch noch die Freunde der Damen aus der Stadt, an denen sie die Wirkung der Beate Drusus Utensilien ausprobieren können.

Inge verliebt sich in den Amerikaner Peter Amrain, dem eigentlichen Besitzer des Bauernhofes. Beide zusammen können in das Durcheinander in Valnaun wieder Ruhe bringen. Die Mädchen kehren mit ihren Freunden aus der Stadt dorthin zurück.

»Liebe durch die Hintertür« heißt der Titel des gerade abgedrehten Franz-Antel-Filmes. Er drehte ihn rund um Kitzbühel mit u. a. Uschi Modd, Hansi Lindner und Paul Löwinger. (Constantin)

„Oh, komm, lieber Franz..." Die Sex-Girls Heidi Bohlen, Uschi Mood, Hansi Linder und Andrea Rau verwöhnen ihren anspruchsvollen Herrn und Meister Franz Antel (rechts)

Bei Franz Muxeneder (unten) reagiert Elfie Pertramer mütterlich. Bei „Muxi" lautet ihr Motto „Liebe geht durch den Magen", was auch nicht das schlechteste ist

Frau Wirtin hat auch eine Nichte
1969, Farbfilm

Produktion:	Neue Delta-Film, Mafilm Ungarn, Terra Filmkunst Berlin, AICO-Film Rom
Verleih:	Constantin
Regie:	Franz Antel
Drehbuch:	Dr. Kurt Nachmann, Günther Ebert
Musik:	Gianni Ferrio
Kamera:	Hans Matula
Standfotos:	Tibor Inkey, Ungarn
Herstellungsleitung:	Carl Szokoll
Produktionsleitung:	Kurt Kodal

Darsteller: Terry Torday (Susanne, die Wirtin), Claudio Brook (Adrian von Ambras), Margaret Lee (Pauline Borghese), Karl Michael Vogler (Fürst Borghese), Harald Leipnitz (Ferdinand), Jacques Herlin (Fürst Dulakieff), Heinrich Schweiger (Napoleon), Ralf Wolter (Uhrmacher), Rosemarie Lindt (Bertha), Judith Dornys (Dorine), Franz Muxeneder (Pumpernickel), Lando Buzzanca (Graf Y), Erich Nikowitz (Waldeshain), Edwige Fenech (Rosalie), Annemarie Szilvassy (Agathe), Eva Vadnai (Babuschka), Georg Maday (Füchsel), Erich Padalewski (Adjutant), Eva Vodickova (Denise), Sissy Löwinger (Serafine)

Inhalt: Susanne, Ferdinand und die übrigen Schauspieler machen bei einem idyllischen Landschlösschen im Elsass Rast. Dort finden sie ein weinendes, verlassenes Kind, um das sie sich sofort kümmern.
Napoleons Soldaten umzingeln das kleine Schloss und nehmen Ferdinand in der Meinung fest, dass dieser der gesuchte Freiherr Adrian von Ambras ist. Daraufhin beschließt Susanne, mit ihrem Gefolge nach Paris zu fahren. Den kleinen Adam nehmen sie mit.
Susanne hat Napoleon in Gießen kennen gelernt und er hat sie damals eingeladen, ein Gastspiel in Paris zu geben. Sie nimmt nun seine Einladung an, denn nur er kann Ferdinand helfen.

Doch Napoleon hat keine Zeit für sie, er hat andere Sorgen. Er will die Tochter des österreichischen Kaisers heiraten, aber das Gerücht, dass er keine Nachkommen zeugen kann, steht seinem Glück im Wege. So greift Susanne wieder einmal zu einer List. Sie eilt zurück in die Herberge, in der sie abgestiegen sind, und holt das Kind Adam, präsentiert es Napoleon und stellt es als seinen Sohn vor. Der Kaiser und seine Heirat sind gerettet.
Inzwischen ist der Freiherr von Ambras auf der Suche nach seinem kleinen Adam, denn er ist der wirkliche Vater. Adrian befindet sich aber

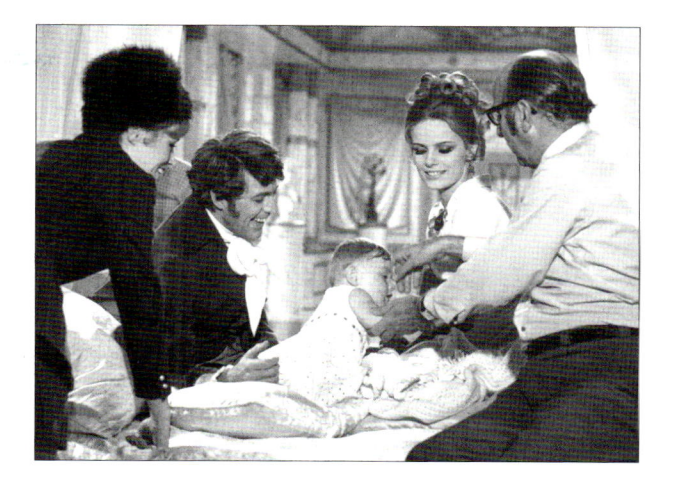

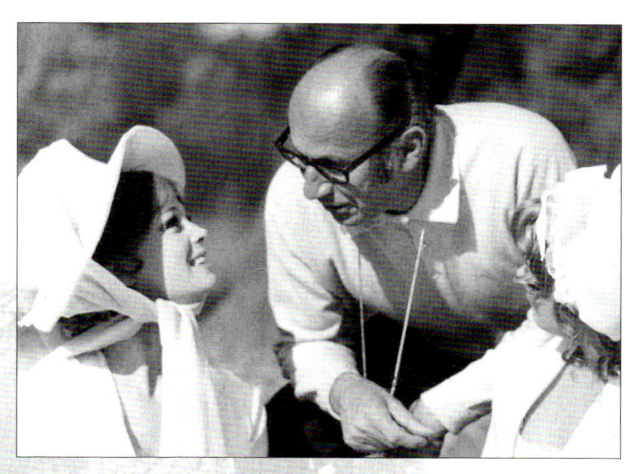

Immer genaueste Regieanweisungen

in großer Gefahr, weil sich herausgestellt hat, dass Ferdinand nicht der Gesuchte ist. Mit Hilfe von Susanne gelingt es dem Freiherrn wieder einmal zu fliehen.
Napoleon Schwester und ihr Verbündeter Dulakieff bezweifeln die Richtigkeit der Vaterschaft des Kaisers, denn Dulakieff kommt Susanne bekannt vor. Sie erinnert ihn an die Wirtin von der Lahn und Napoleon ist mit dieser erst vor wenigen Monaten zusammengetroffen, sodass sie nicht die Mutter sein kann. Doch Susanne kann beweisen, dass sie die Mutter ist und die Wirtin von der Lahn ihre Tante. Alle Zweifel sind beseitigt.
Der Kaiser erweist sich als würdiger Träger seines Titels. Er vergibt dem aufständischen Freiherrn Adrian von Ambras.

Musik, Musik – da wackeln die Bänke
1970, Farbfilm

…oder Musik, Musik, da wackelt die Penne

Produktion:	Lisa-Film München
Verleih:	Constantin
Regie:	Franz Antel
Drehbuch:	Dr. Kurt Nachmann
Bild:	Hans Matula
Musik:	Gerhard Heinz
Standfotos:	Will Appelt
Bauten:	Nino Borghi
Aufnahmeleitung:	Gerhard Poeschl
Ton:	H. Breitler
Kostüme:	Helga Zaar
Herstellungsleitung:	Franz Antel
Produktionsleitung:	Heinz Pollak

Darsteller: Hansi Kraus (Siggi), Chris Roberts (Christian), Mascha Gonska (Inge), Ilja Richter (Roman), Graham Bonney (Art), Kurt Stadel (Pinky), Rudolf Schündler (Onkel Emmanuel), Margot Mahle (Schickedanz), Paul Löwinger (Florian), Katja Weigmann (Rosl), Elisabeth Stiepl (Frau Stich), Johanna Jung (Winnie), Maja Hoppe (Pepsie), N. Nenning (Andl), A. Schmidt (Franzl), Siegfried Schürenberg (Minister), Jacques Herlin (Wimmer), Gunther Philipp (Stich)

Sänger: Peter Beil, Howard Carpendale, Kurt Stadel, Chris Roberts, Graham Bonney

Inhalt: Siggi, der Sohn des Unterrichtsministers, ist bei der Abschlussprüfung durchgefallen und muss nun die Sommerferien in einem Internat verbringen, um für die nochmalige Prüfung zu lernen. Doch es gelingt ihm, das Internat mit Hilfe seiner Freundin Inge selbst auszusuchen.
Siggi und seine Freunde fahren an den Traunsee in das Schloss Seeburg, wo Inges Onkel Emmanuel das Knabeninternat leitet. Emmanuel ist ein aufgeschlossener, musikbegeisterter Erzieher.
Der Sektionschef Dr. Wimmer hat für Emmanuels Lernmethoden jedoch nicht sehr viel übrig und nimmt ihm die Leitung des Lehrbetriebes. Die Geografie-Professorin Schickedanz und der Sportlehrer Stich über-

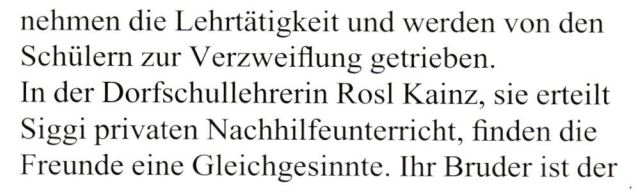

nehmen die Lehrtätigkeit und werden von den Schülern zur Verzweiflung getrieben.
In der Dorfschullehrerin Rosl Kainz, sie erteilt Siggi privaten Nachhilfeunterricht, finden die Freunde eine Gleichgesinnte. Ihr Bruder ist der berühmte Plattenstar Chris Roberts. Alle zusammen veranstalten auf dem Raddampfer Gisela ein Musical-Happening, bis plötzlich der Unterrichtsminister auftaucht und seinen Sohn sucht. Die jungen Leute versuchen ihm klar zu machen, dass sie keine ungebildeten Nichtstuer sind und erklären sich zu einem Test bereit. Siggis Vater ist verblüfft von ihrem Wissen und hat nun vor, dieser neuen Unterrichtsmethode mit Musik zuzustimmen. Doch da erscheint Dr. Wimmer mit den beiden Professoren. Versteckte Sprengkörper gehen hoch und alle landen im Wasser.

Mein Vater, der Affe und ich
1971, Farbfilm

Arbeitstitel: Der Tierarzt

Produktion:	Neue Delta-Film, Terra-Film Berlin
Verleih:	Constantin
Regie:	Franz Antel
Regieassistenz:	Otto Stenzel
Drehbuch:	Otto Pribil, nach einer Idee von Franz Antel und Otto Pribil, nach einem Entwurf von Felix Hurdalek
Musik:	Gerhard Heinz
Kamera:	Hans Matula
Kameraassistenz:	Attila Szabo
Standfotos:	Will Appelt
Architekt:	Nino Borghi
Aufnahmeleitung:	Willi Brandt, Ronald Lechner
Maske:	Ingeborg Mensik
Herstellungsleitung:	Carl Szokoll
Produktionsleitung:	Kurt Kodal
Gesamtleitung:	

Gedreht wurde unter anderem in der Villa Franz Antels

Darsteller: Gunther Philipp (Dr. Felix Grimm, Professor für Verhaltensforschung), Gerhart Lippert (Dr. Klaus Wolf, Tierarzt), Mascha Gonska (Biggi), Paul Löwinger (Franzl, Nashornwärter in Schönbrunn), Beppo Brem (Engelbert, Nashornwärter in Hellabrunn), Heinz Reincke (Biggis Vater), Terry Torday (Ruth, Verlobte von Biggis Vater), Lotte Ledl (Karin, Sekretärin von Dr. Grimm), Fritz Muliar (Polizist), Gerhard Steffen (Polizist), Eva Maria Meinecke (Mrs. Finch), Will Appelt (Pressereporter), Michael Holm (Sänger)

Inhalt: Der Affenforscher Dr. Felix Grimm hat es sich zur Lebensaufgabe gemacht, ein Wörterbuch für Affen und Menschen zu schreiben. Sein Studienobjekt ist der trinkfreudige Affe Jimmy. Der Wissenschaftler kann bereits 49 Affenwörter deuten, scheitert jedoch am fünfzigsten. So denkt er, dass der Affe krank ist und bittet den Tierarzt Dr. Wolf aus München um Rat. Dieser hat jedoch eigene Sorgen. Die Bayerische Nashorndame Sissy soll mit dem Wiener Nashorn gepaart werden.

Dr. Wolf fährt mit dem Auto nach Wien, um den Tierpark in Schönbrunn aufzusuchen. Auf seiner Reise lernt er die Autostopperin Biggi kennen. Sie erzählt ihm, dass sie von zu Hause ausgerissen ist, weil ihr Vater eine Frau heiraten will, mit der sie nicht einver-

Mascha Gonska und Gerhart Lippert

standen ist. Klaus Wolf setzt Biggi in Wien ab. Dr. Grimm bangt um seinen Affen. Er beschließt, dem Tierarzt nach Wien zu folgen. Dort angekommen, macht sich Jimmy am Flughafen selbständig und verschwindet. Nachdem er das gesamte Flughafenpersonal durcheinander gebracht hat, wird er wieder aufgefunden.

Dr. Grimm steigt in demselben Hotel ab wie Dr. Wolf. Zufällig arbeitet Biggi, der das Geld ausgegangen ist, als Stubenmädchen in diesem Hotel. Sie trifft hier wieder mit Klaus zusammen und die beiden verlieben sich ineinander. Jimmy reißt ein zweites Mal aus. Er durchstöbert mehrere Gästezimmer und entwendet eine wertvolle Brosche. Biggi gerät in Verdacht, die Diebin des Schmuckstückes zu sein.

Biggis Vater hat die Polizei alarmiert, dass seine Tochter abgängig ist. Die Suche nach ihr führt in das Hotel in Wien, wo alle, Dr. Grimm, Dr. Wolf, Biggi, Biggis Vater und seine Verlobte Ruth, zusammentreffen und der Affe Jimmy als Täter entlarvt wird.

Jimmy benimmt sich sehr eigenartig und der Tierarzt macht eine Blutprobe. Er entdeckt Alkohol im Blut des Affen. Dr. Grimm kann sich nun das merkwürdige Verhalten seines Schützlings erklären und findet auch das bisher unbekannte fünfzigste Wort für sein Buch. Es heißt Whisky.

Nicht nur der Vater, sondern auch die Tochter zeigt sich versöhnlich. Sie hat gegen die zukünftige Mutter nun nichts mehr einzuwenden.

Frau Wirtin treibt es jetzt noch toller

1970, Farbfilm

…oder Frau Wirtin treibt es jetzt im Bottich
Arbeitstitel: Tokajer aus Wien – Frau Wirtin hat nun eine Schwester

Produktion:	Neue Delta-Film, Terra Filmkunst Berlin, Wien-Film
Verleih:	Constantin
Regie:	Franz Antel
Regieassistenz:	Otto Stenzel, Julius Kormos
Drehbuch:	Dr. Kurt Nachmann, August Rieger
Musik:	Gerhard Heinz
Kamera:	Hans Matula
Standfotos:	Will Appelt
Aufnahmeleitung:	Franz Achter
Kostüme:	Gerdago
Produktionsleitung:	Carl Szokoll

Darsteller: Terry Torday (Susanne, Ilona), Glenn Saxson (Stefan), Gunther Philipp (Graf Seibersdorf), Paul Löwinger (Frosch), Fritz Muliar (Seiberl), Harald Dietl (Jedele), Wolfgang Jansen (Bock), Herbert Hisel (Istvan), Herbert Probst (Török), Marianne Lebeau (Erszi), Dolores Schmidinger (Ludmilla), Jacques Herlin (Vicomte)
In weiteren Rollen: Monika Strauch, Sepp Löwinger, Erich Padalewski, Elisabeth Stiepl, Elisabeth Felchner, Sissy Löwinger

Inhalt: Török möchte seine Nichte Ilona mit dem Vicomte de Champenoise verheiraten und gibt deren Verlobung bekannt. Ilona will aber nicht heiraten und reißt bei Nacht und Nebel aus.
Als Junge verkleidet reitet sie nach Schwarzenau und gemeinsam mit den vier Schwaben Stefan, Jedele, Bock und Frosch nimmt sie aus Töröks Weinkeller ein paar Flaschen des berühmten Tokajers mit. Die Fünf machen sich mit dem Wein in den Taschen nach Wien auf, um Graf Seibersdorf damit zu bestechen. Der Ex-Wachtmeister Jedele will für seine in Ungarn stationierten Schwaben Frauen anwerben und benötigt das Einverständnis des Grafen.

Török hat den Diebstahl entdeckt und macht sich mit dem Vicomte auf die Jagd nach den

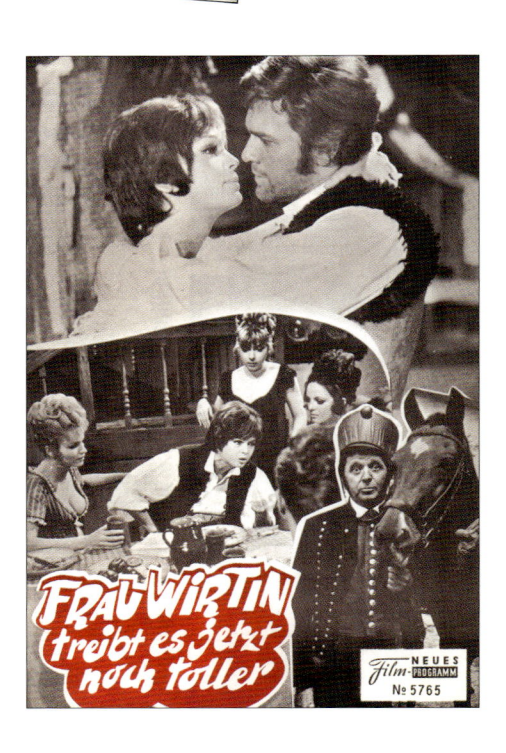

Gaunern. In einem Räuberlager können sie die Diebe stellen, doch diesen gelingt es trotzdem zu fliehen. Stefan hat inzwischen erkannt, dass der junge Mann in Wirklichkeit ein Mädchen ist. Aus dem Geständnis seiner Liebe zu ihr wird ein heftiger Streit und Ilona reitet fort. Stefan und seine Freunde übergeben in Wien dem Grafen Seibersdorf den Tokajer und bekommen dafür die gewünschte Unterschrift. Sie werden aber wenig später verhaftet, weil sie den Wein selber getrunken und in die für den Grafen bestimmten Flaschen Wasser geschüttet haben. Auch Török und der Vicomte sind im Gefängnis.

Ilona wendet sich an Susanne und erzählt von ihren Sorgen. Susanne weiß Rat. Sie erreicht die Freilassung der Schwaben und die Vermählung Stefans mit Ilona.

Frau Wirtin treibt es jetzt noch toller

Frau Wirtin bläst auch gern Trompete
1970, Farbfilm

Produktion:	Neue Delta-Film, Terra Filmkunst Berlin, Italian International Film, Rom
Verleih:	Constantin
Regie:	Franz Antel
Regieassistenz:	Eberhard Schroeder, Otto Stenzel, Gyula Kormos, Laszlo Simon
Drehbuch:	Dr. Kurt Nachmann
Musik:	Gianni Ferrio
Kamera:	Hans Matula
Standfotos:	Tibor Inkey
Architekt:	Herta Pischinger
Skript:	Emma Tarnay
Ton:	Mihaly Lehmann
Maske:	E. Skarozza, Rozi Kritza
Frisuren:	Herta Matula, Eva Sebestyen
Kostüme:	Gerdago
Herstellungsleitung:	Carl Szokoll
Produktionsleitung:	Kurt Kodal

Darsteller: Terry Torday (Susanne, die Wirtin), Harald Leipnitz (Ferdinand), Glenn Saxson (Trenck), Jacques Herlin (Baron), Paul Löwinger (Sergeant), Rudolf Schündler (Stadtphysikus), Rudolf Prack (Erzherzog), Ernst Waldbrunn (Zacherl), Andrea Rau (Marika), Poldo Bendandi (Krispin), Rosalba Neri (Leontina), Hannelore Auer (Agnes), Elisabeth Felchner (Dorothea), Christine Fischer (Bauernmädchen), Willy Millowitsch (Bürgermeister)

Inhalt: Ein Jahr nach Napoleons Sturz kehren die großen Heere in ihre Heimat zurück. Susanne und Ferdinand sind auf dem Weg nach Ungarn. Sei müssen vor plündernden Soldaten fliehen und landen im Komitat des neureichen Baron Bierrechalet.
Der gierige Baron versucht, zu noch mehr Geld zu kommen und lässt daher alles besteuern. So kaufen Susanne und Ferdinand mit ihrem letzten Geld eine Kneipe, in der man ungehindert und unbesteuert trinken und lieben kann. Doch der Baron deckt sie auf und verhaftet Ferdinand.
Der rechtmäßige Erbe des Komitats, Freiherr von Trenck, will Bierrechalet davonjagen. Der Baron muss, um sich seinen Besitz sichern zu können, bis zu einem bestimmten Zeitpunkt verheiratet sein.

Trenck beschließt, die anreisende Braut zu entführen. Susanne hat Angst um Ferdinand, denn der Baron hat gedroht, diesen der Mannbarkeit zu berauben. Sie klärt deshalb den Tyrannen Bierrechalet über das Vorhaben von Trenck auf und bietet an, sich als Braut entführen zu lassen. Die echte Braut aber will bei diesem Plan nicht mitspielen, weil sie sich gerne von Trenck entführen lässt.
Der Freiherr holt sich seine Soldaten zur Unterstützung und mit Hilfe eines Erzherzogs aus Wien gelingt es ihnen schließlich, Bierrechalet zu verjagen.

Regiebesprechung

Einer spinnt immer
1971, Farbfilm

Arbeitstitel: Unser Vater spinnt

Produktion:	Neue Delta-Film, Terra-Filmkunst, Wien-Film
Verleih:	Constantin
Regie:	Franz Antel
Regieassistenz:	Claus von Boro
Drehbuch:	Willy Pribil
Musik:	Gerhard Heinz
Kamera:	Hans Matula
Standfotos:	Will Appelt
Bauten:	Nino Borghi
Aufnahmeleitung:	Willy Brandt, Ronald Lechner
Schnitt:	Claus von Boro
Masken:	Ingeborg Mensik, Gunter Kulier
Technische Fertigstellung:	Arnd Heyne
Herstellungsleitung:	Carl Szokoll
Produktionsleitung:	Kurt Kodal

Darsteller: Georg Thomalla (Hugo Haase), Terry Torday (Clarisse), Elfie Pertramer (Frau Haase), Uwe Friedrichsen (Uwe), Eva Basch (Grit), Brigitte Grothum (Diana), Gunther Philipp (Hammerschlag), Ralf Wolter (Notar), Jacques Herlin (Professor Klemm), Herbert Fux (Ferry), Erich Kleiber (Kasimir), Gerd Steffen (nervöser Herr), Otto Ambros (Fuchs), Carlo Böhm (Neubauer), Franz Muxeneder (Hovorka)

Inhalt: Der kleine Bäckerladen des Hugo Haase in Pfaffenhofen floriert recht gut, bis ein Supermarkt neu eröffnet und die Semmeln zu Minipreisen verkauft. Haase verliert seine Kunden.
Ein Brief von einem Wiener Notar versetzt die ganze Familie in große Aufregung. Großtante Klara ist verstorben und hat Hugo zum Universalerben eingesetzt. Er reist nach Wien, bekommt viel Geld und fällt einer Betrügerin in die Hände. Die schöne und raffinierte Clarisse überredet ihn, mit ihr nach Venedig zu fahren. Sie verleben dort herrliche Tage, doch eines Morgens ist Clarisse mit dem Geld verschwunden. Haase muss zurück nach Pfaffenhofen, er weiß aber, dass er ohne Geld nicht zu seiner Beate zurückkehren kann. So verliert er einfach seine Papiere, sein Gedächtnis und lan-

det in einer psychiatrischen Klinik. Von dort holt ihn die Gutsherrin Diana heraus, die glaubt, in dem Bäcker ihren verschollenen Mann wiederzufinden. Aber auch in der hochherrschaftlichen Villa der schönen Diana hält er es nicht lange aus. Er flüchtet, gerät an eine Geldfälscherbande, hält irrtümlich einen Koffer voller Geld in Händen, trifft in einem Kaufhaus Clarisse wieder, ruft die Polizei und alle werden festgenommen. Beate Haase macht sich auf die Suche nach ihrem Mann und fährt nach Wien. In der Irrenanstalt treffen sie sich alle wieder: die Gangster, die immer noch hinter Haase und dem Geldkoffer her sind, die schizophrene Diana, Clarisse, Beate und Hugo. Alles klärt sich auf.

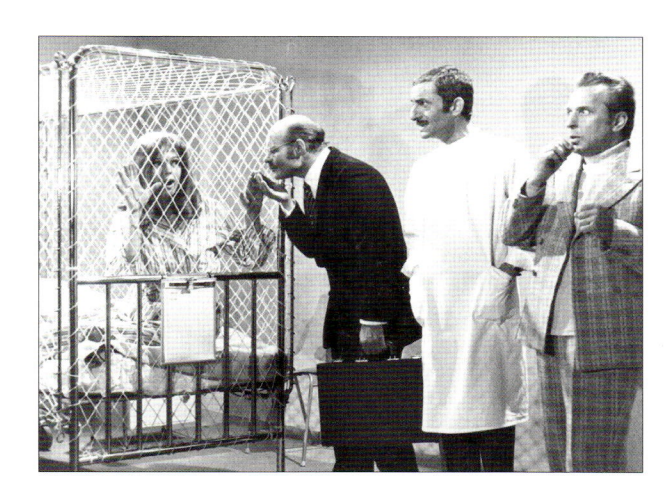

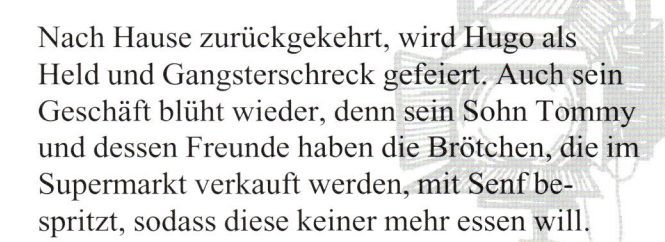

Nach Hause zurückgekehrt, wird Hugo als Held und Gangsterschreck gefeiert. Auch sein Geschäft blüht wieder, denn sein Sohn Tommy und dessen Freunde haben die Brötchen, die im Supermarkt verkauft werden, mit Senf bespritzt, sodass diese keiner mehr essen will.

135

Außer Rand und Band am Wolfgangsee
1971, Farbfilm

Pressetitel: Schön ist die Liebe am Wörthersee

Produktion:	Neue Delta-Film, Terra Filmkunst
Verleih:	Constantin
Regie:	Franz Antel
Regieassistenz:	Otto Stenzel
Originaldrehbuch:	Dr. Kurt Nachmann, bearbeitet von Willy Pribil
Musik:	Gerhard Heinz
Kamera:	Siggi Held
Architekt:	Nino Borghi
Aufnahmeleitung:	Ronald Lechner, Karl Dworan
Ton:	Walter Prokosch
Masken:	Herta Matula, Gunther Kulier
Herstellungsleitung:	Carl Szokoll
Produktionsleitung:	Kurt Kodal

Darsteller: Heidi Hansen (Eva), Ernst Schütz (Martin), Paul Löwinger (Zacherl), Waltraut Haas (Rössl-Wirtin), Gunther Philipp (Finanzbeamter), Michael Schanze (Jürgen), Jutta Speidel (Maxi), Hansi Kraus (Leopold)
In weiteren Rollen:
Ralf Wolter, Hans Terofal, Jacques Herlin, Raoul Retzer, Franz Muxeneder, Hannelore Auer

Inhalt: Die Studentin Eva Lanz erfährt, dass sie das Palast-Hotel am Wolfgangsee geerbt hat. Gemeinsam mit ihrer Freundin Maxi fährt sie los und besichtigt das Erbstück. Es ist ein altes, zerfallenes Haus, das vom Hausdiener Zacherl bewohnt wird. Sie beschließen trotzdem, ihr Glück mit dem Hotel zu versuchen und haben auch sehr schnell eine Menge an hilfsbereiten jungen Menschen zur Verfügung: eine Schar von Mädchen, die auf dem Grundstück kampieren, eine Gruppe von Musikern, die im benachbarten "Weißen Rössl" auftreten, und Dr. Martin Behrens, der Bruder der Rössl-Wirtin. So entsteht ein lustiges Pop-Hotel, das den Namen "Schwarzes Rössl" erhält. Doch die ersten Schwierigkeiten bleiben nicht lange aus. Ein heftiger Konkurrenzkampf artet in üble Streitigkeiten zwischen

Außer Rand und Band am Wolfgangsee

den beiden Hausdienern der Rössl-Hotels aus.

Im "Weißen Rössl" ist ein Sommerfest geplant und Martin, der sich in Eva verliebt hat, überredet seine Schwester, dieses Fest im "Schwarzen Rössl" zu veranstalten. Und sie stimmt zu.

Doch Eva erfährt durch Zufall, dass Martin der Bruder der Rössl-Wirtin ist und lehnt enttäuscht das Angebot ab. Sie will ihr Grundstück verkaufen. Gerade als sie ihre Unterschrift unter das Schriftstück setzen will, macht Martin ihr einen Heiratsantrag.

Jürgen, der Boss der Musikband, ist verbittert über die geplante Heirat, weil auch er sich in Eva verliebt hat. Er bemerkt dann, dass Evas Freundin Maxi ohnehin besser zu ihm passt und es kann eine Doppelhochzeit gefeiert werden.

Was geschah auf Schloss Wildberg
1972, Farbfilm

…oder Sie nannten ihn Krambambuli

Produktion:	Neue Delta-Film, Divina Film München
Verleih:	Gloria
Regie:	Franz Antel
Drehbuch:	Rolf Olsen, August Rieger, nach einer Novelle von Maria von Ebner-Eschenbach
Musik:	Johannes Fehring
Kamera:	Hans Matula
Bauten:	Nino Borghi
Aufnahmeleitung:	Ronald Lechner, Karl Dworan
Maske:	Gunther Kulier
Frisuren:	Herta Matula
Kostüme:	Elisabeth von Ettinghausen
Herstellungsleitung:	Carl Szokoll
Produktionsleitung:	Kurt Kodal

Darsteller: Michael Schanze (Christian Freytag), Fritz Wepper (Momme Linnau), Sylvia Lukan (Marianne Körner), Christian Wolff (Till Beckmann), Werner Pochath (Victor Körner, Mariannes Bruder), Heinz Reincke (Traugott Jellinek), Erni Mangold (Emma, Jellineks Schwester), Eva Basch (Jeanette), Paul Hörbiger (Xaver), Susi Nicoletti (Therese), Rudolf Prack (Dr. Schott), Heinrich Schweiger (Revierinspektor Bröschl), Werner Oppitz (Inspektor Schramm), Erich Auer (Körner), Marte Harell (Körners Frau), Emmerich Schrenk (Reisser)

Inhalt: Unüberlegt und übermütig brechen die drei Jugendlichen Christian Freytag, Momme Linnau und dessen Freundin ein Auto auf und fahren damit herum. Sie werden gefasst und ins Gefängnis gesteckt. Christian wird wegen guter Führung drei Monate später entlassen.
Christian hat vor, sich zu bessern und zieht in das kleine Bergdorf Wildberg. Er findet Arbeit als Hilfsarbeiter bei dem Bauunternehmer Jellinek. Man weiß in Wildberg über die Vergangenheit und den Gefängnisaufenthalt des Jungen Bescheid und tritt ihm feindlich gegenüber. Nur Jellineks Sekretärin, Marianne Körner, und der Arbeitgeber selber behandeln ihn freundlich und anständig.
Er findet noch einen Freund und zwar den Hund Kumpel, der dem Altwarenhändler Reisser gehört. Christian hat sich schnell an

das Dorfleben gewöhnt, ist zuversichtlich und glaubt an eine glückliche Zukunft. Doch eine Gruppe Jugendlicher, darunter Mariannes Bruder Victor, lässt ihn nicht in Ruhe und versucht ihn immer wieder zu provozieren.

An einem Samstagabend wird Christian Zeuge, als Victor Körner und seine Freunde sich an den alten Xaver heranmachen und diesen auf bösartige Weise ärgern. Christian steht dem hilflosen Mann bei und es kommt zu einer Rauferei. Marianne sieht den verletzten Christian auf der Straße liegen und nimmt ihn mit nach Hause.

Reissers Hund ist ausgerissen und zu Christian gelaufen. Dieser versteckt ihn auf dem Dachboden von Jellineks Haus, in dem er wohnt. Der junge Schlossherr, Till Beckmann, leidet an einer schweren Krankheit und droht zu erblinden. Marianne kümmert sich um ihn und fährt in die Stadt, um ihn zum Arzt zu bringen. Christian ist eifersüchtig.

Momme taucht in Wildberg auf. Er will Christian überreden, mit ihm einen Einbruch zu begehen. Doch dieser will mit dem aus dem Gefängnis Entflohenen nichts mehr zu tun haben. In Victor, der große Schulden hat, findet Momme eine gleichgesinnte Seele. Sie planen einen Einbruch in das Schloss Wildberg.

Victor hat entdeckt, dass Christian Reissers Hund bei sich versteckt hat und erpresst ihn, den Raub mitzumachen. Christian lehnt ab, weiß jedoch über den Plan nun Bescheid und versucht, die beiden von dem Vorhaben abzubringen. Bei dem Versuch, Momme und Victor den Raub zu vereiteln, wird Christian erwischt, die Täter aber können unbemerkt entkommen. Als auch noch der Hund Kumpel bei ihm gefunden wird, muss Christian wieder hinter Gitter. Till Beckmann weiß, dass Victor an der Tat beteiligt war, sagt dies aber nicht der Polizei, weil er Marianne für sich haben will und froh ist, dass Christian gefasst wurde. Doch diesmal ist Christian entschlossen, sein Recht durchzusetzen und bricht aus dem Gefängnis aus. Er kann die Einbrecher stellen, wird bei der Verfolgungsjagd aber tödlich von einer Pistole getroffen.

Voll Trauer über den Tod Christians behält Marianne den Hund Kumpel. Sie kann Victor überreden, die Tat zuzugeben und damit den Verdacht gegen Christian zu bereinigen.

Till Beckmann ist operiert worden. Er versucht, sein Unrecht gegen Marianne und Christian wieder gutzumachen.

Erni Mangold, Heinz Reincke, Franz Antel und Michael Schanze

Die lustigen Vier von der Tankstelle
1972, Farbfilm

Produktion:	Neue Delta-Film/Divina
Verleih:	Gloria
Regie:	Franz Antel
Regieassistenz:	Peter Weissflog
Drehbuch:	Heinz Bothe-Pelzer
Musik:	Gerhard Heinz
Kamera:	Hans Matula
Kameraassistenz:	Attila Szabo
Standfotos:	Will Appelt
Bauten und Ausstattung:	Nino Borghi
Aufnahmeleitung:	Fred Kollhanek
Schnitt:	Studio Heyne
Ton:	Walter Proksch
Maske und Frisuren:	Ingeborg Mensik, Herta Matula
Kostümberatung:	Ilse Heckmann
Herstellungsleitung:	Carl Szokoll
Produktionsleitung:	Kurt Kodal

Darsteller: Uschi Glas (Gaby), Hans-Jürgen Bäumler (Tommy), Michael Schanze (Michael), Nicki Doff (Nicki), Gisela Schlüter (Frau Babinski), Henry Vahl (Ferdl), Alfred Böhm (Andreas Lorenz), Eva Basch (Eva), Kurt Sobotka (Ing. Kranz), Helga Papouschek (Tamara), Raoul Retzer (Fahrer Scholz), Gerd Steffen (Wachtmeister Zwingel), Elisabeth Stiepl (Liesl), Franz Stoss (Staatssekretär), Maja Hoppe (Biggi), Karl Krittl (Schimke), Fritz Muliar (Ministerialrat Wurzer), Willy Millowitsch (Vinzenz Nesslauer), Walter Scheuer

Inhalt: Herr Nesslauer ist Eigentümer einer Tankstelle. Durch den Bau einer neuen Autobahn ist diese jedoch nicht mehr gefragt. So beschließt er, die Tankstelle zu verpachten. Michael, der bisher bei Herrn Nesslauer gearbeitet hat, will seinen Job nicht aufgeben und bittet seinen Arbeitgeber, gemeinsam mit der Studentin Gaby und dem Reporter Tommy die Tankstelle übernehmen zu können.
Die von Herrn Nesslauer geforderte Kaution ist für die drei mittellosen jungen Leute viel zu hoch. So erklärt sich der gewitzte Geschäftsmann bereit, die Geldsumme zu streichen, wenn die drei es schaffen, den Umsatz um 30% zu erhöhen.
Nicki, der kleine Sohn von Direktor Andreas Lorenz, ist von zu Hause ausgerissen,

Uschi Glas, Hans-Jürgen Bäumler und Franz Antel

weil sein Vater für den versprochenen Urlaub wieder einmal keine Zeit hatte. Nicki befreundet sich mit Gaby und nistet sich auf der Tankstelle ein. Er erfährt von der schlechten Lage seiner neu gewonnenen Freunde und überredet den Druckereibesitzer Ferdl, Werbeplakate und Handzettel zu drucken. Er mobilisiert seine Klassenkameraden und sie verteilen die Plakate in der ganzen Stadt. Dann bauen sie eine fachgerechte Straßenumleitung, die zwar die Bürokratie vollends durcheinanderbringt, die Autos aber müssen von nun an die Tankstelle passieren. Das Geschäft entwickelt sich zu einem großen Erfolg.

Michael verliebt sich in Eva, die er für Nickis Mutter hält, und Tommy verliebt sich in Gaby. Die Paare finden nach vielen Streitigkeiten zueinander. Vater Lorenz versöhnt sich mit seinem Sohn. Zum Schluss wird auch noch die Autobahnabzweigung gebaut und dadurch der Umsatz der Tankstelle gesichert.

Das Wandern ist Herrn Müllers Lust
1973, Farbfilm

Produktion:	Neue Delta-Film, Divina
Verleih:	Gloria
Regie:	Franz Antel
Regieassistenz:	Otto Stenzel
Drehbuch:	Dr. Kurt Nachmann
Musik:	Gerhard Heinz
Kamera:	Hans Matula
Kameraassistenz:	Sepp Heyne
Aufnahmeleitung:	Martin Häussler, Helmut Kronberger
Ton:	Walter Prokosch
Maske:	Fritz Seyfried
Frisuren:	Herta Matula
Garderobe:	Waltraut Freitag
Requisite:	Helmut Graef, Martin Obernigg
Herstellungsleitung:	Carl Szokoll
Produktionsleitung:	Kurt Kodal

Darsteller: Sascha Hehn (Micha), Barbara Nielsen (Dagmar), Eva Garden (Veronika), Ilja Richter (Pit), Ernst Auer (Großvater), Hansi Kraus (Max), Ekkehard Fritsch (Direktor Müller), Kurt Sobotka (Herr Grün), Marion Donath (Louise), Eddi Arent (Dr. Schön), Jacques Herlin (Timothy), Ossy Kolmann (Herr Swoboda), Gisela Schlüter (Sybill), Martin Obernigg (Kilian), Pine Fenz (Karoline), Sigi Gschösser (Pfarrer), Andreas Gschösser (Bauer), Peter Wiedner (Bauer), Elisabeth Stiepl (Angela), Tilla Hohenfels (Liane), Maja Hoppe (Leni), Dietrich Schlederer (Schorsch), Michael Graef (Herr Kugelmann), Grete Martin, Anna Rothart, Frau Wibmer (drei dicke Damen), Heino und Tony Marshall (Sänger)

Inhalt: Direktor Müller musste wegen eines Verkehrsdeliktes für vier Wochen ins Gefängnis und machte dabei unfreiwillig eine Abmagerungskur.
Nun wollen alle seine Freunde wissen, wo er denn seinen Urlaub verbracht und soviel an Gewicht verloren hat. Da keiner von seinem Vergehen erfahren darf, greifen er und seine Tochter Dagmar zu einer List. Gemeinsam mit dem Taxifahrer, dem jungen Studenten Micha, beschließen sie, das unbekannte Tiroler Bergdorf Hinterberg als Müllers Feriendomizil anzugeben. Denn Michas Freund Pit hat seine Stellung im Reisebüro Grün verloren. Er wollte der hübschen Veronika helfen, die für das Bauernhaus ihres Großvaters Feriengäste suchte, und hat deshalb anstatt Bahama-Reisen ein

Bauernhaus in Hinterberg angeboten.
Müllers Freunde und Freundinnen machen sich heimlich auf den Weg nach Hinterberg, um ebenfalls eine Abmagerungskur zu machen und in kürzester Zeit wird das kleine Bergdorf zum Ziel übergewichtiger und entnervter Großstädter.
Der clevere Pit erkennt seine Chance und startet eine großangelegte Kampagne. Er eröffnet mit Hilfe des Försters Max ein Freizeitzentrum und verkauft Kaltwasser, harte Betten und magere Kost zu teuersten Preisen. Unter dem Motto "Trimm dich fit", "Iss dich schlank", "Arbeite dich gesund", richten Pit und Micha ein Reisebüro ein, das von Herrn Müller finanziert wird.
Es entsteht ein heilloses Durcheinander, als die versnobten, neureichen Städter und die sture Landbevölkerung aufeinandertreffen. Und als auch noch die Tochter Herrn Müllers, Dagmar, allzu aufdringlich wird, ist Micha drauf und dran, alles hinzuwerfen. Voll des schlechten Gewissens, den ganzen Wirbel ausgelöst zu haben, beschließt Herr Müller, alles wieder in Ordnung zu bringen. Schließlich kann sich Micha von Dagmar frei machen und zu seiner Veronika zurückkehren, deretwegen er sich in das ganze Abenteuer gestürzt hat.

Die liebestollen Apothekerstöchter
1973, Farbfilm

…oder Blutjung und liebeshungrig

Produktion:	TV 13
Verleih:	Cinerama
Regie:	Franz Antel
Drehbuch:	Hans Billian, Gretl Löwinger
Musik:	Ralf Nowy
Kamera:	Ernst W. Kalinke
Bauten:	Robert Stratil
Produktionsleitung:	Fred Zenker
Gesamtleitung:	Horst Hächler

Darsteller: Sybill Danning,
Eva Garden,
Sascha Hehn,
Wolfgang Jansen,
Christine Maybach,
Gernot Möhner,
Josef Moosholzer,
Erich Padalewski,
Arlena Sörje,
Rinaldo Talamonti,
Claus Tinney,
Paul Löwinger

Die drei Apothekerstöchter

Inhalt: Zwei in der Liebe recht aktive Apothekerstöchter versuchen, ihre ältere Schwester mit allen Mitteln an den Mann zu bringen.

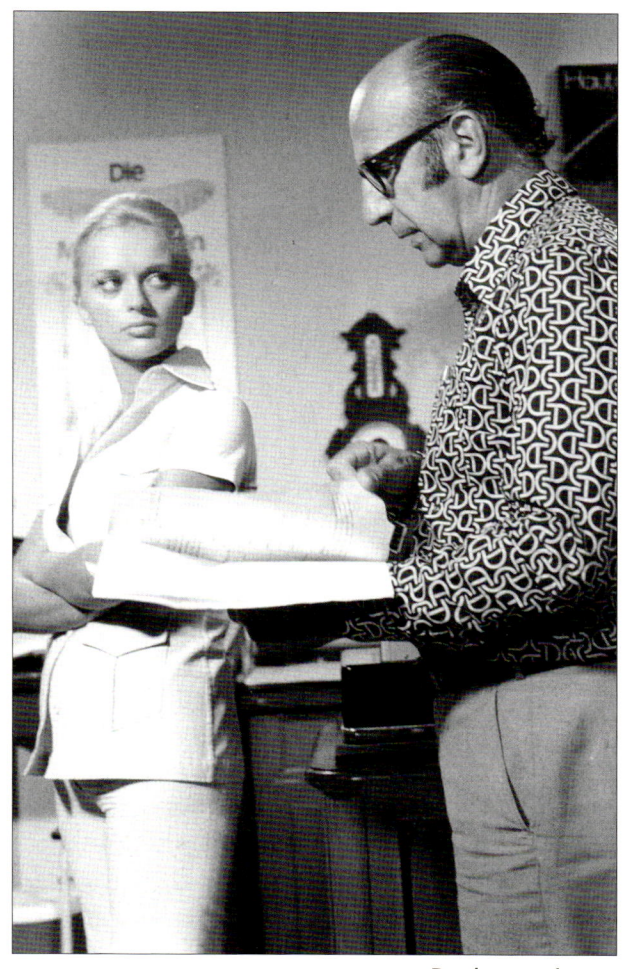

In einer kurzen Drehpause

Regieanweisung

Der Apotheker mit seiner Tochter

Frau Wirtin tolle Töchterlein
1973, Farbfilm

Produktion:	Neue Delta-Film
Co-Produktion:	Malory-Produktion München, Cinemar Rom
Verleih:	Constantin
Regie:	Franz Antel
Regieassistenz:	Peter Weissflog
Drehbuch:	Dr. Kurt Nachmann
Musik:	Stelvio Cipriani
Kamera:	Siegfried Hold
Kameraassistenz:	Karl Bogendorfer
Standfotos:	Will Appelt
Bauten:	Ferry Windberger
Aufnahmeleitung:	Fred Kollhanek, Karl Dworan
Schnitt:	Studio Heyne
Maske:	Helga Kempke, Grete Pitter
Kostüme:	Gerdago
Herstellungsleitung:	Carl Szokoll
Produktionsleitung:	Kurt Kodal

Darsteller: Terry Torday (Susanne Delberg), Gabriel Tinti (Vinzent van der Straten), Margot Hielscher (Oberin), Femy Benussi (Clarissa), Paul Löwinger (Antonius), Hans Terofal (Jussuf), Kurt Grosskurth (Pater Thaddäus), Franz Muxeneder (Bauer), Christina Losta (Francoise), Marika Mindzenty (Piroschka), Arlene Sörje (Anselma), Sonja Jeannine (Susanne), Erich Padalewski (Sandor), Dolores Schmidinger (Schwester Perpetua), Raoul Retzer (Osmin), Maja Hoppe (Marianne), Raimund Folkert (Florian Holderbusch), Jacques Herlin (Dulac)

Inhalt: Susanne stirbt als Gräfin Süderland. Bevor es jedoch soweit ist, teilt sie ihrem Testamentsvollstrecker Maitre Vinzent van der Straten mit, dass sie eine leibliche Tochter hat, die sich im Kloster Santa Simplicia befindet. Den Namen konnte sie nicht mehr nennen. Vinzent bricht zum Kloster auf und versucht, die Tochter ausfindig zu machen. Die Recherchen sind sehr kompliziert, weil das Internat dieser Anstalt vorwiegend von unehelichen Töchtern hochgestellter Persönlichkeiten besucht ist.

Der Maitre zieht fünf der Mädchen in die engere Wahl: Anselma, Clarissa, Francoise, Piri und Susanne. Bis auf Francoise und Susanne, die ihr Herz an Florian, den Organis-

ten des Klosters, verloren hat, wollen alle dem Rechtsanwalt beweisen, dass sie jeweils die rechtmäßigen Erbinnen der Wirtin sind. Susanne flieht mit Florian aus dem Kloster und Francoise verbringt mit Vinzent eine Liebesnacht. Er wird erwischt, muss für sein Abenteuer einsehen und Francoise heiraten.
Man macht sich auf die Suche nach Susanne und Florian. Sie werden gefunden und ins Kloster zurückgebracht, mit ihnen der ehemalige Gouverneur von Gießen, Dulac. Der Maitre erinnert sich an Dulac und an dessen Feindschaft mit der verstorbenen Wirtin Susanne. So fragt er ihn, ob er weiß, wer die Tochter von Susanne ist. Dulac antwortet, dass sie die Namen in die Bibel geschrieben hat. Van der Straten schlägt nach und entdeckt, dass alle fünf Mädchen die Töchter der Susanne sind.

Blau blüht der Enzian
1973, Farbfilm

Produktion:	Lisa Film GmbH München
Verleih:	Constantin
Regie:	Franz Antel
Drehbuch:	Dr. Kurt Nachmann
Musik:	Gerhard Heinz
Bild:	Heinz Hölscher
Aufnahmeleitung:	Günter Sturm, Otto W. Retzer
Produktionsleitung:	Erich Tomek

Darsteller: Ilja Richter (Pinky),
Catharina Conti (Lilo),
Hansi Kraus (Stefan),
Hans Terofal (Haselmeier),
Jutta Speidel (Kuni),
Ellen Umlauf (Frl. Bracke),
Evi Kent (Frl. Wenzel),
Jacques Herlin (Bonelli),
Sascha Hehn (Max),
Heinrich Schweiger (H. C. Morten),
Eddi Arent (Dr. Überbein),
Heino,
Chris Andrews,
Bata Illic und
Jürgen Marcus (Sänger)
In weiteren Rollen:
Otto W. Retzer, Willy Harlander

Inhalt: Während der Winterferien wird die Hotelfachschule in einem Schloss in Kitzbühel in ein Hotel umfunktioniert.
Im Mittelpunkt der Geschichte stehen die unbekümmerten und musikalischen Hotelfachschüler sowie ein grantiger Millionär, der auf der Suche nach einem sehr anonym lebenden Geschäftspartner in dieses Hotel verschlagen wird.
Dieser grantige Millionär verwechselt leider den Hausmeister, einem Amateur-Zauberer, mit seinem, ihm noch unbekannten Geschäftsfreund, wodurch sich viele Verwicklungen ergeben.
Die jungen Leute nützen die Situation aus, um viel Geld zu verdienen. Sie brauchen es,

um eine angeblich im Heizkeller verbrannte große Summe zu ersetzen. Das Geld findet sich aber wieder und alle Ungereimtheiten klären sich auf.

Blau blüht der Enzian

Ein Franz-Antel-Film
der Lisa Film GmbH, München
Verleih: CONSTANTIN-FILM
Buch: Kurt Nachmann - Musik: Gerhard Heinz
Bild: Heinz Hölscher - Produktionsleitung:
Erich Tomek - Regie: FRANZ ANTEL

Pinky	Ilja Richter
Lilo	Catharina Conti
Stefan	Hansi Kraus
Haselmeier	Hans Terofal
Kuni	Jutta Speidel
Frl. Bracke	Ellen Umlauf
Frl. Wenzel	Evi Kent
Bonelli	Jacques Herlin
Max	Sascha Hehn

sowie als
H. C. Morten . . . . . . Heinrich Schweiger
und als
Dr. Überbein . . . . . Eddi Arent

Heino singt seinen Hit „Blau blüht der Enzian"
Chris Andrews singt „Sugar Daddy"
Bata Illic singt „Michaela" und „Solange ich lebe"
Jürgen Marcus singt „Ein Festival der Liebe"
„Wir" singen und spielen „David und Goliath"
Nicky

Was alles passieren kann, wenn die Schüler einer in einem Schloß bei Kitzbühel untergebrachten Hotelfachschule ihr Institut während der Winterferien in ein Hotel umfunktionieren, zeigt Franz Antels fröhliches Winterlustspiel „Blau blüht der Enzian".
Im Mittelpunkt der Geschichte steht neben den höchst unbekümmerten und musikalisch beschwingten Schülern und ihren Freunden ein grantiger Millionär, den es auf der Suche nach einem sehr anonym lebenden Geschäftspartner in dieses „Hotel" verschlägt. Leider verwechselt er den Hausmeister, einen Amateur-Zauberer, mit seinem ihm noch unbekannten Geschäftsfreund, einem milliardenschweren Tankerkönig, wodurch sich viele heitere Verwicklungen ergeben. Die jungen Leute nützen die Situation weidlich aus, um viel Geld zu verdienen. Sie brauchen es, um eine angeblich im Heizkeller verbrannte große Summe zu ersetzen. Natürlich findet sich am Schluß nicht nur das Geld wieder, sondern auch manches Herz zum anderen: Happy-End auf der ganzen Linie.

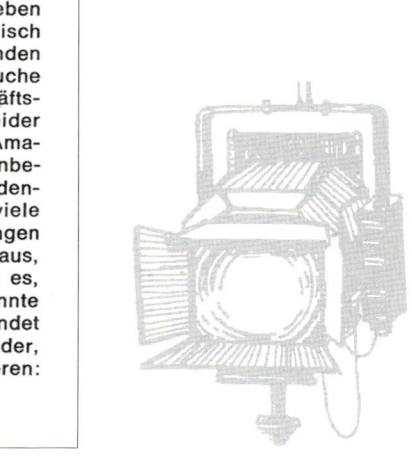

Wenn Mädchen zum Manöver blasen
1974, Farbfilm

Produktion:	Neue Delta-Film
Verleih:	Constantin
Regie:	Franz Antel
Regieassistenz:	Otto Stenzel
Drehbuch:	Florian Brug (= Erich Tomek)
Musik:	Gerhard Heinz
Kamera:	Heinz Hölscher
Kameraassistenz:	Horst Knechtel
Aufnahmeleitung:	Otto Retzer
Ton:	Helmut Kronberger
Maske:	Peter Krebs
Frisuren:	Christl Krebs
Herstellungsleitung:	Carl Szokoll
Produktionsleitung:	Kurt Kodal

Gedreht wurde in Waidhofen an der Ybbs

Darsteller:
Alexander Grill (Poldi Novak, Leopold Haslinger),
Alena Penz (Kathi),
Rinaldo Talamonti (Mario Carotti),
Nina Frederic (Ilona),
Hans Terofal (Hawelka),
Kurt Sobotka (Oberst Bodo),
Erich Padalewski (Hauptmann von Pissewitz),
Tilla Hohenfels (Irene, Bodos Frau),
Raoul Retzer (Oberstabsarzt),
Joanna Jung (Comtesse Julia),
Marika Mindzenty (Olga Haslinger),
Erhard Pauer (Rudi Nagel),
Sylvia Sand (Nina),
Dieter Assmann (Geza von Lajos),
Eva Gros (Resi),
Eduard Meisel (Kodaj)

In weiteren Rollen:
Otto W. Retzer,
Helmut Kronberger

Inhalt: Der Briefträger eines kleinen, verträumten Garnisonsstädchens, Mario Carotti, verbindet seine tägliche Arbeit stets mit einem Besuch bei der stadtbekannten Comtesse Julia. An diesem Tag findet sich auch Feldwebel Novak hier ein, um seinen Soldaten Rudi Nagel, von dessen häufigen Besuchen bei der Comtesse er Kenntnis hat, zu suchen. Novak überrascht Rudi mit Julia, sodass diese daraufhin den Briefträger für den angekündigten Hauptmann von Pissewitz hält.

In der entstehenden Verwirrung flüchtet der Feldwebel versehentlich mit der Briefträgeruniform Marios, während Mario in der Feldwebeluniform die Post austrägt. Hauptmann von Pissewitz taucht auf und ist ent-

setzt, dass Mario, den er für den Feldwebel hält, ihn nicht grüßt. Nach einigem Durcheinander endet Maio schließlich als Soldat.
Die Frau des Herrn Oberst ist erkrankt und ihre Nichte Kathi muss kommen, um sie zu pflegen. Mario, Rudi und sein Freund Geza werden beauftragt, das Mädchen aus einem Internat in Schwanenstadt zu holen. Und sie bringen nicht nur Kathi, sondern auch deren Freundinnen Ilona und Nina mit.
Die drei Mädchen werden in der Wohnung der Frau Oberst einquartiert und sie beschließen, alles zu versuchen, um ihren Kasernenaufenthalt zu verlängern.
Die Internatsleiterin Olga Haslinger ahnt, dass nicht alles in Ordnung sein kann und schickt ihren Mann in die Garnisonsstadt. Herr Haslinger sieht dem Feldwebel Novak zum Verwechseln ähnlich.
Frau Oberst hat sich von ihrer Krankheit erholt und macht mit ihrem Mann einen Theaterbesuch. Die drei Mädchen benützen diese Gelegenheit, um ihre drei Liebhaber, Mario, Rudi und Geza, einzuladen. Doch sie werden entdeckt und müssen zurück ins Internat.
Hawelka gelingt es, den Oberst dazu zu bringen, die bevorstehenden Manöver nach Schwanenstadt zu verlagern. Es kommt zu ungeahnten Verwirrungen, als Novak und Haslinger verwechselt werden und die Soldaten sich mit den Mädchen aus dem Internat vergnügen. Am Höhepunkt der Verwicklungen erscheinen der Oberst und seine Frau in Schwanenstadt und ernennen Mario, in der Meinung, er sei Kathis Geliebter, zum Leutnant. Doch diese hat sich für Rudi entschieden. Aber trotz der Verwechslung bleibt Mario Carotti Leutnant und es kommt zu einem glücklichen Ende.

Der kleine Schwarze mit dem roten Hut
1974, Farbfilm

…oder Johnny, lad' mal die Gitarre durch oder Johnny Chitarra oder Zwei tolle Hechte – Wir sind die Größten

Produktion:	Neue Delta-Film, Wien-Film, Gloria-Film
Verleih:	Cinerama
Regie:	Franz Antel
Drehbuch:	Oreste Coltellacci, Gianluigi Loffredo, Michele M. Tarantini, Heinz Orthofer
Musik:	Guido und Maurizio Deangelis
Kamera:	Mario Caprioti
Standfotos:	Stelvio Massi
Bauten:	Luciano Spadoni
Schnitt:	Maurizio Mengosi
Kostüme:	Helga Sirsch
Herstellungsleitung:	Carl Szokoll, Remo Odevaine
Produktionsleitung:	Kurt Kodal, Raimondo Esposito

Darsteller: George Hilton (Johnny Chitarra), Rinaldo Talamonti (Nick, Sheriff Redhat), Piero Lulli (Reverend Jonathan), Hans Terofal (Thimotheus), Alena Penz (Penelope), Herbert Fux (Chato), Pedro Sanchez (Chiculceo), Sonja Jeannine (Lou), Marie-Luise Zehetner (Pat), Carmen Silva (Susy), Christa Lindner (Kate), Vartha John (Willis), Katty Santos

Inhalt: Der Bandit El Moro und seine Desperados treiben in Little Heck ihr Unwesen. Sie haben bereits den dreizehnten Sheriff ermordet und sind im Begriff, das Dorf nun völlig in ihre Gewalt zu bringen. Die einzigen, die von dem Treiben der Banditen profitieren, sind der Reverend und der Totengräber Thimotheus. Die übrigen Bewohner fordern einen neuen Sheriff, der Ruhe und Ordnung nach Little Heck bringen soll. Sie verlangen nach dem gefürchteten und geachteten Sheriff Redhat und bitten ihn per Telegramm zu kommen.

Das Erkennungszeichen von Redhat ist sein roter Hut mit drei Schusslöchern darin. Durch einen unglücklichen Zufall gelangt Nick, ein einfältiger und feiger Taugenichts,

Franz Antel mitten im Wilden Westen

an den Hut von Redhat und reitet nichtsahnend nach Little Heck, wo er mit dem Redhat verwechselt und als neuer Sheriff gefeiert wird. Gleichzeitig taucht Johnny Chitarra in Little Heck auf und erkennt sofort, dass Nick nicht der ist, für den er gehalten wird.
Die vier Zirkusmädchen Lou, Pat, Susy und Kate haben, sehr zum Ärgernis El Moros, den Saloon übernommen. Er und seine Bande versuchen nun mit Gewalt, den Mädchen das Geschäft wieder abzunehmen. Doch Johnny und Nick stehen den Vieren erfolgreich zur Seite. Während Nick es fast immer schafft, einer gefährlichen Situation zu entgehen, sorgt Johnny für Ruhe und Ordnung. Es gelingt ihm sogar, den Reverend als El Moro zu entlarven. Nur die vier Schönen kann er nicht beruhigen, denn sie alle streiten sich um ihn. So zieht er es dann auch vor, Little Heck wieder zu verlassen und sein Leben als ein durch die Lande reitender Held, der sein Geld beim Pokerspielen verdient, weiterzuführen.

Die gelbe Nachtigall
1975, Farbfilm

Musikalisches Fernsehlustspiel

Produktion:	ORF, ZDF
Regie:	Franz Antel
Drehbuch der Fernsehfassung:	Franz Josef Gottlieb nach einer Komödie von Hermann Bahr
Musik:	Johannes Fehring
Choreografie:	Gene Reed
Redaktion:	Wolfgang Ainberger
Standfotos:	Will Appelt

Gedreht wurde unter anderem in Wien, Berndorf, Sorrent und Baden

Darsteller:
Dagmar Koller (Fanny Hobichler),
Leon Askin (Jason),
Curd Jürgens (Albert Korz),
Sonja Jeannine (eine junge Adelige),
Ida Krottendorf (Franziska)

In weiteren Rollen:
Marte Harell,
Erwin Neuwirth,
Tony Patricio,
Erich Padalewski,
Alfred Böhm,
Tilla Hohenfels,
Hans Kraemmer,
Gustaf Dieffenbacher,
Carlo Böhm,
Peter Garell,
Karin Garon,
Harry Hardt

Inhalt: Die Zwanziger Jahre, eine kleine österreichische Provinzbühne: Fanny Hobichler, einem Theaterspatz voller Talent und Ambition, gelingt es mit einem Trick, ihre Konkurrentin auszustechen und kurzfristig deren Rolle zu übernehmen. Doch sie hat die Rechnung ohne den Wirt gemacht und der erzürnte Schmieren-Impresario setzt sie auf die Straße. In der Musik- und Theaterstadt Wien versucht sie mit viel Geschick, aber ohne Glück, den allmächtigen Theaterbesitzer Jason zu einem Engagement zu bewegen. Mit ihrem letzten Rest von Mut wendet sie sich an den Star von Jasons Bühnen-Imperium, Albert Korz, der ein Jugendfreund ihres Vaters war. Hocherfreut über das Wiedersehen schlägt ihr Korz vor, den Urlaub mit ihm in Italien zu verbringen und bei der Gelegenheit Jason, auf den er ohnehin schlecht zu sprechen ist, durch ein Täuschungsmanöver auf Fanny aufmerksam zu machen.

Als fernöstliche "Gelbe Nachtigall" verkleidet, ist es dann auch ein Leichtes, dem voller Neugierde herbeigeeilten Jason zu einem alle Normen sprengenden Vertrags-Offert zu bringen. Einem kometenhaften Aufstieg steht nichts mehr im Weg und Inasa alias Fanny Hobichler macht Karriere.

Korz aber erlebt eine doppelte Enttäuschung: Ein Flirt mit einer jungen Adeligen entpuppt sich als Täuschungsmanöver, bei dem die junge Dame ihr Herz bereits anderwertig vergeben hat, und Jason, voll und ganz mit der "Nachtigall" beschäftigt, beginnt sein ehemaliges Zugpferd zu vernachlässigen. Auch Fanny erspart er nicht den Vorwurf, karrieresüchtig zu sein. Als sich seine Sekretärin und Vertraute Franziska dahingehend bei Fanny äußert, beschließt diese, via Presse ihre wahre Identität preiszugeben. Doch der erwartete Skandal bleibt aus. Das Publikum bejubelt sie als die, die sie ist, und mit Korz stellt sie, obwohl sie vorerst einen Heiratsantrag abweist, das gute Verhältnis wieder her. Jason behält aber das Schlusswort, denn er verpflichtet beide, gemeinsam bei ihm aufzutreten.

Casanova & Co
1976, Farbfilm

Produktion:	Franz Antel, Carl Szokoll
Co-Produktion:	Neue Delta-Film, Pantherfilm Rom, C.O.F.C.I. Paris, TV 13 München
Verleih:	Gloria für Österreich Cinerama für Deutschland
Regie:	Franz Antel
Drehbuch:	Hoshua Sinclair, Tom Priman
Musik:	Riz Ortolani
Kamera:	Hans Matula
Herstellungsleitung:	Michael Lewin

Darsteller:
Tony Curtis (Giacomo, der wirkliche und Giacomino, der falsche Casanova),
Marisa Berenson (Calipha, die Frau des Kalifen),
Hugh Griffith (Caliph),
Marisa Mell (Herzogin Francesca),
Britt Ekland (Gräfin Trivulzi),
Jean Lefebre (Sergeant),
Andrea Ferreol (Frau des Bäckers),
Silvia Koscina (Frau des Präfekten),
Victor Spinetti (Präfekt),
Umberto Orsini (Graf Tiretta),
Jeanie Bell (Fatme),
Liliane Mueller (Beata),
Olivia Pascal (Angela)

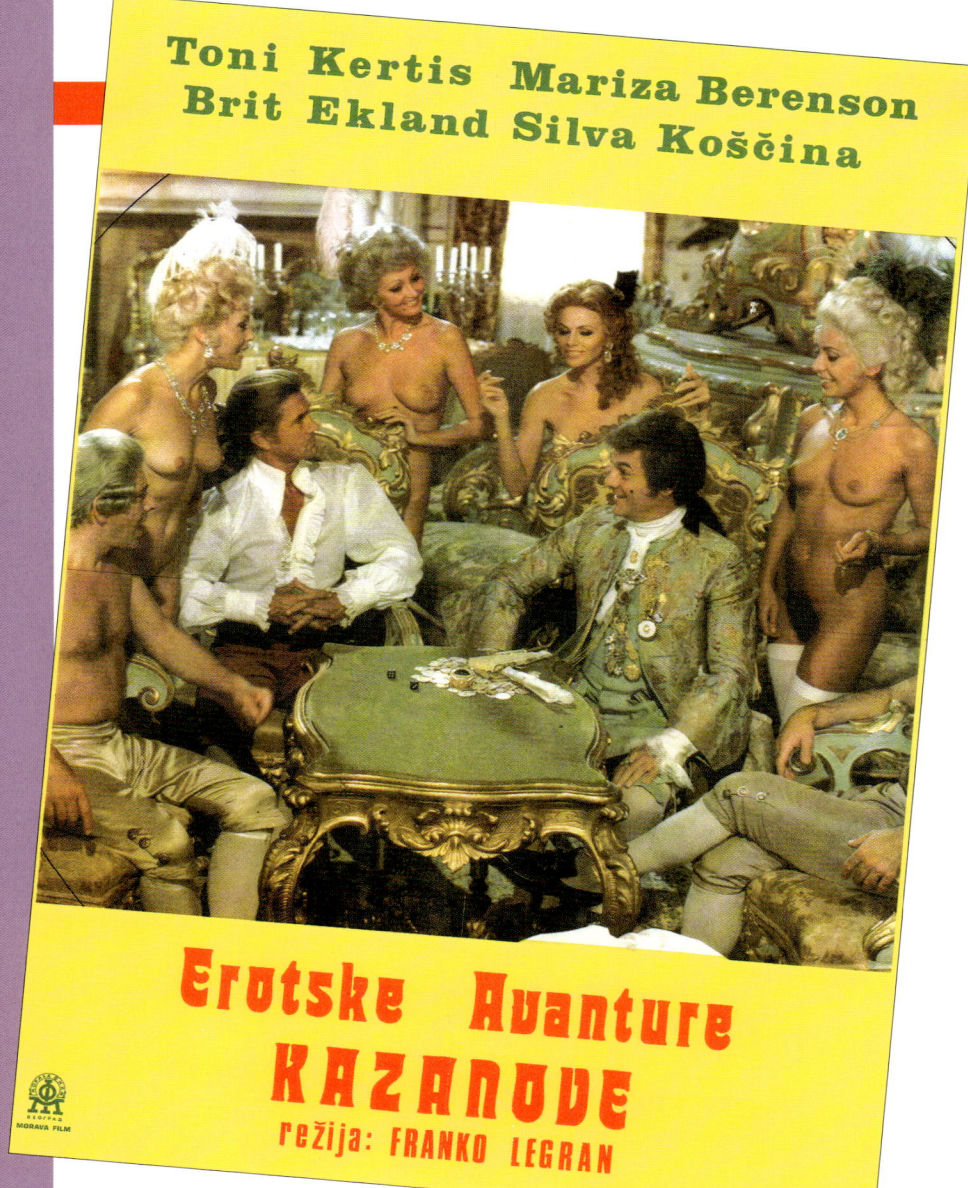

Inhalt: Venedig im 18. Jahrhundert. Die Neuigkeit, dass Casanova aus den venezianischen Bleikammern geflohen ist, verbreitet sich sehr schnell. Giacomino, ein kleiner Taschendieb, nützt die allgemeine Verwirrung, ergreift ebenfalls die Flucht und landet dank seiner verblüffenden Ähnlichkeit mit Casanova in den Schlafzimmern dreier genusssüchtiger Frauen.
Giacomo versteckt sich im Keller eines Klosters und bekommt eine Lesung von Ovids "Kunst der Liebe" zu hören. Dabei muss er feststellen, dass er in den Bleikammern von Venedig seine Männlichkeit eingebüßt hat.
Er wechselt seine Mönchskutte und verkleidet sich als Graf. Giacomo sucht die Herzogin Francesca auf, aber auch in den Armen

Franz Antel inmitten der nächsten Szeneneinstellung

seiner Geliebten muss er erkennen, dass er seinem Ruf als bester Liebhaber aller Zeiten nicht mehr nachkommen kann.
Giacomo und Giacomino treffen zusammen und tauschen ihre Identitäten aus.
Die arabische Calipha ist mit ihrem Mann in Venedig eingetroffen. Sie macht einen Rosenölvertrag davon abhängig, dass sie eine Gelegenheit für ein Liebesabenteuer mit Casanova bekommt. Wegen des schon allgemein bekannten Männlichkeitsverlustes Casanovas soll der Taschendieb Giacomino in das Bett der Calipha geschmuggelt werden.
Doch der wahre Frauenheld kann diese Scham nicht über sich ergehen lassen und versucht mit Erfolg, seine Potenz wiederzuerlangen. Er kann die Wünsche der Calipha persönlich erfüllen.
Giacomino gewinnt mit falschen Würfeln vom Caliphen ein großes Vermögen und begibt sich damit in die Welt der Ehrlichkeit.

Ab morgen sind wir reich und ehrlich
1976, Farbfilm

…oder Die Mafia lässt grüßen

Produktion:	Neue Delta-Film, TV 13
Verleih:	20th Century Fox
Regie:	Franz Antel
Drehbuch:	Sauro Scavolini, Willi Pribil
Musik:	Armando Trovaioli
Kamera:	G. Mancori
Aufnahmeleitung:	E. Meisel
Herstellungsleitung:	Carl Szokoll
Produktionsleitung:	Kurt Kodal, A. Pane

Darsteller: Arthur Kennedy (Jannacone), Carroll Baker (Polly Moon), Curd Jürgens (US-Senator), Angelo Infanti (Stuntman Nino), Vittorio Caprioli (Mario, Baron von Cinecitta), Silvia Dionisio (Moira, Tochter des Senators), Christine Kaufmann (Biggy, Scriptgirl), Gabriele Tinti (Chi-Chi), Werner Pochath (Cotto, rechte Hand von Chi-Chi)

Inhalt: Jannacone, ein ehemaliger amerikanischer Mafia-Boss, wurde von der italienischen Polizei dazu verurteilt, den Lebensabend in seinem Geburtsort Roccasecca zu verbringen. Jannacone ist im Besitz eines großen Vermögens und mehrerer Tonbänder, die einen amerikanischen Senator, der für die Präsidentschaft kandidiert, mit der Mafia in Verbindung bringen. Diese Tonbänder werden in einer Bank des benachbarten Ortes Roccafredda aufbewahrt. Jannacone hat die langweiligen Tage dazu benützt, seine Memoiren in Form eines Drehbuches niederzuschreiben. Die Filmdiva Polly Moon kann ihn überreden, den Film selbst zu produzieren und Polly selber als Hauptdarstellerin zu engagieren. Finanziert werden soll das Projekt vom amerikanischen Senator.

Curd Jürgens mit Franz Antel

Moira, die schöne Tochter des Senators, versucht, ihrem Vater zu helfen und reist in die Abruzzen. Doch der offizielle Nachfolger von Jannacone als Mafia-Boss hat von der Erpressung erfahren und lässt Moira entführen. Der neue Boss Chi-Chi raubt die Tonbänder, kassiert das Geld vom Senator und produziert den Film selbst.

Eine Menge junger Leute werden für die Dreharbeiten verpflichtet, darunter der Stuntman Nino und sein Freund Mario, ein Komparse, genannt der "Baron von Cinecitta". Als Mafiosi verkleidet reisen sie in die Abruzzen. Unglücklicherweise verwechseln sie Roccasecca, den Geburtsort Jannacones und den Ort, wo die Außenaufnahmen des Films stattfinden sollen, mit Roccafredda, wo die echte Mafia gerade dabei ist, die Bank zu überfallen. Die Gangster halten die beiden für die noch fehlenden eigenen Banditen und Nino und Mario glauben, es wird bereits gefilmt. In diesem Glauben gelingt es ihnen, den Koffer mit den Tonbändern zu stehlen und werden damit zu wahren Helden der Mafia. Chi-Chi belohnt sie mit einer neuen Aufgabe: Sie sollen Jannacone beseitigen. Sie erkennen nun die Situation und beichten Jannacone die Verschwörung. Dieser will dafür die Tonbänder zurückhaben.

Den beiden gelingt es, die Tonbänder in ihren Besitz zu bekommen. Sie können sogar Moira befreien. Anstatt die Tonbänder Jannacone auszuhändigen, geben sie sie dem amerikanischen Senator zurück mit Ninos Bitte um Moiras Hand.

Jannacone und Chi-Chi sind jedoch so schlau gewesen, von den Tonbändern Duplikate anzufertigen, die sie dem Senator anlässlich der Hochzeit seiner Tochter präsentieren.

Zwei Gendarmen und noch ein Kamel
1977, Farbfilm

…oder Biff, Baff, Puff in Afrika
oder Zwei Supertypen in Afrika

Produktion:	Pan-Film (Filmproduktions- und Vertriebsges.m.b.H. & Antel KG), Saga-Film Paris
Verleih:	Roxy-Film
Regie:	Jacques Besnard
Drehbuch:	Marin, Besnard, Balducci
Musik:	Derry Cowl

Darsteller: Pierre Tornade (ein Gendarm),
Darry Cowl (ein Derwisch),
Roger Dumas (ein Gendarm),
Philippe Ricci (ein Leutnant der freifranzösischen Streitkräfte de Gaulles),
Heinz Reincke (Major des Afrika-Korps)

In weiteren Rollen:
Heuvy Guybet, Daniel Grimm, Hans Werner, Rolanda Kalis, Sandra Bari, Evelyn Bellago, Corinne Lahaye

Inhalt: Das deutsche Afrika-Korps hat im Kampf gegen die englischen Afrika-Truppen einen mächtigen Bundesgenossen: die Italiener. Doch gerade zu diesem Zeitpunkt ist der General der italienischen Brigade verloren gegangen. Alle suchen ihn: die Deutschen unter Führung ihres Majors, die Engländer, aber auch de Gaulle, der soeben seine ersten Truppeneinheiten nach Afrika in den Kampf geschickt hat.

Ein Major des Afrika-Korps nimmt bei einem Überraschungsvorstoß seiner Truppe einen als Araber verkleideten Leutnant der französischen Streitkräfte gefangen. Dieser erzählt, wie er hierher gekommen ist: Er wurde von zwei Gendarmen in die freie Zone verfolgt, wo dann alle drei von den deutschen Truppen als Spione verhaftet wurden. Sie konnten sich jedoch wieder befreien und landeten als erste Franzosen, die dem Aufruf de Gaulles gefolgt sind, in London. Dort wurden sie unter schwersten Strapazen vorbereitet und auf Geheimmission nach Afrika geschickt. Sie wurden per Fallschirm in der Wüste abgeworfen und landeten mitten in einem Minenfeld. Ein wundertätiger Derwisch rettete ihnen das Leben, indem er sie aus der Wüste herausführte. Zusammen trafen sie dann 15 hübsche Mädchen eines fahrenden Bordells. Diese Schönen halfen mit, den Geheimauftrag der drei Franzosen zu erfüllen.

Die Erzählung endet mit der Gefangennahme der Spione. Als der detusche Major von der Existenz des fahrenden Bordells erfährt, verspricht er, die Gefangenen freizulassen, wenn sie ihm verraten, wo das Bordell sich befindet.

Il colpaccio (Big Bot)
1976

**Un film di John L. Huxley
con Fausto Tozzi,
Gabriele Tinti,
Tony Dimitri,
Mariangela Giordano e
von William Berger;**
con la participazione di
Edmund Purdom e
Claudine Auger
Prima edizione Italia 1976
Una coproduzione Saba Carf,
Roma e Neue Delta,
Vienna La Dear International
Presenta Al Cliver,
Carole André

La fiancee qui venait du froid
1977

Un film de Charles Nemes

Acteurs: Thierry Lhermitte (Paul),
Barbara Nielsen (Zosia),
Gerard Jugnot (Maurice),
Sophie Barjac (Anne),
Caterine Sauvage (mere de Paul),
Stephan Paryla (Marek),
Wlodek Press (Alexandre),
Alexandra Szypulska (Ula),
Ida Krottendorf (mere de Zosia),
Eugeniusz Priwieziencew (Lech),
Pierre Charras, Christian Baltauss (freece de Paul),
Danute Kristo (Myriam),
Leszek Piasecki (Rosenberg)

Nous remercions la societe Neue Delta et tous nos
amis techniciens Autrichiens pour leur previeuse col-
laboration a la realisation de ce film.
une coproduction Unranium Films, Ginis Film
producteurs delegue Uranium Films Georges Glass
et Daniel Cohen

Die Zuhälterin
1977, Farbfilm

…oder Der Privatpolizist

Produktion:	Neue Delta-Film, Promer Film Rom
Regie:	Stelvio Massi
Regieassistenz:	Danilo Massi
Drehbuch:	G. Capone
Kamera:	Riccardo Pallottini
Kameraassistenz:	Michele Pensato
Standfotos:	Teddy Kolars
Architekt:	Franco Calabrese
Aufnahmeleitung:	Anselmo Parrinello, Ralf Martens, Teddy Kolars
Ton:	Hans Haunold
Tonassistenz:	Peter Hilbich
Maske:	Dante Trani
Kostüme:	Angela Silighini, Kris Krenn
Frisuren:	Mirella Ginotto
Produktionsleitung:	Sivio Siano, Christian Jungbluth
Produktionsassistenz:	Giovanna Batthyany
Co-Produzent:	Franz Antel

Darsteller:
Joan Collins,
Gastone Moschine,
Ida Krottendorf,
Maurizi Merli,
Alexander Trojan

JOAN COLLINS
DIE ZUHÄLTERIN

Inhalt: Der italienische Privatdetektiv Walter Spada erhält von dem Wiener Bankier van Straben den Auftrag, dessen Tochter Anneliese in Rom ausfindig zu machen. Walter kommt dem Mädchen auf die Spur und findet sie in der Sekte Hare Krishna. Die beiden Gangster Strauss und "Punkt und Komma" haben aber ebenfalls Interesse an Anneliese und entführen sie.
Auf der Suche nach "Punkt und Komma" gelangt Walter nach Wien. Dort trifft er sich mit dem Detektiv Karl. Gemeinsam gehen sie zu ihrem Auftraggeber, um über die Suche nach Anneliese zu beraten. Van Straben erklärt jedoch, dass sie sich über den Verbleib seiner Tochter keine Sorgen mehr zu machen brauchten, weil diese bereits zu Hause sei. Walter ist über die plötzliche Wende erstaunt.

Im Büro von Karl lernt Walter die Italienerin Immacolata Tricase kennen. Lisa, die Tochter von Frau Tricase, ist bei einem Autounfall ums Leben gekommen. Doch glaubt die Mutter an keinen Unfall, sondern an Mord und übergibt den Fall Walter.
Bei seinen Ermittlungen lernt Walter Lisas Schulfreundin Renate und Dr. Zimmer, der den Tod von Lisa festgestellt hat, kennen. Beide erscheinen ihm verdächtig.
Die Spur führt ihn in den Nachtclub "Brigittenheim", wo er die Starstripperin Brigitte trifft. Tags darauf geht er mit ihr essen. Als die beiden im Lokal Dr. Zimmer sehen, wird Brigitte nervös und verschwindet kurze Zeit später mit Dr. Zimmer. Walter verfolgt sie und findet den Arzt ermordet auf.
Als "Punkt und Komma" ebenfalls ermordet wird, geht Walter zu van Straben. Dieser gesteht, bei der ersten Unterredung gelogen zu haben. Seine Tochter sei entführt worden und er werde erpresst.
Walter trifft sich noch einmal mit Renate und entdeckt, dass sie als Prostituierte arbeitet. Sie erzählt ihm, dass sie vor einigen Monaten Brigitte kennenlernte und diese ihr großartige Geschenke machte. Als Gegenleistung wurde sie an ältere Herren vermittelt. Lisa sollte ebenfalls für Brigitte arbeiten. Diese weigerte sich aber und wurde deshalb umgebracht. Kurze Zeit nach diesem Gespräch wird Renate von einem Auto überfahren.
Van Straben wird zur Übergabe des erpressten Geldes gezwungen. Als Strauss das geforderte Kuvert abholt, beobachtet ihn Walter und verfolgt ihn in Brigittes Wohnung. Diese erschießt ihren Kompagnon, um das Geld für sich alleine zu haben. Walter gelingt es, sie zu überwältigen. Doch bevor er ihr ein Geständnis abringen kann, wird er niedergeschlagen und sie erschossen.
Anneliese wird ebenfalls tot aufgefunden. Walter geht zu van Straben, um ihm Fotos von Anneliese zu geben. In dem Kuvert befinden sich jedoch nicht Fotos von der Tochter van Strabens, sondern von Lisa. Als Walter den Irrtum entdeckt und in das Büro zurückkommt, findet er einen völlig verwirrten van Straben vor, der gesteht, dass er Lisa ermordet hat und deswegen erpresst wurde.

Oh lala – die kleinen Blonden sind da
1978

Originaltitel: Arrete ton char bidasse – Halt deinen Panzer an

Arbeitstitel: Her mit den süßen kleinen deutschen Fräuleins

Produktion:	TV 13/ Terra-Filmkunst/ Promocinema, Multimedia
Co-Produzent:	Georges Glass und Franz Antel
Regie:	Michel Gerard
Drehbuch:	Werner P. Zibaso, Michel Gerard
Autor:	Michael Lang
Musik:	Darry Cowl, Jean Michel Defaye
Kamera:	Jean Monsigny
Schnitt:	Georges Marschalk

Darsteller: Stephane Hillel (Raoul), Remi Laurent (Francis), Darry Cowl (Colonel Lessard), Victor Cozyn (Renoit)

In weiteren Rollen:
Evelyn Kraft,
Olivia Pascal,
Fritz Meissner,
Pierrre Tornade,
Angelika Hauf,
Anton Duschek,
Benno Hofmann,
Nina Sandt,
Erich Padalewski,
Michael Bonnet,
Frederic Duru

Inhalt: Erste militärische Gehversuche einer französischen Einheit in einer deutschen Mittelstadt. Im Mittelpunkt ein Rekrut, der es darauf anlegt, für verrückt erklärt zu werden.

TV + Hörfunk — Seite 1
DONNERSTAG, 18. AUGUST 1977

Österreichs Panzer rollen für Franz Antel

Die Vorgeschichte: Serge Silberman, u. a. Produzent der letzten Bunuel-Filme, hatte immer Ärger mit seiner Frau. Sie pflegte seine Fähigkeiten als Produzent regelmäßig zu kritisieren. Im Zorn sagte er einmal: „Wenn du alles besser kannst, versuch's doch selbst einmal. Ich gebe dir das Geld."

Madame nahm das Angebot an — und finanzierte einen Streifen, den Unbekannte mit Unbekannten drehten: „Her mit den kleinen Engländerinnen". Der Film wurde ein Welterfolg.

Frau Silberman war überdies so klug, dem Autor und Regisseur Michel Lang vertraglich zu verbieten, für eine etwaige Fortsetzung einen ähnlichen Titel zu wählen. Diese Fortsetzung entsteht jetzt als französisch-deutsch-österreichische Koproduktion. So sehr man damit liebäugelt, aber den Titel „Her mit den blonden deutschen Mädchen" wird nun nicht verwenden dürfen. Und so trägt der Streifen momentan den Arbeitstitel „Arrête ton chard" („Halt deinen Panzer an"). Regisseur Michel Gérard: „Die jungen Burschen aus den ‚Kleinen Engländerinnen' sind mittlerweile älter geworden. Sie leisten ihren Militärdienst in Baden-Baden ab, nehmen das Militär nicht ernst und sind natürlich hinter den Mädchen her."

In Baden-Baden wurde jedoch kein Meter gedreht, der Großteil der Motive liegt in Österreich. Grund: die Freundschaft der beiden Koproduzenten Georges Glass und Franz Antel sowie das Entgegenkommen der Behörden: „Das Bundesheer hat uns sogar seine modernsten Kampfpanzer geborgt", berichtet Antel stolz.

Produktionsleiter Christian Jungbluth: „Ja, nur auftanken mußten wir sie selbst. Dabei bedachten wir nicht, wieviel Dieseltreibstoff so ein Ungetüm braucht. Nicht weniger als drei Tankstellen mußten wir für einen einzigen Panzer abklappern. Dann erst war er fahrbereit."

Die Dreharbeiten haben auch schon ihre Love Story: Seit sie einander kennenlernten, sind Olivia Pascal und Rémy Laurent, im Film ein Liebespaar, privat ebenfalls unzertrennlich.

Ludwig Heinrich

Private Love Story verbindet Hauptdarsteller: Olivia Pascal und Remy Laurent

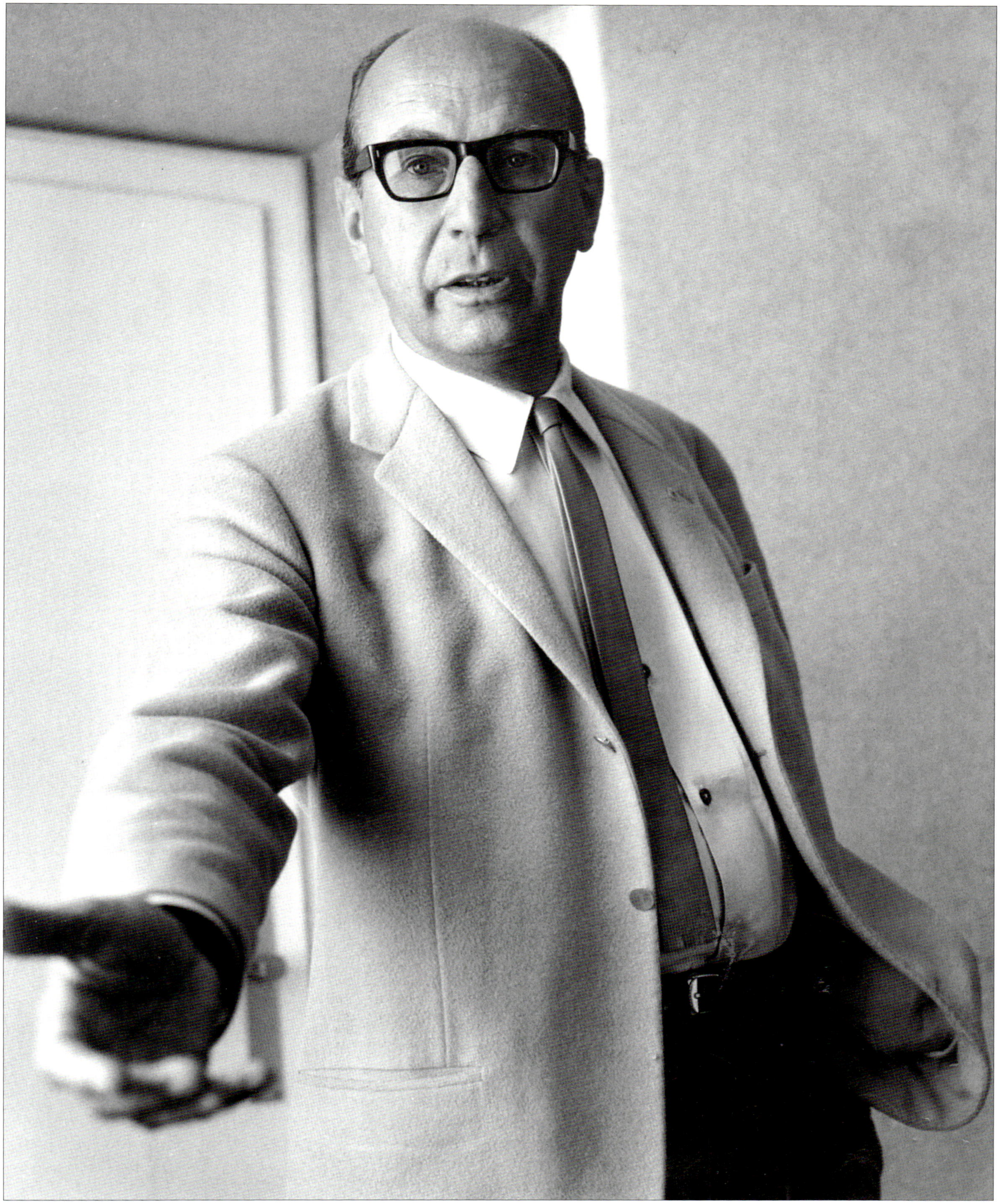

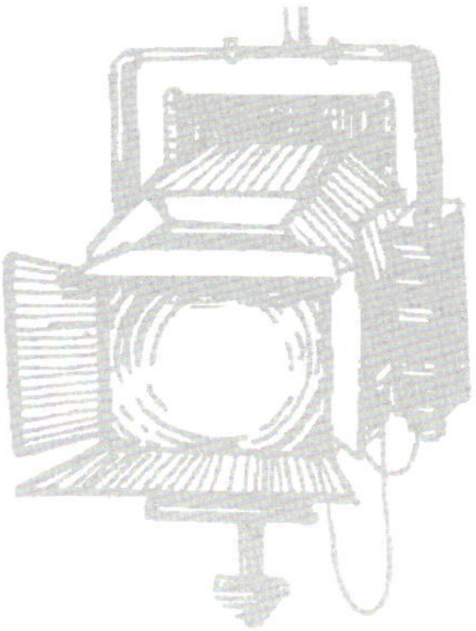

Love-Hotel in Tirol
1978, Farbfilm

Produktion:	Neue Delta-Film, Lisa-Film München
Verleih:	Residenz Film
Regie:	Franz Antel
Regieassistenz:	Sascha Wenniger
Drehbuch:	Hans Haller
Musik:	Gerhard Heinz
Kamera:	Franz X. Lederle
Kameraassistenz:	Hannes Führbringer
Bauten:	Ferry Windberger
Aufnahmeleitung:	Eduard Meisel
Ton:	Johannes Deinböck
Maske:	Günther Kulier
Frisuren:	Gerlinde Nemetz
Kostüme:	Ariane Maino
Produktionsassistenz:	Teddy Kolars
Produktionsleitung:	Kurt Kodal

Darsteller: Erich Padalewski (Oberbuchhalter Paul Berger, Zwillingsbruder Peter Berger), Terry Torday (Pauls Frau Caroline), Uschi Zech (Christa), Iris Lohner (Susi Burg, Inhaberin eines Reisebüros), Fritz Muliar (Bürgermeister Damian Katzinger), Ida Krottendorf (Walli), Marianne Haas (Burgl), Rolf Olsen (Pfarrer von Hinterbrunn), Heinz Reincke (Prokurator Stegemann), Rinaldo Talamonti (Zacherl), Jacques Herlin (Notar Dr. Rübezahl), Bessy Stiepl (Olga), Marianne Chappu (Sekretärin Kobald), Anna Marcella (Anja de Coster), Marthe Harell (Schwester Angelika), Viktor Couzyn (Thomas), Werner Röglin (André), Gerti Schneider (Rosl)

Inhalt: Peter Berger, ein dreißigjähriger Möchtegern-Playboy, benützt das Geld aus der Erbschaft seines Onkels, um in Bangkok Liebestage und –nächte zu verbringen. So beschließt er, den Traum seines Lebens zu verwirklichen und das verfallene Hotel in Tirol, das er gemeinsam mit seinem Bruder Paul geerbt hat, in ein Love-Hotel umzuwandeln. Er engagiert die hübschen Thai-Mädchen und schickt sie nach Tirol.
Zur selben Zeit jedoch will Paul das Hotel in ein Haus der Begegnung umbauen lassen. Ein junger italienischer Gastarbeiter verwaltet den gemeinsamen Besitz der Brüder. Er erhält widersprüchlichste Anweisungen von den beiden und findet sich damit ab, ein Haus der Begegnung zu errichten.

Rolf Olsen und Erich Padalewski

Zur Eröffnung fehlen die Mädchen, denn statt dieser ist eine thailändische Karategruppe gekommen. Peter engagiert fünf Tiroler Mädchen zum selben Zweck. Und als diese sich weigern, ordert sie der Pfarrer persönlich zum Dienstantritt, in der Meinung, dass es sich um Hilfspersonal für das Haus der Begegnung handelt. Es entsteht ein heilloses Durcheinander, an dem Peters Freundin Anja de Coster, Pauls Frau Caroline, die Bauernmädchen, der Oberkirchenrat Stegemann, der weibliche Kirchenchor, eine Sportlerabordnung, der Pfarrer, der Bürgermeister, der Notar Rübezahl und sonstige Honoratoren beteiligt sind. Die Eröffnung wird also zu einem vollen Erfolg, der lange Zeit hindurch anhält.

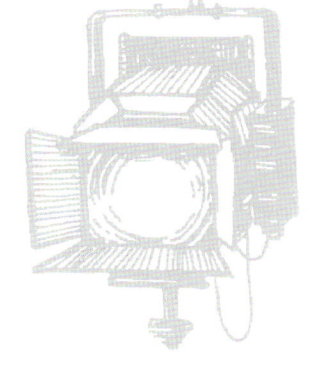

Das Licht der Gerechten
1978, Farbfilm

14-teilige Fernsehserie zu je einer Stunde nach der Romanserie von Henry Troyat

Produktion:	Maintenon Film Paris, Neue Delta-Film
Co-Produzent:	Franz Antel
Regie:	Yannick Andrei
Regieassistenz:	Oskar Wanka, Christophe Andrei
Skript:	Fritz Gellner
Kamera:	Michael Epp
Kameraassistenz:	Wolfgang Simon, Benjamin Epp
Architekt:	Herta Pischinger-Hareiter
Ausstattung:	Robert Fabiankovitch
Aufnahmeleitung:	Eduard Meisel, Christian Jungbluth, Helmut Kronberger
Schnitt:	Tamara Epp
Ton:	Rolf Schmidt-Gentner
Tonassistenz:	Peter Hofmann
Maske:	Günter Kulier, Ellen Just
Frisuren:	Edda Hackenberg
Kostüme:	Erika Jakubek-Thomasberger
Garderobe:	Waltraud Freitag, Johanna Ott
Herstellungsleitung:	George Glass
Produktionsleitung:	Kurt Kodal

Darsteller: Chantal Nobel (Sophie), Michel Robbe (Nicolas), Georges Wilson (Michel), Olivier Hussenot (Mr. Alesur), Nicole Jamet (Marie), Alfons Haider (Nikita), Wolfgang Hübsch (Jouri Almazoff), Stephan Paryla (Hippolithe Rozinkoff), Paul Hofmann (General Leparsky), Adolf Lukan (Prinz Volkonsky), Peter Wolsdorff (Prinz Troubetzkoi), Reinhard Reiner (Baron Rosen), Bernd Ander (Mouravieff), Peter Wolfsberger (Takoubovitsch), Franz Elkins (Odoievsky), Heinz Zuber (Annenkoff), Mijou Kovacs (Marie Volkonsky), Anita Mally (Alexandra Mouravieff)
In weiteren Rollen: Marianne Chapius, Alexander Wächter, Klaus-Jürgen Wussow, Terry Torday, Eduard Wildner, Gerald Uhlig, Franz Morak, Fritz Friedl, Klaus Rott, Nicolas Filipelli, Werner Pochath, Bernhard Hall, Bernd Meisel, Erich Padalewski, Helmut Janatsch, Georg Lhotzky, Harry Fuss, Edith Leyrer

Inhalt: Paris 1814: Die Alliierten haben Frankreich besetzt. Mit den russischen Besatzungstruppen kommt auch der Gardeleutnant Nicolas Ozareff nach Paris. Im Haus des Grafen Lambrefoux lernt er die junge Witwe Lambrefoux kennen und lieben, doch ihre gegensätzlichen Weltanschauungen stoßen aufeinander. Sophie gelingt es, Nicolas mit den Ideen der Freimaurer der Librairie Vavasseur bekanntzumachen. Nicolas Regiment wird nach Russland zurückversetzt. Im Juli 1815, als Napoleon Elba verlassen hat, kehrt Nicolas nach Paris zurück und hält um Sophies Hand an. Diese willigt jedoch nur unter der Bedingung ein, dass sein Vater Michel mit der Heirat einverstanden ist.
Sophie wird wegen ihrer politischen Ambitionen eingesperrt, kurz darauf aber wieder entlassen, doch bleibt die Gefahr für sie in Paris zu groß. Nicolas drängt sie zur Heirat, trotz der negativen Erklärung seines Vaters, die er ihr aber verschwiegen hat.
Nicolas, Sophie und der Diener Antipe reisen nach Russland auf das Gut des Vaters. Michel kann die Abneigung gegen seine Schwiegertochter nicht verbergen.

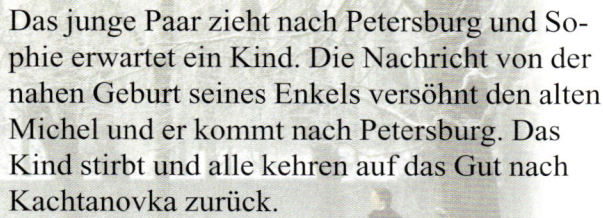

Das junge Paar zieht nach Petersburg und Sophie erwartet ein Kind. Die Nachricht von der nahen Geburt seines Enkels versöhnt den alten Michel und er kommt nach Petersburg. Das Kind stirbt und alle kehren auf das Gut nach Kachtanovka zurück.
Sophie gewöhnt sich sehr schnell ein und versteht sich mit ihrem Schwiegervater immer besser. Nur Nicolas ist unruhig und nach einem Streit mit seiner Frau beginnt er ein Verhältnis mit Daria, das vorerst noch unentdeckt bleibt. Nicolas Schwester Marie zieht zu dem verarmten Grafen Sedoff und wird deshalb von ihrem Vater verstoßen. Sophie hält zu ihrer Schwägerin und gemeinsam mit Nicolas bereitet sie die Hochzeit Maries mit Sedoff vor.
Nicolas wird das Leben auf dem Gut trotz seines Verhältnisses mit Daria unerträglich. Er will nach Petersburg zurück. Marie ist schwanger und braucht Geld für sich und ihren Mann. Michel beschließt, ein Haus zu verkaufen und den Erlös zwischen seinen Kindern aufzuteilen. Nicolas geht nach Petersburg. Sophie bleibt zurück, um ihrer Schwägerin beizustehen. Marie hat ein Kind bekommen und ihr Mann hat sie verlassen.

Nicolas genießt seine Freiheit in Petersburg in vollen Zügen. Er gehört einer Gesellschaft an, die gegen den Zaren Stellung nimmt und die Republik ausrufen will. Sedoff will zu seiner Frau zurück. Marie sucht Rat bei Sophie und als diese sich gegen Sedoff stellt, nimmt er Rache, indem er Sophie von dem Verhältnis Nicolas mit Daria erzählt. Sie ist schockiert und glaubt an eine Verleumdung, doch Michel bestätigt ihr diese Beziehung. Sophie will zurück nach Paris zu ihren Eltern. Der Selbstmord Maries bewegt sie schließlich zum Bleiben. Zar Alexander ist gestorben und die Verschwörer planen einen Aufstand gegen den neuen Zaren. Nicolas wird gefangen genommen. Er erfährt durch einen Brief seines Vaters, dass Sophie von seinem Betrug mit Daria weiß und bricht völlig zusammen. Nach vielen Monaten im Gefängnis besucht ihn Sophie und sie versöhnen sich. Nicolas wird zu 12 Jahren Sibirien verurteilt. Sophie erhält die Erlaubnis, ihren Gatten zu begleiten. Sie reist ihm nach, nur in Begleitung des treuen Dieners und jugendlichen Freundes Nikita. Nach einer beschwerlichen Reise – Nikita ist gestorben und sie hat unzählige Hindernisse bewältigen müssen - erreicht sie ihr Ziel, Tschita. Vorerst kann Sophie ihren Mann nur heimlich treffen. Das Lager der Gefangenen wird nach Petrovsk verlegt. Nicolas flieht und wird völlig erschöpft wieder aufgefunden. Sophie pflegt ihn Tag und Nacht und rettet ihm somit das Leben.

Ein Großherzog Michael Nicolievich wird geboren und zur Feier der Taufe, verspricht der Zar eine allgemeine Amnestie. Sophie und Nicolas verlassen das Lager und sie finden in Mertvy-Koultouk eine neue Heimat. Sie gewöhnen sich allmählich an die geänderten Verhältnisse und Nicolas wrid von den Bauern der Umgebung zum Fischfang eingeladen. Er ertrinkt.
Als Sechzigjährige kehrt Sophie nach Kachtanovka zurück und übernimmt das Gut ihres Schwiegervaters, das er ihr hinterlassen hat.

Traumbus
1979, Farbfilm

…oder Austern mit Senf

Produktion:	Allianz Film Berlin, TIT Film München, Mediterranée Cinema Cannes
Verleih:	Residenz
Regie:	Franz Antel
Regieassistenz:	Sacha Wenninger
Drehbuch:	Willi Pribil, Werner Ebbs
Skript:	Sybille Antel
Musik:	Gerhard Heinz
Kamera:	Franz X. Lederle
Kameraassistenz:	Horst Chlupka
Standfotos:	Winne Esch
Aufnahmeleitung:	Eduard Meisel
Ton:	Gerhard Birkholz
Maske:	Günther Kulier, Barbara Schwiez
Kostüme:	Helga Bandini-Squillaci
Garderobe:	Johanna Ott
Produktionsleitung:	Kurt Kodal

Drehorte: Kitzbühel, Grenzstation Brenner, Bozen, Nizza, Wien (9. April bis 17. Mai 1979)

Darsteller: Stephan Hillel (Luc), Olivia Pascal (Marguerite), Sascha Hehn (Gaston), Dagmar Koller (Vera), Jean Pierre Rambal (Santini), Jacques Herlin (Luculle-Geschäftsführer Fernand), Toni Sailer (Cheftrainer), Arlette Emmery (Odette), Consuelo de Haviland (Yannik), Doris Fuchs (Dominique), Margit Schwarzer (Marie-France), Ossy Kollmann (Hotelportier), Rolf Olsen (Frederique), Herbert Fux (Anatow), Joachim Semmelrogge (Heino), Victor Couzyn (Otto), Stefan Paryla (Francois), Sepp Löwinger (ein alter Bauer)

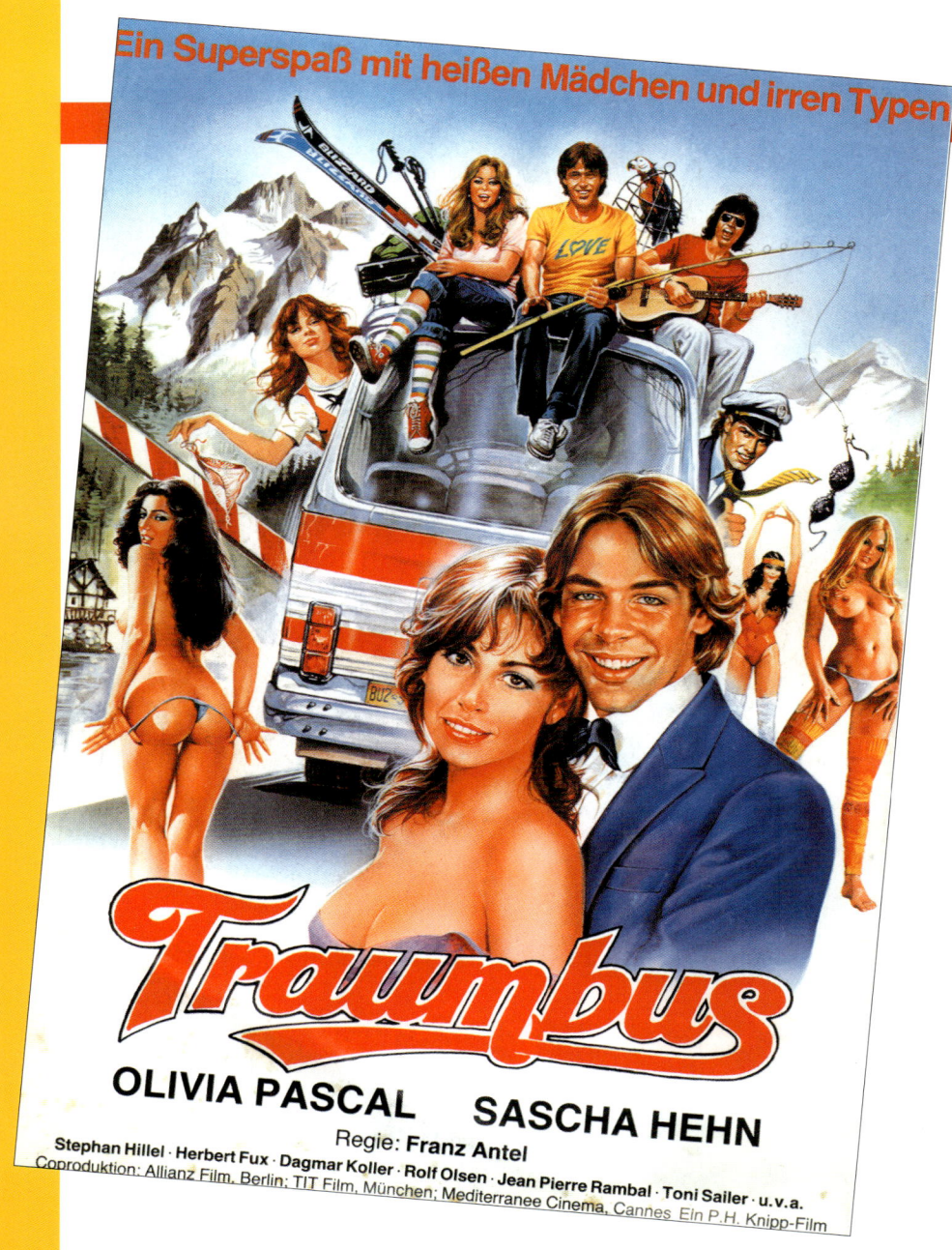

Inhalt: Gaston und Luc, beide Angestellte der städtischen Linienbusse in Nizza, sind in die Studentin Marguerite verliebt. Die jungen Männer unternehmen alles, um dem bezaubernden Mädchen zu gefallen.

Eines Abends lädt Luc Marguerite zum Abendessen ein. Gaston ist verärgert und beschließt, den beiden einen Streich zu spielen. Er schickt sie in eines der teuersten Lokale an der Côte d'Azur, mit der Begründung, dass in diesem Restaurant gerade eine Werbeaktion läuft, bei der die Gäste nur 10% des Normalpreises zahlen müssen.

Luc geht in die Falle und erkennt erst während des Abendessens, welches Spiel mit ihm getrieben wurde. Um die Situation zu retten, behauptet er dem Geschäftsführer gegenüber, dass ihm plötzlich schlecht sei und die Austern daran schuld seien. Luc und Marguerite kommen ins Krankenhaus, wo ihnen der Magen ausgepumpt wird. Aufgrund dieses Zwischenfalles versäumt Marguerite den Zug nach Kitzbühel, wo sie mit weiteren vier Vertreterinnen der Schimannschaft der Universität Nizza ein Rennen bestreiten soll. Luc und Gaston wissen sofort eine Lösung des Problems und bringen das Mädchen mit dem Bus nach Tirol.

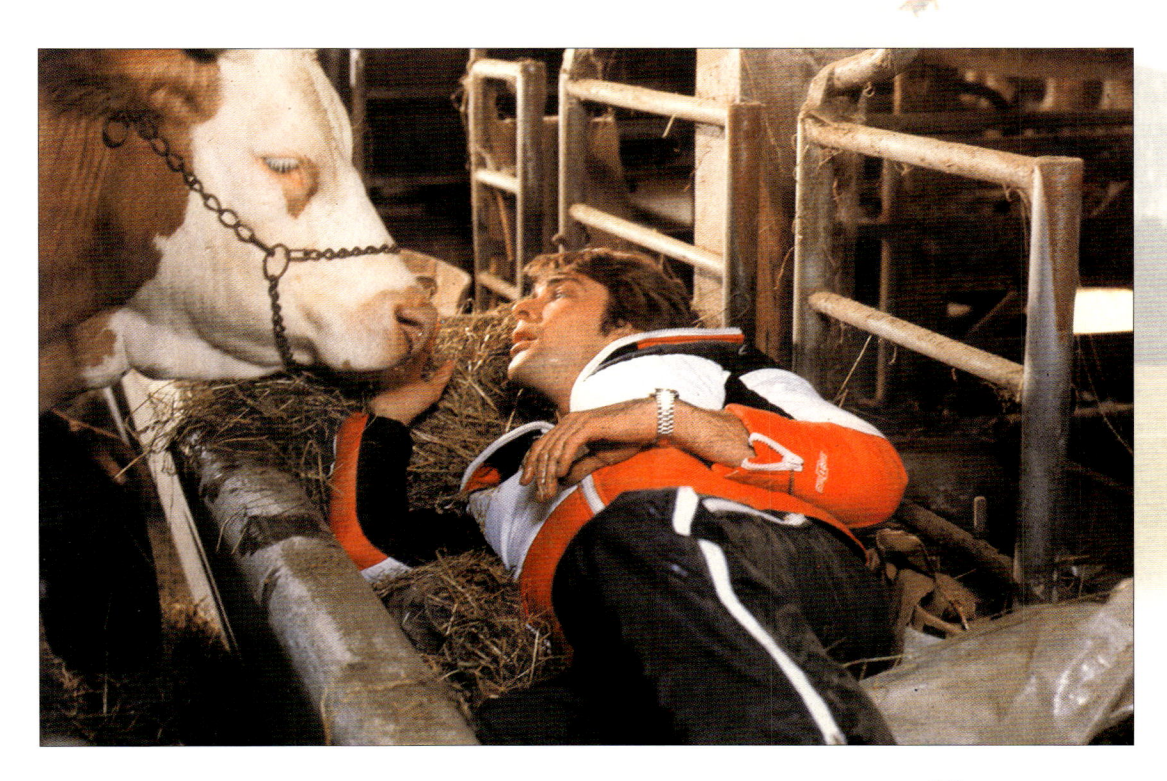

Während ihrer Reise haben die jungen Leute eine Menge Schwierigkeiten zu meistern. Aber auch in Kitzbühel nehmen die Probleme kein Ende. Die beiden Burschen geben sich als Trainer der französischen Schimannschaft aus. Wenig später wird Luc verhaftet, weil man ihn für einen gesuchten Bankräuber hält. Der Irrtum kann aber aufgeklärt werden und als Belohnung gibt es 10000 Francs.
Sie kehren nach Nizza zurück und alles nimmt seinen gewohnten Lauf. Diesmal ist es Gaston, der mit Marguerite essen geht.

Der Bockerer

1981, Farbfilm

Produktion:	Neue Delta-Film, TIT München, im Auftrag der Bockerer Ges.m.b.H.
Verleih:	Gloria
Regie:	Franz Antel
Regieassistenz:	Kurt Ockermüller
Drehbuch:	Dr. Kurt Nachmann, zusätzliche Dialoge: H. C. Artmann, nach dem gleichnamigen Bühnenstück von Ulrich Becher und Peter Preses
Musik:	Gerhard Heinz
Kamera:	Ernst W. Kalinke
Ausstattung:	Herta Hareiter-Pischinger
Aufnahmeleitung:	Alfred Deutsch, Peter Ebbs
Schnitt:	Ines Tomschik
Tonmeister:	Karl Schliefellner
Maske:	Günther Kulier
Frisuren:	Edda Hackenberg
Kostüme:	Lena Ilgisonis
Garderobe:	Grete Rücker
Requisiten:	Herbert Svec
Historische Beratung:	Carl Szokoll
Produktionsleitung:	Kurt Kodal

Darsteller: Karl Merkatz (Karl Bockerer), Ida Krottendorf (Sabine Bockerer), Georg Schuchter (Hans Bockerer), Alfred Böhm (Hatzinger), Heinz Marecek (Dr. Rosenblatt), Michael Schottenberg (Gstettner), Regina Sattler (Elisabeth), Sieghardt Rupp (Hermann), Marianne Nentwich (Frau Hermann), Walter Schmidinger (Schebesta), Klaus-Jürgen Wussow (Dr. von Lamm), Gustav Knuth (Vater Knabe), Michael Toost (Inspektor Guritsch), Kurt Nachmann (Herr Blau), Gabriele Buch (Frau Blau), Senta Wengraf (Frau Hofrat), Rolf Kutschera (Dr. Galeitner)
In weiteren Rollen: Ernie Mangold, Hans Holt, Marte Harell, Teddy Podgorsky, Jürgen Wilke, Erich Padalewski, Dolores Schmidinger, Franz Stoss

Inhalt: Karl Bockerer ist der Besitzer eines kleinen Fleischhauerladens in der Wiener Vorstadt. Sein Leben verläuft gleichmäßig und eintönig. Er trifft sich jeden Donnerstag mit seinen Freunden, dem Postoffizial a.D. Hatzinger und dem Rechtsanwalt Dr. Rosenblatt, zu einer Tarockpartie.
April 1938: Bockerer wird zum ersten Mal mit dem Nationalsozialismus konfrontiert, als er erfährt, dass sein Sohn Hansi der SA beigetreten ist. Auch der Freund Dr. Rosenblatt muss als verfolgter Jude Wien verlassen.
Karl ist am selben Tag und im selben Jahr wie Hitler geboren. Er freut sich auf den Tag seines Geburtstages und ist enttäuscht, als er erkennt, dass seine Familie nicht ihn, sondern den Führer feiert.

Bockerer trifft seinen Freund Hermann wieder und sie verbringen gemeinsam einen Abend beim Heurigen. Es kommt zu einem Streit der beiden mit drei Berliner Nationalsozialisten. Eine Truppe SA-Männer, die auf den Raufhandel aufmerksam wird, will Bockerer und Hermann verhaften. Hansi, der verpflichtet gewesen wäre, auf seinen Vater und dessen Freund aufzupassen, lässt sie laufen, gibt jedoch den Namen von Hermann preis. Dieser wird nach Dachau verschleppt und kommt dort um. Bockerer wird über den Vorfall von dem Gestapo-Obersturmbandführer Lamm verhört. Seine gespielte politische Ahnungslosigkeit und Naivität und die Intervention des homosexuellen SS-Mannes Gstettner retten ihm das Leben. Doch sein Sohn muss einrücken und fällt in Stalingrad.

Klaus-Jürgen Wussow mit Franz Antel

Der Bockerer

Le Boucher
son fils Hans
le Juif Rose
le cheminot
la comtesse
et le SS-Stur
sont les cha
pendant l'oc

The Vienne
his Jewish f
Bockerer's s
the countess
Hermann, th
SS-Sturmfü
are principa
tion by the

Drehbesprechung

Bei den Bockerers werden ausgebombte Reichsdeutsche einquartiert. Er befreundet sich mit einem von ihnen, dem ältlichen Herrn Knabe, der so denkt, wie er selber und den Krieg verabscheut.
Als das Haus von seinem Freund Hatzinger zerstört wird, zögert Bockerer keinen Augenblick, um zu versuchen, seinem Tarockkameraden das Leben zu retten. Als er jedoch erfährt, dass dieser gar nicht in dem Haus war, sondern bei einer fremden Tarockrunde mitgespielt hat, ist er sehr böse auf ihn.
Nach der Befreiung durch die Alliierten und dem Ende des Krieges kehrt Dr. Rosenblatt wieder nach Wien zurück und die Tarockpartie könnte fortgesetzt werden. Doch Karl hat resigniert und ist krank geworden.

Elisabeth, die Freundin von Hansi, ist ebenfalls im Krieg gestorben. Sie hinterlässt der Familie Bockerer ihren und Hansis Sohn. Erst als Bockerer den kleinen Karli in Händen hat, nimmt wieder alles seinen gewohnten Lauf.

Der Bockerer

Ohne Ball und ohne Netz
1982, Farbfilm

Fernsehlustspiel
1982, Farbfilm

Produktion:	Neue Delta-Film
Auftraggeber:	ORF
Regie:	Franz Antel
Regieassistenz:	Otto Stenzel
Drehbuch:	Gerold Gam, Willi Pribil, nach einer Idee von Franz Antel unter Mitarbeit von Werner Hüttl
Musik:	Gerhard Heinz
Kamera:	Hans Matula
Kameraassistenz:	Christian Kersten
Bauten:	Hans Pump
Aufnahmeleitung:	Peter Stromberger, Peter Krupicka
Schnitt:	Irene Tonschlick, Elisabeth Poupa
Ton:	Edi Kasacek, Max Matinek
Maske:	Roswitha Seyser
Frisuren:	Johanna Bernold
Kostüme:	Johanna Ott
Requisite:	Herbert Svec
Produktionsleitung:	Kurt Kodal
Redaktion:	Gerhard Steppen

Darsteller: Heinz Marecek (Hansi Schlögl), Dolores Schmidinger (Puppi Lechner), Kurt Sobotka (Präsident Sekierer), Evelyn Engleder (Elisabeth), Barbara Valentin (eine Spionin), Edith Leyrer (Frau des Präsidenten), Teddy Podgorsky (Trainer), Franz Muxeneder (Präsident von Bayrisch-Zell), Marianne Schönauer (Frau Happacher), Erich Padalewski (Apotheker)
In weiteren Rollen: Alexander Grill, Monika Strauch, Felix Dvorak, Werner Hüttl, Franz Suhrada, Gudrun Gollob, Elisabeth Schmidl, Walter Muckenschnabel, Theodor Schellander, Max Merkel, Andrea Engel, Horst Ebersberg, Manfred Jöckl, Raimund Weissenböck, Paul Robert

Inhalt: Die Männer des Bergdorfes Reith gehören größtenteils dem gleichnamigen Fussballclub an. Sehr zum Ärger ihrer Frauen verbringen sie die meiste Zeit auf dem Fussballplatz. Hansi Schlögl findet nicht einmal Zeit, mit Elisabeth die eigene Hochzeit zu feiern, weil ein wichtiges Spiel stattfindet. Als Elisabeth ihm das gemeinsame Ehebett verweigert, verspricht er ihr, das Fussballspielen aufzugeben, wagt diesen Schwur aber seinen Kameraden nicht zu gestehen. Er täuscht deshalb eine Fussverletzung vor.
Mehrmals denken sich die Frauen eine List aus, mit der sie die Männer vom Fussball abhalten wollen. Doch immer ohne Erfolg. Als sie den Männern dann auch noch die Türe versperren, ziehen diese die Konsequenzen und quartieren sich im Gasthaus ein. Von nun an wollen sie ein Proficlub werden. Sie trinken keinen Alkohol mehr und ernähren sich ausschließlich von Bio-Kost. Der Erfolg stellt sich rasch ein. Sie gewinnen jedes Spiel und kommen ins Finale. Der Kampf mit dem härtesten Gegner, Bayrisch-Zell, steht bevor. Der Präsident dieses Clubs reist mit weiblicher Begleitung nach

Franz Antel – nicht nur als Hobby sondern auch ein Film über „Fußball"

Reith, um die dortige Lage zu erkunden. Als er die Stärke der Mannschaft erkennt, beschließt er, mit Hilfe einer Spionin den möglichen Sieg seiner Gegner zu unterbinden. Das Mädchen macht sich also an die Frauen von Reith heran und gibt ihnen den guten Rat, ihre Männer zu verwöhnen und sie nicht so stur und bösartig zu vernachlässigen. Die Frauen bereiten ein köstliches Mahl vor. Die allgemeine Versöhnung artet in ein feucht-fröhliches Fest aus. Am nächsten Morgen findet das entscheidende Spiel statt. Müde erscheint die Reither Mannschaft auf dem Feld und jeglicher Sieg ist aussichtslos. Die Frauen erkennen, dass sie irregeführt wurden und sinnen auf Rache. Mit allen möglichen Mitteln machen sie die Gegner verrückt und es entsteht eine Schlacht auf dem Fussballfeld, in der die weibliche Bevölkerung von Reith ihren Männern treu zur Seite steht.

Clair oder Boy aus Amerika – Dirndl aus Tirol
1983, Farbfilm

wurde nur in englischer Sprache gedreht

Produktion:	Neue Delta-Film, Uranium-Film
Co-Produktion:	Franz Antel
Regie:	Kiko Kawasaki
Regieassistenz:	Heinz Weninger, Tamara Fischmann
Kamera:	Ramon Suarez
Kameraassistenz:	Kurt Bruckner, Milan Poupa
Architekt:	Prof. Ferry Windberger
Aufnahmeleitung:	Horst Ebersberg, Peter Krupicka
Ton:	Herbert Koller
Tonassistenz:	Heinz Ebner
Maske und Frisuren:	Günter Kulier, Margarete Ehringer
Kostüme:	Hildegard Weninger
Requisite:	Georg Juda, Reinhard Binder
Bühnenmeister:	Johann Pump
Belegschaft:	Oskar Toth, Fritz Chaloupsky, Rudolf Karly
Filmgeschäftsführung:	Gabriele Holzer
Herstellungsleitung:	Georges Glass
Produktionsleitung:	Kurt Kodal

Darsteller: Susan Ashley (Clair), Garvin Brennan (Mark), Sybill Danning (Katherina), David Siegel (Toni)
In weiteren Rollen:
Luis Velle,
Irmgard Schüch,
Ulrike Beimpold,
Margot Hruby,
Thomas Weidlich,
Veronika Neubauer

Inhalt: Der siebzehnjährige Amerikaner Mark besucht auf seiner Reise in Europa die Schwester seiner Mutter, Katherina, in Kitzbühel. Ihr Mann Albert hat eine Tochter aus erster Ehe und auf dieses Mädchen, Clair, ist Mark besonders neugierig. Toni, sein Cousin und Clairs Stiefbruder, hat in vielen Briefen von ihr geschwärmt.

Clair übertrifft Marks Erwartungen. Sie ist der Schwarm aller Jungs in Kitzbühel. Auch Toni hat nicht nur verwandtschaftliche Gefühle für sie. Doch Mark gelingt es, auf sich aufmerksam zu machen. Bei einer Party zu Ehren des amerikanischen Gastes, bekommt er von Clair den ersten Kuss seines Lebens. Am nächsten Tag scheint sie jedoch die Episode vergessen zu haben und flirtet wie üblich mit den anderen. Mark glaubt, bei sich den Fehler suchen zu müssen und beschließt, mit Tonis Hilfe mehr Erfahrungen beim anderen Geschlecht zu sammeln. Doch eine dicke Sennerin löst in Mark nur Angst und Schrecken aus.

Die Ferientage wechseln zwischen Radfahrten zum Schwarzsee, Tennisspielen und Diskothekenbesuchen. Bis sich eines Tages Clair und Mark näher kommen. Doch Clair hat sich die Liebe anders vorgestellt und wendet sich enttäuscht von ihm ab. Sie beginnt wieder, mit den anderen zu flirten. Mark ist sehr sensibel und kann ihr Verhalten nicht ertragen. Er verlässt das Haus und klettert auf einen Berg. Toni alarmiert die Bergrettung und Mark muss ins Tal gebracht werden. Er ist heil davongekommen und froh, dass die Ferien zu Ende gehen und er nach Hause fahren kann.

Mark steht am Bahnhof und wartet auf seinen Zug. In letzter Sekunde kommt Clair, um sich von ihm zu verabschieden. Sie ruft ihm "auf nächstes Jahr" zu.

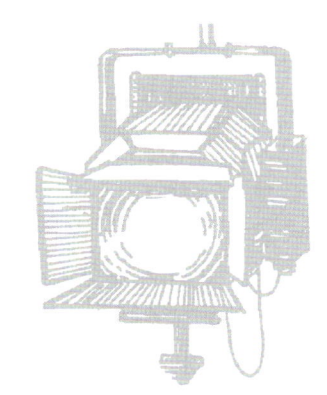

Popcorn und Paprika
1984, Farbfilm

Regie:	Sandor Szalkai
Drehbuch:	Florian Burg
Musik:	Gerhard Heinz
Titelsong:	Thomas Fuchsberger
Kamera:	Karl Boldiszar
Aufnahmeleitung:	Ernö Mihalyi
Ton:	Peter Pecsi
Produktionsleitung:	Denes Szekeres
Gesamtleitung:	Franz Antel

Darsteller: Siegfried Rauch (Sigi), Jonny Jürgens (Peter), Jenny Jürgens (Kati), Corinna Drews (Betty), Alexander Gittinger (Rudi), Lawrence Tosh (Hans), Beatrix Kopf (Gabi), Gaby Fon (Piri), Jeanette Dupuy (Susi), Peter Haumann (Kardos), Terry Torday (Helga)
In weiteren Rollen: Hilda Gobbi, Cecilia Esztergalyos, Szeremi Zoltan, Szatmari György, Peter Tunyogi, Ilona Ivancsics

Inhalt: Wenn junge Sportler auf Reisen gehen, dann haben sie nicht nur den Wettkampf im Sinn! Anmachen, aufreißen und abschleppen – das ist zumindest die Devise der deutschen Schwimmer, die zu einem Ausscheidungskampf nach Budapest fahren. Die ungarischen Mädchen aber haben nicht nur Paprika im Blut, sondern den Schalk im Nacken. So werden die Jungs mal kräftig geleimt und ausgetrickst. Und nebenbei sorgt für Verwirrung eine ältere, schwerhörige, lebenslustige Dame.

Sie war keine Lady
1985, Farbfilm

Produktion:	Franz Antel Produktion, Bockerer Filmproduktions Ges.m.b.H. & Co Filmverwertungs KG
Regie:	Franz Antel
Musik:	Gianni Ferrio, Gerhard Heinz
Titelsong:	"She's no Lady",
Text und Musik:	Bilgeri
Kamera:	Sigi Hold, Hanns Matula
Bauten:	Herta Hareiter
Produktionsleitung:	Kurt Kodal

Darsteller:
aus "Wirtinnen"-Zusammenschnitten:
Terry Torday,
Harald Leipnitz,
Mike Marshall,
Pascale Petit,
Jacques Herlin,
Hannelore Auer,
Gunther Philipp
In einer Rahmenhandlung sind zu sehen:
Terry Torday (Deutschlehrerin),
Beatrix Kopf,
Hilda Gobbi,
Brigitta Cimarolli und
der Rockstar Bilgeri

Inhalt: Junge Leute erinnern sich an den Werdegang der "Wirtin von der Lahn", an das Gasthaus in Gießen und deren Geschichten.
Mit Ausschnitten aus allen "Wirtinnen"-Filmen.

Unveröffentliche Kurzfilme
1985

In der Trafik

Geld oder Leben
Darsteller: Toni Strobl, Günther Frank, Werner Hüttl

Der Brief nach Brüssel
Darsteller: Toni Strobl, Erich Padalewski, Pipsi Christmann

Der 5000er
Darsteller: Toni Strobl, Erich Padalewski, Bert Fortell

Das Feuerzeug
Darsteller: Toni Strobl, Ida Krottendorf, Christine Schuberth

Produktion:	ORF, hergestellt von Franz Antel & IS TV, Interspot Wien
Regie:	Franz Antel
Drehbuch:	Peter Orthofer
Bearbeitung:	Toni Strobl
Kamera:	Norbert Arnsteiner, Gustl Gschwantner
Bildschnitt:	Andi Kornprobst
Aufnahmeleitung:	Helmut Kronberger
MAZ-Technik:	Thomas Kappner
MAZ-Schnitt:	Hannes Neubauer
Ton:	Herbert Koller
Maske:	Günther Kulier
Redaktion:	Peter Hofbauer

Bei Folge 3 und 4:

Kamera:	Joe Malina, Gerhard Müllner
Ton:	Othmar Eichinger
MAZ-Schnitt:	Stephen Löwenstein

Zwei Pilotfilme für Serie „In der Trafik" fertiggestellt

ORF sucht einen Platz für Filmchen von Antel

Alle Beteiligten sind glücklich und eitel Sonnenschein: Franz Antel, Altmeister des Kinofilms, hat zwei Folgen einer neuen Serie abgedreht. Titel: „In der Trafik". In unterhaltsamer Form werden aktuelle Ereignisse in 7-Minuten-Sketches aufbereitet. Antel: „Es soll unterhaltsam sein. Es gibt ohnedies so wenig zum Lachen im Fernsehen."

Wann das Publikum lachen können wird, steht in den Sternen.

Obwohl die Testsendungen gefielen, kann im Programmschema für die Serie kein Platz gefunden werden. Nur die „Seitenblicke" spendierten dem Ereignis ein paar Minuten.

„Ursprünglich war geplant, diese Filme am Freitag im Wurlitzer einzusetzen", so Günther Hager, der Programmadministrator war, als die Idee ausgebrütet worden ist. In der Zwischenzeit rückte er zum ORF-Werbechef auf.

Interspot-Chef Rudolf Klingohr, der um ORF-Geld die zwei Folgen produzierte: „Ich glaube, das wird bei Werbesendungen eingesetzt. So ähnlich, wie es der ‚Würstelmann' mit Otto Schenk war."

Werbechef Hager: „Leider nein. Diese Filme können dafür nicht gebraucht werden. Außerdem wird ‚Meisterkochen' weiter ausgestrahlt und bis Dezember auch ‚Werbung einst und jetzt'."

Franz Antel hofft trotzdem auf einen Einsatz: „Jede Woche am Donnerstag. Wenn es so funktioniert, wie wir es planen, kann es das ganze Jahr laufen."

„In der Trafik" ist seine Idee. Als Hauptdarsteller agiert Toni Strobl von den „Spitzbuben", der als Heurigenunterhalter in Pension geht. Die aktuellen Texte schrieb Peter Orthofer, erfahren in aktuellen Kabarettexten.

Für Franz Antel waren die Sketchaufnahmen in einem TV-Studio absolutes Neuland, denn bisher hatte er in seinen 76 Lebensjahren nur hinter einer Filmkamera Regie geführt.

GERHART PISTOR

Franz Antel inszenierte sieben Minuten mit aktueller Unterhaltung: Toni Strobl
Bild: Interspot

PROD.NO. SCENE

Johann Strauß, der König ohne Krone
1986, Farbfilm

Regie:	Franz Antel
Regieassistenz:	Kurt Ockermüller, Thomas Blume
Drehbuch:	Frederic Morton unter Mitarbeit der Autoren: Tom W. Priman, Georg Kövary, Klaus Eidam, Franz Antel und Carl Szokoll
Historische Beratung:	Prof. Marcel Prawy
Musik:	Johann Strauß Arrangements
und Dirigent:	Erwin Halletz
Kamera:	Hanns Matula
Standfotos:	Karl Reiter
Architekt:	Harald Horn, Ferry Windberger
Aufnahmeleitung:	Helmut Kronberger, Henry Michael Zielske, Eberhard Schulze
Bühnenmeister:	Dietrich Tillack, Johann Pump
Tonmeister:	Herbert Koller
Maske:	Günther Kulier, Klaus Becker
Kostüme:	Günther Heidemann, Gerdago
Produktionsleitung:	Werner Langer, Kurt Kodal

Darsteller: Oliver Tobias (Johann Strauß), Mary Crosby (Adele, seine dritte Frau), Audrey Landers (Lily, seine zweite Frau), Mathieu Carriere (Eduard, sein Bruder), Dagmar Koller (Marie Geistinger), Karin Dor (Jetty, seine erste Frau), Heinz Holecek (Alexander Girardi), Zsa Zsa Gabor (Tante Amalie), Mijou Kovac (Yvonne)
In weiteren Rollen: Rolf Hoppe, Hugh Futcher, John Philipp Law, David Cameron, Jürgen Zartmann, Erich Padalewski, Martin Obernigg, Herbert Moulton, Dorit Gäbler, Daniela Hoffmann, Joachim Kowalski, Mario Turra, Philippe Nicaud, Brian Coleman, Volkmar Kleinert, Carl Hermann Risse, Axel Reinshagen, Marijam Agischewa, Beatrix Kopf
Es spielen die Wiener Symphoniker dirigiert von Robert Stolz, die Staatskapelle Dresden, die Wiener Schrammeln, das Zigeunerensemble Szücs, am Klavier: Rudolf Buchbinder

Inhalt: Der Handlungsablauf ist eingebettet in die historisch fundierte Auseinandersetzung zwischen Johann und seinem jüngeren Bruder Eduard, der es nicht verwinden konnte, dass er im Testament nicht bedacht worden war – vor allem aber, dass er stets im Schatten seines Bruders stehen musste. Opernball: Johann Strauß, der erst vor kurzem gestorben ist … zum ersten Mal nach seinem Tod wird "Die Fledermaus" wieder gespielt, zum ersten Mal zeigt sich auch Adele, seine schöne, dritte und letzte Frau, der Öffentlichkeit: Ein Ereignis, das sich ganz Wien nicht entgehen lässt.
Mit ihr, Adele, erleben wir die Stationen der Triumphe des Walzerkönigs, des Strauß,

184

wie ihn die Welt kennt, aber auch die Kehrseite dieses äußeren Glanzes, seine Ängste und Nöte, seine Depressionen und oft tiefe Verzagtheit trotz aller Erfolge.

Die Lacher-Macher
1988, Farbfilm

Produktion:	Neue Delta-Film Produktion GMBH im Auftrag des ORF
Regie:	Franz Antel
Drehbuch:	Willi Pribil
Musik:	Erwin Halletz
Kamera:	Stephan Mussil, Werner Factor, Gerhard Müllner, Franz Cee
Bild und MAZ-Schnitt:	Karl Königsberger
Licht:	Oskar Toth, Josef Kirits
Ton:	Herbert Koller
Bildtechnik:	Erwin Wagenhofer
MAZ-Technik:	Ulrich Sinn
Bildregie:	Kurt Pongratz
Redaktion:	Peter Hofbauer

Darsteller:
Kurt Heintel,
Fritz Muliar,
Edith Leyrer,
Ida Krottendorf,
Fritz Goblirsch

In den Filmausschnitten sind zu sehen:
Hans Moser, Paul Hörbiger, Willy Millowitsch, Georg Thomalla, Heinz Erhardt, Gunter Philipp, Harald Juhnke, Tony Curtis, Grete Weiser, Susi Nicoletti, Paul Löwinger u.v.a.

Kurt Heintel, Edith Leyrer, Fritz Muliar, Ida Krottendorf und Fritz Goblirsch

Inhalt: In einer Club 2 – Diskussionsrunde werden von Franz Antel Filmausschnitte analysiert und neue Aspekte besprochen

Filmausschnitte aus:
Otto ist auf Frauen scharf,
Das ist die Liebe der Matrosen,
Mein Vater, der Affe und ich,
Kaisermanöver,
Einer spinnt immer,
00-Sex am Wolfgangsee,
Liebesgrüße aus Tirol,
Und ewig knallen die Räuber,
Casanova & Co,
Ohne Krimi geht die Mimi nie ins Bett,
Ab morgen sind wir reich und ehrlich.

Edith Leyrer, Franz Antel und Fritz Muliar

Die Kaffeehausclique
1990

Arbeitstitel: Die Clique

Co-Produktion:	ORF und ZDF, hergestellt von Interspot Film Wien
Regie:	Franz Antel
Drehbuch:	Rolf Olsen, Peter Orthofer nach einer Idee von Franz Antel
Musik:	Erwin Halletz
Kamera:	Gerhard Hierzer, Eugen Gross
Ausstattung:	Ferry Windberger
Aufnahmeleitung:	Curd M. Abdalla
MAZ-Schnitt:	Stephen Löwenstein
Ton:	Herbert Koller, Robert Osterberger
Tonmischung:	Karl Königsberger
Licht:	Oskar Toth, Josef Mandl, Hermann Resel, Tom Hlawatschek
Maske:	Willi Honauer, Sonja Wimmer
Kostüme:	Susanne Tröstl
Requisite:	Michael Suchy, Claudia Veenenbos
Herstellungsleitung:	Rudolf Klingohr
Produktionsleitung:	Heinrich Mayer, Sylvie Pateisky
Redaktion:	Gottfried Schwarz

Darsteller: Alfred Böhm, Fritz Muliar, Karl Schönböck, Kurt Sowinetz, Ida Krottendorf, Heinz Petters, Gabriela Benesch, Sascha Wussow, Heinrich Schweiger, Rolf Olsen, Gudrun Gollob, Erich Padalewski, Michael Berger, Werner Hüttl, Michael Janisch, Helmut S. Müller

Inhalt: Eine Clique, die sich immer im Kaffeehaus zum Kartenspielen trifft, entwirft einen Plan, einem Freund dieser Runde zu helfen, dem man versucht, den geliebten Schrebergarten wegzunehmen, um in dieser Kleingartensiedlung eine Wohnhausanlage zu errichten. Eine junge Gruppe versucht mit allen Mitteln bis hin zur obersten Baubehörde ihnen zu helfen, was ihnen auch mit einigen Pannen gelingt.

Mein Freund, der Lipizzaner
1993, Farbfilm

Produktion:	Pan Film Wien, Lisa Film GmbH München
Regie:	Franz Antel
Regieassistenz:	Otto Stenzel, Sybilla Antel
Drehbuch:	Eduard Ehrlich, Franz Antel
Dialoge:	Franz Marischka
Musik:	Peter Thomas
Musikproduktion:	Adi Wilms
Kamera:	Siegfried Hold
Kameraassistenz:	Sebastian Pfaffenbichler, Johannes Strassl
Bildtechnik:	Paul Ho
Technik:	Josef Mandl, Leopold Koller, Anton Schiller, Franz Hollhaus
Ausstattung:	Mike Kern
Innenrequisiten:	Robert Hollerschwandtner, Martin Pohnetal
Aufnahmeleitung:	Alfred Ninaus, Ernst G. Vogl
Schnitt:	Ute Albrecht-Lovell, Marie Odilie Florow
Ton:	Herbert Parsch, Stefan Tielsch
Mischung:	Michael Stecher
Maske:	Helga List, Jutta Kaplan
Kostüme:	Sybilla Antel, Waltraud Freitag
Produktionsleitung:	Harald Martell

Freundliche Unterstützung bei diesem TV-Film: Hofreitschule Wien, Hippologisch-Züchterische Beratung: Dr. Jaromir Oulehla, Reiterische Beratung: Johann Riegler; Steirische Landesregierung, Österreich Werbung

Darsteller: Alexander Wussow, Karin Dor, Julia Biedermann, Jenny Jürgens, Alfons Haider, Jürgen Wilke, Max Griesser, Monika Dahlberg, Evelyn Kiesl, Heinz Petters, Adi Peichel, Albert Rueprecht, Georg Marischka, Erich Padalewski
Hengst "Pluto Verona" vom Gestüt Stangl-Wirt, Going/Tirol

Sascha Wussow

Inhalt: Als Bub bekommt Paul Scheibner für Aushilfsdienste am benachbarten Weingut ein Lipizzaner-Fohlen geschenkt. Bald träumt er von einer großen Karriere als Dressurreiter an der berühmten Spanischen Hofreitschule in Wien. Seine Freundin Regina aber bringt den Träumen ihrer großen Liebe wenig Verständnis entgegen und entscheidet sich für den windigen Anton Giesemann, den Sohn eines reichen Hoteliers. Paul vergräbt sich in seine komplizierte Aufgabe an der Reitschule und bereitet sich auf eine schwierige Abschlussprüfung mit vielen Hindernissen vor. Aber sein geliebter Lipizzaner erkrankt und die Hofreitschule in Wien möchte diesen Hengst verkaufen.

Franz Antel als Pferdeflüsterer

Julia Biedermann, Franz Antel und Sascha Wussow

Paul gibt nicht auf und findet in Julia eine kämpferische Mitstreiterin, die mit ihm gemeinsam alles Mögliche versucht, um das Leben des Pferdes zu retten. Paul und Julia verbindet eine große Pferde-Liebe.

Almenrausch und Pulverschnee
1993, Farbfilm

Folge 1: Die Zwillinge von Seefeld
Folge 2: Väter aus Tirol
1 Special: Die Zwillingsschwestern aus Tirol
(Folge 1 und 2 geschnitten)
Folge 3: Die Seilbahn
Folge 4: Die Hypothek
Folge 5: Der Onkel aus Amerika
Folge 6: Gruß aus München
Folge 7: Bella Italia
Folge 8: Ehe gut, alles gut

Regie:	Franz Antel
Regieassistenz:	Otto Stenzel, Sybilla Antel
Drehbuch:	Franz Antel, Michael Bonn
Musik:	Alpentrio Tirol
Kamera:	Marc Prill
Ausstattung:	Walter Dreier, Robert Hollergschwandtner
Aufnahmeleitung:	Carsten Martin
Ton:	Adi Kredatus, Theo Müller
Mischung:	Michael Stecher
Maske:	Christa Krebs
Kostüme:	Friedel Schröder, Maria Scheiböck
Produktionsleitung:	Otto W. Retzer

Darsteller: Ottfried Fischer (Bibi), Chris Roberts (Peter Berger), Hans-Jürgen Bäumler (Klaus Vogel), Max Griesser (Franz Gmeiner), Mia Martin (Rosi Gmeiner), Ida Krottendorf (Anni Gmeiner), Gaby Dohm (Barbara Moser), Alfred Böhm (Otto Gmeiner), Hias Mayer (Gendarm Hias), Toni Sailer (Florian Grabner), Claudia Roberts (Gerda),
In weiteren Rollen: Heinz Petters, Gudrun Gollob, Sabine Ziegler, Arthur Brauss, Dunja Rajter, Sascha Wussow, Erich Padalewski, Rinaldo Talamonti, Sybil Danning, Bill Ramsey, Cornelia Corba, Monika Dahlberg, Caterina Conti, Walter Scheuer, Friedrich Schwardtmann

Inhalt: Gipfelwirt Franz Gmeiner hat sich in seinen Tiroler Dickschädel gesetzt, sein Dorf braucht eine Seilbahn. Mit allen Mitteln und Wegen versucht er sein Projekt durchzukämpfen. Das Klosterbräu, das beste Hotel Seefelds, ist fest in weiblicher Hand. Die beiden Schwestern versuchen, das Projekt Seilbahn zu verhindern. Mit scheinheiliger Hinterlist und durchdachten Intrigen verfolgen die Dorfcapos ihre unterschiedlichsten Begierden. Und ist ein linker Coup einmal im frischen Schnee verreckt, wird sogleich der nächste ausgeheckt.

ALTMEISTER

Comeback mit 80 Jahren

Regisseur Franz Antel will es noch einmal wissen und startet am Donnerstag (20.15 Uhr, ORF 1) seine achtteilige Serie „Almenrausch und Pulverschnee". Fortsetzung nicht ausgeschlossen!

Während bei uns endlich der Frühling ins Land zieht, kann es sein, daß ab Donnerstag Pulverschnee über unseren Bildschirm staubt. Doch zwischendurch sprießt auch rotblühender Almenrausch auf saftig grünen Wiesen.

Verantwortlich für dieses klimatische Wechselspiel ist Altmeister Franz Antel, heuer 80 Jahre jung, der mit dem Achtteiler „Almenrausch und Pulverschnee" sein TV-Comeback feiert und, wie er versichert, wieder einen Volltreffer beim Publikum landen wird.

„Ich habe eine Nase dafür, was die Leute sehen wollen. Und auch hier ist mir eine gute Mischung gelungen. Eine lustige Geschichte mit Publikumslieblingen wie Toni Sailer, Hans Jürgen Bäumler, Ida Krottendorf, Chris Roberts, Sybill Danning, Dunja Rajter und dem Hias vor der herrlichen Kulisse der Tiroler Berge in Seefeld, was kann da schon schief gehen."

Schief gegangen ist, sieht man von einem verunglückten Strauss-Film und einer gescheiterten Ehe ab, nichts im Leben des Altmeisters. Viele seiner Filme sind heute Klassiker, Stars wie Hans Moser und Paul Hörbiger gehörten zu seinen Darstellern, und noch heute werden viele seiner Streifen, obgleich von Kritikern meist milde belächelt, auch bei der fünften Wiederholung noch gerne gesehen. Mit 80 Jahren ein schöner Moment um an den Ruhestand zu denken? „Ich habe das Glück, daß mir niemand eine Pension zahlt", schmunzelt Antel. „Also muß ich weitermachen." So läßt der Altmeister sicherlich den „Pulverschnee" weiterrieseln und, wenn ein gutes Buch für einen Kinofilm käme, wird der Unermüdliche auch dafür wieder kämpfen und Geld auftreiben.

Trotzdem: Würde heute ein Nachwuchs-Regisseur zu ihm kommen, um ihn um Rat zu fragen, hätte er nur eine Antwort parat: „Such' dir einen anderen Beruf. Die Amerikaner haben den Kino-Markt fest im Griff. Da haben deutschsprachige Filme keine Chance", weiß Antel aus Erfahrung. Und beim ORF? „Die setzten doch stets aufs falsche Pferd. Lassen österreichische Serien von deutschen Sendern wie RTL produzieren und machen stattdessen Musiksendungen wie vor 30 Jahren", nimmt sich der Filmschaffende kein Blatt vor den Mund.

Warum auch? „Ich bin von keinem abhängig und fühle mich herrlich dabei", sieht Antel das Geheimnis seiner jugendlichen Frische in seiner inneren Zufriedenheit. Und bei den jungen Frauen. Allen voran Sybilla, treue Gefährtin trotz Scheidung.

Probleme mit Ehefrauen kennt Antel eigentlich nur von anderen. Wie er jetzt bei den Dreharbeiten zu „Almenrausch und Pulverschnee" wieder sehen konnte. Da stürzte sich nämlich die Ehefrau von Hauptdarsteller Chris Roberts mitten in einer (ohnehin harmlosen) Umarmung vor die laufende Kamera und verbat fortan ihrem Chris solche Szenen mit anderen Frauen zu drehen.

SUSANNE HEINRICH

Regisseur Franz Antel setzt auf Publikumslieblinge wie Ida Krottendorf und Max Griesser (Bild oben) als Ehepaar Gmeiner, das gegen alle Widerstände eine Seilbahn bauen lassen will, sowie Gudrun Gollob und Mathias Mayer, besser bekannt als Hias, der als Gendarm für komische Einlagen sorgt

Hahn im Korb Toni Sailer, hier mit Cornelia Corba und Sabine Ziegler, spielt den Seefelder Fotografen Florian Grabner, der unverhofft zu Vaterfreuden kommt

Der Bockerer – Österreich ist frei
1996, Farbfilm

Produktion:	EPO Film Wien Graz, Dieter Pochlatko
Co-Produktion:	Franz Antel, Terra Film Wien
Regie:	Franz Antel
Regieassistenz:	Otto Stenzel, Sybilla Antel, Normann Patocka
Drehbuch:	Franz Antel, Martin Becher, Beatrice Ferolli, Wilhelm Pribil und Carl Szokoll
Dialogberatung:	Dietmar Pflegerl
Musik:	Gerhard Heinz
Mischung:	Herbert Griesser
Kamera:	Helmut Prinat
Standfotos:	Pedro Kramreiter
Architekt:	Herta Pischinger-Hareiter
Bauten:	Ferdinand Prinz
Licht und Bühne:	Helmut Ehringer
Aufnahmeleitung:	Ernst G. Vogl
Schnitt:	Charlotte Müllner
Ton:	Herbert Prasch
Maske:	Ellen Hofmann-Just, Karin Schödl
Kostüme:	Ulli Fessler
Kostümfundus:	Lambert Hofer, Angels & Bermans
Produktionsleitung:	Geri Martell
Atelier:	Filmstadt Wien-Rosenhügel Studios

Hergestellt mit Unterstützung von WFF, ORF, Österreichisches Filminstitut, Land Niederösterreich

Darsteller: Karl Merkatz (Karl Bockerer), Sascha Wussow (Gustl), Caroline Vasicek (Elena), Ida Krottendorf (Binerl Bockerer), Heinz Petters (Franzl Hatzinger), Heinz Marecek (Dr. Rosenblatt), Heinrich Schweiger (Major Novotny), Michael Schottenberg (Gstettner), Marianne Nentwich (Anna), Thaddäus Podgorsky (Pfalzner), Ilse Peternell (Klosterschwester)
In weiteren Rollen:
Ludwig Hirsch, Dolores Schmidinger, Walter Langer, Erich Padalewski, Stephan Paryla Raky, Gennadi Vengerov, Natalia Ionova, Gideon Singer, Freddy W. Schwardtmann, Reinhard Reiner, Vladimir Skal, Gudrun Gollob, Elvira Neustädtl

Inhalt: Wien 1947, zwei Jahre nach Kriegsende. Aus den Kriegshelden werden Heimkehrer, aus den Mitläufern Gejagte, aus den Gutgläubigen werden Betrogene und aus Antifaschisten Patrioten.
Der Bockerer und seine Frau Binerl haben zwar den Krieg heil überstanden, der Sohn ist jedoch in Stalingrad gefallen und das Fleischergeschäft von den Bomben zerstört. Im Zentrum der Stadt, im ersten Bezirk, hat er sich nun neu eingerichtet in einer viergeteilten Stadt, in der der Alliierte das Sagen hat. Einmalig auf der ganzen Welt, sorgen jetzt die "4 in einem Jeep" für Recht und Ordnung. In dieser Zeit kommen auch die ersten Kriegsgefangenen heim. Unter ihnen der junge Gustl, der schon kurz nach seiner

Ankunft für dubiose Botenfahrten angeworben wird. Nichts ahnend von der Nazi-Vergangenheit seines Auftraggebers, schmuggelt Gustl heiße Ware von einer Zone in die andere. Als er den wahren Grund seiner Arbeit erfährt, wird er von Gstettner, einem ehemaligen Nazi, erpresst. Mit einem letzten delikaten Auftrag soll sich Gustl freikaufen.
Mit diesem Auftrag führt die Geschichte Gustl und Elena, die russische Dolmetscherin im Alliierten Rat, zusammen. Elena, deren Vater von

Caroline Vasicek und Sascha Wussow

Drehbesprechung

Stalin hingerichtet wurde, kann der Sippenhaftung nur dann entgehen, wenn sie einen Österreicher heiratet und in die amerikanische Zone flieht. Für diese Liebe, die zugleich die Geschichte des Films beinhaltet, macht sich Karl Bockerer zum Schirmherrn.
Dass Bockerer österreichische Freunde bei den Besatzern hat - noch aus der Zeit vor 1938 – den Leutnant der US Army Rosenblatt aus der Leopoldstadt und den russischen Major Novotny aus Simmering, hilft ihm mehrmals aus einer misslichen Lage. Auch die ersten bürokratischen Schwierigkeiten für die Heiratserlaubnis scheinen aufgrund der guten Beziehungen schnell überwunden zu sein. Die überraschend vorgezogene Verlegung der Dolmetschabteilung zurück nach Russland macht aber allen einen Strich durch die Rechnung. Für Elena und Gustl beginnt ein schwieriger Weg in die amerikanische Zone. Nur durch die schnellen Ideen von Karl Bockerer gelingt es ihnen mit Hilfe einer Klosterschwester.

Lach a bissl
1998

Zum Geburtstag schenkten Schauspieler, Freunde und Künstler Franz Antel einen Drehtag

Produktion:	PAN Film GmbH unter technischer Mitarbeit von Pammer Film
Regie:	Franz Antel
Musik:	Gerhard Heinz
Kamera:	Martin Kreuzer
Kameraassistenz:	Ferdinand Steininger
Aufnahmeleitung:	Norman Patocka
Schnitt/Ton:	Wolfgang Winkler
Ton:	Wolfgang Winkler
Maske:	Ellen Hofmann-Just
Produktionsleitung:	Geri Martell

Mit freundlicher Unterstützung von:
Bieradies,
Helmut Ehringer,
Juwelier Gmeiner,
Kronen Zeitung,
Pelzhaus Ferry Moosboeck,
Österreichische Lotterie,
Agentur Ing. Wolfgang Pappler,
Ringstraßen Galerie, Römerquelle,
Servus Wien,
Villacher Bier,
Wifi Wien

Gedreht wurde unter anderem in der Antel-Villa

Episoden und Darsteller:

Das Wochenende: Klaus Wildbolz, Gideon Singer
Die Papstaudienz: Herbert Fux, Peter Lodynski
Wasserrohrbruch: Kurt Sobotka, Monika Strauch
Lotto: Maria Perschy, Kurt Heintel, Karl Merkatz
Die Verabredung: Sascha Wussow, Freddy Schwardtmann
Der Kegelabend: Waltraut Haas, Erwin Strahl
Der Koffer: Erich Padalewski, Kurt Huemer
Pantherjagd: Alfons Haider, Klaus Wildbolz
Der Antiquitätenhändler: Peter Lodynski, Max Griesser
Ehrliche Verliererinnen: Maria Perschy, Senta Wengraf
Die Klimaanlage: Heinz Petters, Erich Padalewski
Die Vaterschaft: Kurt Sobotka, Freddy Schwardtmann
Beim Frühstück: Waltraut Haas, Erwin Strahl
Das Sparpaket: Max Griesser, Jürgen Wilke
Der Sekretär: Walter Scheuer, Freddy Schwardtmann
Der Liebhaber: Heinz Petters, Monika Strauch
Die Bevölkerungsexplosion: Marianne Mendt, Edith Leyrer
Der Verfolgte: Sascha Wussow, Freddy Schwardtmann
An der Kinokassa: Herbert Fux, Hilli Reschl
Finderlohn: Kurt Sobotka, Peter Machac
Beim Juwelier: Erich Padalewski, Edith Leyrer
Beim Heurigen: Heinz Petters, Hilli Reschl
Der Hobbykoch: Fritz Muliar, Kurt Sobotka
Der Heiratsvermittler: Teddy Podgorsky, Gideon Singer

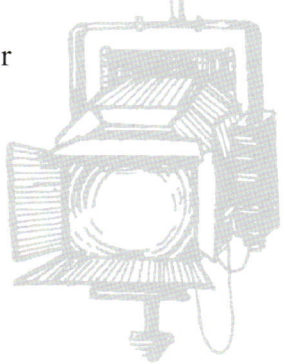

Waltraut Haas

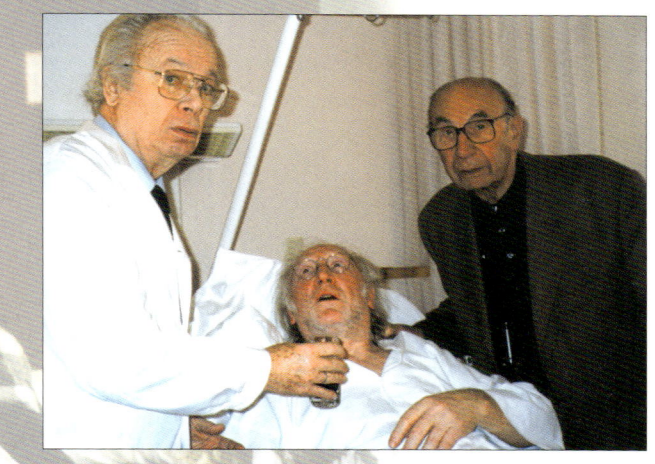

Kurt Sobotka mit Monika Strauch

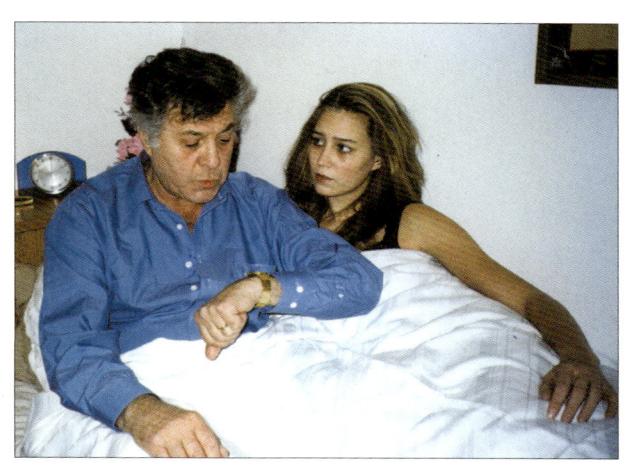

Peter Lodynski

Erwin Strahl

Fritz Muliar

195

PROD.NO. SCENE

Der Bockerer – Die Brücke von Andau
2000, Farbfilm

Produktion:	EPO Film GesmbH, Dieter Pochlatko
Verleih:	Buena Vista
Regie:	Franz Antel
Regieassistenz:	Normann Patocka, Sybilla Antel
Drehbuch:	Kurt Huemer, Franz Antel, nach einer Idee von Carl Szokoll
Script:	Otto Stenzel
Musik:	Gerhard Heinz
Kamera:	Hans Selikovsky
Standfotos:	Pedro Kramreiter
Architekt:	Herta Pischinger-Hareiter
Bauten:	Ferdinand Prinz
Aufnahmeleitung:	Ernst G. Vogl, Robert Böheim
Schnitt:	Charlotte Müllner
Ton:	Herbert Koller
Kostüme:	Uli Fessler
Garderobe:	Brigitta Korfmann, Irene Houf
Produktionsleitung:	Klaus Jüptner-Jonstorff

Mit Unterstützung von: ORF, ÖFI, Wiener Filmfinanzierungsfonds, Niederösterreich Kultur, Land Burgenland, Bundeskanzleramt

Am 20. September 1999 fiel am Wiener Westbahnhof die erste Klappe zu Bockerer 3. Es wurde in Wien, Niederösterreich, Burgenland und Budapest gedreht.

Darsteller: Karl Merkatz (Karl Bockerer), Sascha Wussow (Gustl Bühringer), Caroline Vasicek (Elena Bühringer), Heinrich Schweiger (Oberst Novotny), Heinz Petters (Hatzinger), Volker Schmidt (Karli Bockerer), Katalin Szántó (Ilona Szillagy), István Iglódi (Hauptmann Szillagy), Marianne Nentwich (Anna), Thaddäus Podgorsky (Amtsdirektor Pfalzner), Heinz Marecek (Rosenblatt)

In weiteren Rollen:
Dolores Schmidinger, Adi Hirschall, Erich Padalewski, Friedrich W. Schwardtmann, Lubomir Dimov, Mischa Fernbach, Fritz Goblirsch, Gudrun Gollob, Kurt Huemer, Alfons R. Karg, Herbert Pendl, Reinhard Reiner, Gideon Singer, Valentin Schreyer, Michael Walde-Berger, Gunter Ziegler

Inhalt: 1981 schrieb Franz Antel mit "Der Bockerer" österreichische Filmgeschichte. Der erste Bockerer erzählt vom tragikomischen Widerstand des kleinen Fleischhauers Karl Bockerer mitten in der Nazidiktatur. 1996 führte "Bockerer 2" die Zuschauer in das Nachkriegswien unter der sowjetischen Besatzungsmacht. "Bockerer 3 – die Brücke von Andau" spielt im Jahr 1956.

Die letzten Alliierten sind aus Wien abgezogen und Karl Bockerer fährt mit seinem Ziehsohn Gustl und seinem Enkel Karli nach Ungarn, um Fleisch einzukaufen. Ungarn ist freilich noch in der Hand der "russischen Befreier". Bockerers Fleisch wird beschlagnahmt und plötzlich finden sich

Bockerer, Karli – der der jungen Ilona begegnet – und Gustl mitten im Kampf der Ungarn um ihre nationale Unabhängigkeit.
In Budapest demonstrieren die Menschen auf den Straßen und fordern den Abzug der russischen Truppen, das Land befindet sich in Aufruhr. Die Bockerers fliehen und Oberst Novotny, Bockerers alter Freund, der inzwischen Kommandant in Budapest ist, beschließt zu helfen, ja, ebenalls zu fliehen, denn auch er hat vom Kommunismus längst genug.

In Wien machen sich inzwischen Bockerers alter Freund Hatzinger und Gustls Frau Elena die größten Sorgen, denn die Nachrichten aus Budapest werden immer dramatischer. Schließlich machen sich Hatzinger und Elena auf den Weg nach Ungarn.
Dort rollen die ersten Panzer der Roten Armee und der erst erfolgreiche Widerstand der ungarischen Freiheitskämpfer bricht zusammen. Die Grenzen werden dicht gemacht, ein einziger Weg in die Freiheit ist offen, er führt über die Brücke von Andau nach Österreich. Dort warten auch Hatzinger und Elena auf die Flüchtlinge und insbesondere auf Bockerer und Gustl. Aber als sich diese der Brücke nähern, wird sie gesprengt. Zusammen gelingt es Ungarn und Österreichern gemeinsam mit den Bockerers diese Brücke wieder aufzubauen.

Der Bockerer – Prager Frühling

2003, Farbfilm

Produktion:	Epo Film Wien Graz, ORF, Österreichisches Filminstitut, Filmfonds Wien, Land Niederösterreich
Produzent:	Dieter Pochlatko
Regie:	Franz Antel
Co-Regie:	Kurt Okermüller
Regieassistenz:	Jeanette Rosenmaier, Sybilla Antel
Drehbuch:	Fedor Mosnak, Kurt Huemer, Franz Antel
Musik:	Gerhard Heinz
Kamera:	Martin Stingl
Standfotos:	Pedro Kramreiter
Bauten:	Herta Pischinger-Hareiter
Aufnahmeleitung:	Michaela Ifkovits, Mathias Mayer
Ton:	Johannes Paiha
Mischung:	Eckat Goebel
Maske:	Helga List
Kostüme:	Caterina Czepek
Produktionsleitung:	Gerhard Hannak
Redaktion:	Heinrisch Ambrosch
Atelier:	Filmstadt Wien Rosenhügel Studios

Darsteller: Karl Merkatz (Karl Bockerer), Katharina Stemberger (Milena Czerny), Harry Prinz (Pavel Pavlat), Christian Spatzek (Hugo Berger), Marianne Nentwich (Anna), Heinz Petters (Hatzinger), Caroline Vasicek (Elena), Sascha Wussow (Gustl), Heinz Marecek (Rosenblatt), Heinrich Schweiger (Novotny), Reinhard Reiner (Fritz), Brigitte Neumeister (Mirli), Wolfgang Böck (Vorsitzender in Kostelic), Thaddäus Podgorsky (Pfalzner), Harald Serafin (Botschaftsrat), Alexander Strobele (Innenminister)
In weiteren Rollen: Erich Padalewski, Vit Herzina, Manfred Schmid, Elke Hagen, Gudrun Gollob, Stephan Paryla, Catherine Oborny, Eva Pölzl, Robert Ritter, Roman Skoda, Jiri Klem, Bohumil Swarc, Ricanek Svatopluk, Peter Gulam, Mirjam Slamar, Silvio Szücs, Wolfgang Pappler, Walter Scheuer

Inhalt: Im Jahre 1968 hat sich Bockerer nach vielen Anläufen entschlossen, seine langjährige Haushälterin Anna zu heiraten. Gustl, den er nach Kriegsende als Sohn aufgenommen hat, wird in der tschechischen Kleinstadt Kostelic einen Fleischhauerladen eröffnen und lädt die Bockerers ein, ihre Hochzeitsreise zu ihm und seiner Frau Elena zu machen. Der "Prager Frühling", von dem jetzt überall so viel geredet wird, verspricht schöne Flitterwochen und auch Freund Hatzinger wird auf die Reise mitgenommen.

Schon bald nach seiner Ankunft in Kostelic muss Bockerer erkennen, dass der Kommunismus mit menschlichem Antlitz noch ein Wunschtraum ist. Gustls Schwester, die

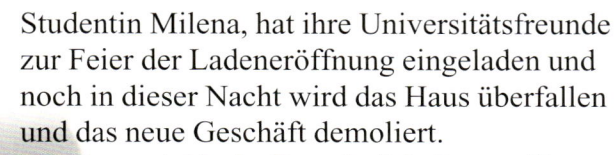

Studentin Milena, hat ihre Universitätsfreunde zur Feier der Ladeneröffnung eingeladen und noch in dieser Nacht wird das Haus überfallen und das neue Geschäft demoliert.
Die österreichische Botschaft in Prag will nur höchst vorsichtig agieren und die Bockerers geraten plötzlich zwischen Stalinisten und hoffnungsfrohe Studenten. Als dann russische Truppen das Land besetzen, gibt es für die Bockerers nur noch den Weg zurück nach Wien. Vorher muss noch Gustl aus dem Gefängnis von Kostelic befreit werden.
Milena, von ihrem Chef Pavel als Fernsehreporterin eingesetzt, ruft zu passivem Widerstand gegen die Besatzer auf und wird verfolgt. Hugo, ein österreichischer Fernsehjournalist, filmt an der Seite Milenas und Pavels und schickt seine Aufnahmen zum Österreichischen Fernsehen nach Wien. Das Fernsehgebäude in Prag ist umstellt, der Sender ist abgeschaltet und nur ein improvisierter "Freier Sender Prag" informiert aus einem versteckten Übertragungswagen die Bevölkerung und ruft Nachbarstaaten zu Hilfe.

Der vielseitige Franz Antel

Kabarett-Abend:
13.11.1934, Café Landmann
welcher anlässlich der Abreise von Frau Direktor Czizek von Kindern und Freunden veranstaltet wird.
Aufgeführt wird die Revue Adieu Marietta
Mitwirkende: Maria Holst, Lisl Czizek, Traude Kases, Eva Windhager, Lisl Zeller, Franz Antel, Hans Ernst, Franz Ippisch, Josef Krupka, Erich Landgrebe, Friedl Pertisch
Musik: Herbert Krompholz, Walter Jaksch
Bühnenbilder: Gerti Böhm
Buch und Regie: Franz Antel

1. Kabarett-Abend – veranstaltet von den Schülern der Tonfilmakademie

Frontbühne der 4. Panzerarmee
Stadttheater Winniza

7. 3. 1965 Gala-Abend in der Manege
Abendregie: Franz Antel

Produktion 1971/1972 Wiener Eisrevue

Thema:	Der Vogelhändler, Die Fledermaus, Die Csardasfürstin
Gesamtleitung:	Dr. Karl Eigel, Dr. Bruno Holfeld
Künstlerische Leitung:	Franz Antel
Inszenierung:	Otto Czap
Choreographie:	Wazlaw Orlikowsky
Musikalische Leitung:	Robert Opratko
Kostümentwürfe:	Gerdago
Bühnenbild:	Architekt Windberger
Kostümherstellung:	Atelier Lambert Hofer und Franz Kritz
Kopfschmuck:	Martha Stöhr
Tiere:	Margarete Wilk

27. 2.2 1977 Stars in der Manege
(Zirkusarena) Wiener Stadthalle Abendregie: Franz Antel

Lied (Fox) "Ich brauche keinen Frühling"
Text: Franz Antel, Alex Bursky
Musik: Alfred Jster

Lied (Tango) "Ein bisschen Sympathie"
Text: Franz Antel
Musik: F. Jster

Franz Antel als Barbesitzer in der Wiener Innenstadt
Wiener Künstlerrestaurant am Stefansplatz

Franz Antel als Schauspieler bei der Frontbühne

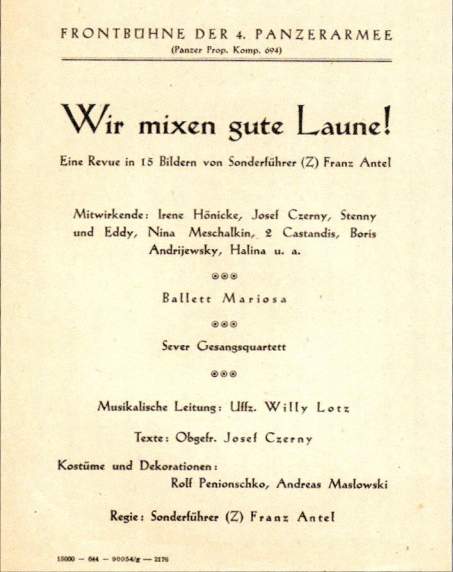

Franz Antel
- **Geplante Projekte**
- **Verworfene Projekte**
- **Abgelehnte Projekte**

Singende Sterne	Buch: Kurt Nachmann, Musik: Lothar Olias, Regie: Franz Antel
Was kostet die Welt	Ein Film von Gunther Philipp und F. M. Schilder Idee: Gunther Philipp Darsteller: Adrian Hoven, Gunther Philipp, Hardy Kürger, Alice und Ellen Kessler, Boy Gobert, Rudolf Vogel, Lil Dagover Regie: Franz Antel
Groschenballade	Buch: Franz Antel und Rolf Olrich
Kurzschluss Liebe	Idee: Franz Antel, Janne Furch
Karriere in Dur und Moll	Idee: Franz Antel und Kurt Jaggberg
Die Standarte	mit Maria Perschy – abgelehnt
Der Superknirps	Drehbuch: Kurt Nachmann, Mitarbeit von Willi Pribil und Peter M. Ebbs, Regie: Franz Antel
Slip Ahoi	Idee: Franz Antel, Mitarbeit: Jacques Jamain, Enrici Manelli
Herzklopfen	Drehbuch: Franz Antel, Gunther Philipp, Willi Pribil
Call it Treason – Der Verräter	Eine polnisch - österreichische Coproduktion Regie: Franz Antel
Untermieter mit beschränkter Haftung	Komödie in 3 Akten von Rolf Olsen
Kokain ist nichts für Zöllner	Idee: Franz Antel und Viktor Daniel
Das Liebesschloß im Salzkammergut oder Ein Sommer in Österreich	Regie: Franz Antel
1951 Winter in St. Barbara	Ein Film von Hans Herbert und Robert Horky
1957 Angelika	Roxy Filmproduktion
1963 Ein Amerikaner in Wien	mit Pat Boone, Regie: Franz Antel
1963 Hans im Glück	Drehbuch: Oliver Hassencamp Darsteller: Jayne Mansfield, Sylvia Koscina, Dorian Gray, Loni Friedl, Thomas Fritsch

1970 So Love Returns – Wenn die Liebe zurückkehrt mit Oskar Werner, Erich Kunz,
Regie: Franz Antel, Co-Produktion

1973 Der große Walzer ein Strauß-Film mit Horst Buchholz, Sybill Danning
als Co-Produzent ausgeschieden

1974 Die Schrammeln vier Folgen zu 90 Minuten
Co-Produktion ORF/Neue Delta/Sascha Film

1975 Auch Mimosen wollen blühen mit Curd Jürgens, Susi Nicoletti, Horst Frank, Heinz Reincke, Erich Padalewski
als Regie abgelehnt

1975 Lieben und geliebt werden – To Love And To Be Loved
Dokumentarfilm über das Leben und Schaffen von Emmerich Kalman
(Arbeitstitel: "Grüß mir die reizenden Frauen")
mit Marika Rökk, Anna Moffo, Rosano Brazzi, Dagmar Koller, Andrea Jonasson,
Jean-Claude Brialy

1976 Die fünf Witwen mit Carrol Baker, Rita Hayworth, Kim Novak

1976 Olympia-Film über die Winterspiele in Innsbruck – abgelehnt

1977 Arsen und alte Liebe mit Karen Black, Raquel Welch

1986 Die Tore der Apokalypse

1991 Unser Käptn ist der Beste (Serie) Autor: Rolf Olsen
  1. Teil: Die kleinen und die feinen Leute – Ein Seebär macht Stunk
  2. Teil: Der neue Job
  3. Teil: Heimfahrt mit Hindernissen
  4. Teil: Kurskorrekturen
  5. Teil: Der Käptn und das Alpenschloss
  6. Teil: Eine Villa in Verona
  7. Teil: Romantischer Herbst

1993 Das große Abenteuer Idee: Franz Antel, Walter Klinger

1994 Herzklopfen am Wolfgangsee (ARD Pilotfilm zu einer geplanten Serie)
mit Max Griesser, Sascha Wussow, Julia Biedermann, Monika Dahlberg,
Waltraut Haas, Jane Tilden, Edith Leyrer

1995 Rendezvous am Opernball (Remake vom "Kaiserball")

1997 Der weiße Rolls Royce Drehbuch: Peter Moser, Idee: Franz Antel

2003 Der Heiligenschein Drebuch: Originalstoff von Curt Siodmak, umgeschrieben von Kurt Huemer und Franz Antel

2004 Die rote Prinzessin

Filmografie:

1931 WIENERWALD (Kamera-, Tonassistent)
1933 VAGABUNDEN (Kurzfilm, erste Regiearbeit)
1934 SPIEL AN BORD (in der Produktionsleitung tätig)
1935 DAS EHESANATORIUM (in der Produktionsleitung tätig)
1936 UNSTERBLICHE MELODIEN (Produktionsleitung)
1937 NARREN IM SCHNEE (Produktionsleitung)
1939 DAS JÜNGSTE GERICHT (Produktionsleitung)
1940 MEINE TOCHTER LEBT IN WIEN (Produktionsleitung)
1947 ÖSTERREICH RUFT DIE WELT (Regie und Kamera)
1949 7 TELEVISIONSFILME (Produktion, Regie)
1949 DAS SINGENDE HAUS (Regie, Autor)
1949 KLEINER SCHWINDEL AM WOLFGANGSEE (Regie, Autor)
1950 AUF DER ALM DO GIBT'S KOA SÜND (Regie, Autor)
1951 HALLO DIENSTMANN (Regie)
1951 EVA ERBT DAS PARADIES (Regie, Autor)
1951 DER ALTE SÜNDER (Regie, Autor)
1952 DER MANN IN DER WANNE (Regie, Autor)
1952 IDEALE FRAU GESUCHT (Regie, Autor)
1953 EIN TOLLES FRÜCHTCHEN (Regie)
1953 DIE SÜSSESTEN FRÜCHTE (Regie)
1953 DER OBERSTEIGER (Regie, Autor)
1953 KAISERWALZER (Regie, Autor)
1953 HEUTE NACHT PASSIERT'S (Regie)
1954 KAISERMANÖVER (Redie, Idee, Drehbuch)
1954 EHESANATORIUM – JA, SO IST DAS MIT DER LIEBE (Regie, Autor)
1954 ROSEN AUS DEM SÜDEN (Regie)
1955 VERLIEBTE LEUTE (Regie)
1955 SYMPHONIE IN GOLD (Regie, Idee, Drehbuch)
1955 DER KONGRESS TANZT (Regie)
1955 HEIMATLAND (Regie)
1955 SPIONAGE (Regie)
1956 ROTER MOHN (Regie)
1956 LUMPAZIVAGABUNDUS (Regie)
1956 KAISERBALL (Regie)
1957 VIER MÄDELS AUS DER WACHAU (Regie)
1957 HEIMWEH DORT WO DIE ROSEN BLÜHN (Regie)
1957 DAS GLÜCK LIEGT AUF DER STRASSE (Regie)
1958 OH, DIESE FERIEN (Regie)

1958 LIEBE, MÄDCHEN UND SOLDATEN (Regie)
1958 ZIRKUSKINDER (Regie)
1959 DER SCHATZ VOM TOPLITZSEE (Regie)
1960 GLOCKEN LÄUTEN ÜBERALL (Regie, Herstellungsleitung)
1961 IM SCHWARZEN RÖSSL (Regie, Herstellungsleitung)
1961 UND DU MEIN SCHATZ BLEIBST HIER (Regie)
1962 OHNE KRIMI GEHT DIE MIMI NIE INS BETT (Regie)
1962 UND EWIG KNALLEN DIE RÄUBER (Regie)
1962 DAS IST DIE LIEBE DER MATROSEN (Regie)
1963 DIE GANZE WELT IST HIMMELBLAU (Regie)
1963 IM SINGENDEN RÖSSL AM KÖNIGSSEE (Regie)
1964 LIEBESGRÜSSE AUS TIROL (Regie)
1964 VOLLES HERZ UND LEERE TASCHEN (Autor, Gesamtleitung)
1964 DIE GROSSE KÜR (Regie)
1964 FRÜHSTÜCK MIT DEM TOD (Regie)
1964 MASKENBALL BEI SCOTLAND YARD (Autor, Idee, Drehbuch, Produktionsleitung)
1965 RUF DER WÄLDER (Regie, Produktionsleitung)
1966 00SEX AM WOLFGANGSEE (Regie, Produktionsleitung)
1967 DAS GROSSE GLÜCK (Regie, Produktionsleitung)
1967 SUSANNE, DIE WIRTIN VON DER LAHN (Regie, Produktionsleitung)
1967 OTTO IST AUF FRAUEN SCHARF (Regie, Co-Produktionsleitung)
1968 DER TURM DER VERBOTENEN LIEBE (Regie)
1968 FRAU WIRTIN HAT AUCH EINEN GRAFEN (Regie, Produktionsleitung)
1969 WARUM HAB ICH BLOSS 2x JA GESAGT (Regie)
1969 LIEBE DURCH DIE HINTERTÜR (Regie, Produktionsleitung)
1969 FRAU WIRTIN HAT AUCH EINE NICHTE (Regie, Produktionsleitung)
1970 MUSIK, MUSIK, DA WACKELT DIE PENNE (Regie)
1970 MEIN VATER, DER AFFE UND ICH (Regie, Idee, Drehbuch)
1970 FRAU WIRTIN TREIBT ES JETZT NOCH TOLLER (Regie, Produktionsleitung)
1070 FRAU WIRTIN BLÄST AUCH GERN TROMPETE (Regie, Produktionsleitung)
1971 EINER SPINNT IMMER (Regie, Produktionsleitung)
1971 AUSSER RAND UND BAND AM WOLFGANGSEE (Regie, Produktionsleitung)
1972 WAS GESCHAH AUF SCHLOSS WILDBERG (Regie, Produktionsleitung)
1972 DIE LUSTIGEN 4 VON DER TANKSTELLE (Regie, Produktionsleitung)
1972 DIE LIEBESTOLLEN APOTHEKERSTÖCHTER (Regie)
1973 DAS WANDERN IST HERRN MÜLLERS LUST (Regie, Produktionsleitung)
1973 FRAU WIRTINS TOLLE TÖCHTERLEIN (Regie, Produktionsleitung)
1973 BLAU BLÜHT DER ENZIAN (Regie)

1974 WENN MÄDCHEN ZUM MANÖVER BLASEN (Regie, Produktionsleitung)
1974 DER KLEINE SCHWARZE MIT DEM ROTEN HUT (Regie, Produktionsleitung)
1975 DIE GELBE NACHTIGALL (TV-Film, Regie)
1976 CASANOVA & CO (Regie, Produktionsleitung)
1976 AB MORGEN SIND WIR REICH UND EHRLICH (Regie, Produktionsleitung)
1976 IL COLPACCIO, DIAMOND STORY-BIG BOT (Co-Produzent)
1977 LA FIANCEE QUI VENAIT DU FROID (Co-Produzent)
1977 DIE ZUHÄLTERIN (Autor, Co-Produzent, Produktionsleitung)
1977 ZWEI GENDARMEN UND NOCH EIN KAMEL (Episodenregie, Co-Produzent)
1978 OH LA LA, DIE KLEINEN BLONDEN SIND DA (Episodenregie, Co-Produzent)
1978 DAS LOVE-HOTEL IN TIROL (Regie)
1978 DAS LICHT DER GERECHTEN (14-teilige TV-Serie, Produktionsleitung)
1979 TRAUMBUS (Regie, Autor)
1981 DER BOCKERER (Regie, Produktionsleitung)
1982 DER BALL OHNE NETZ (TV-Regie, Idee, Drehbuch, Produktionsleitung)
1983 CLAIR – BOY AUS AMERIKA, DIRNDL AUS TIROL (Produktionsleitung)
1984 POPCORN UND PAPRIKA (Produzent)
1985 SIE WAR KEINE LADY (Episodenregie, Produktionsleitung)
1985 IN DER TRAFIK (TV-Regie, unveröffentlicht)
1986 JOHANN STRAUSS, DER KÖNIG OHNE KRONE (Regie, Autor, Produzent)
1988 DIE LACHERMACHER (Regie und Autor)
1990 DIE KAFFEEHAUSCLIQUE (TV-Regie, Idee, Drehbuch)
1993 MEIN FREUND DER LIPIZZANER (Regie, Autor)
1993 ALMENRAUSCH UND PULVERSCHNEE (TV-Serie, Regie, Autor)
1996 DER BOCKERER – ÖSTERREICH IST FREI (Regie)
1998 LACH A BISSL (Episodenregie, Produktionsleitung)
2000 DER BOCKERER – DIE BRÜCKE VON ANDAU (Regie, Autor)
2003 DER BOCKERER – PRAGER FRÜHLING (Regie, Autor)

Danke

An dieser Stelle möchte ich mich herzlichst bei Prof. Franz Antel bedanken, ohne seine tatkräftige Unterstützung wäre dieses Buch nicht möglich gewesen.
Für die Textbereitstellung besonderen Dank an Frau Edith Oberlaber.
Ein ganz besonderer Dank gilt Will und Gerti Appelt, die mir so vertrauten, dass sie mir das gesamte Fotomaterial zur Verfügung stellten sowie EPO Film Wien, Dieter Pochlatko.
Christa Kodal, Elfie Borghie, Ilse Peternell, Thomas Wehlmann, Lisa Film, Österreichische Nationalbibliothek, Filmplakatesammlung der Stadt Wien, ORF Archiv.
Für die kreative und akribische Aufbereitung, ein ganz besonderes Danke an
C. G. Schmitzberger/Agentur am Kunsthaus-Graz und Erich Spurej/TOP-Design-Graz.

Für die Unterstützung bedanken wir uns bei:

Casinos Austria, Dir. Leo Wallner
Bäckerei Groissböck
Bgmst. der Stadt Wien, Dr. Michael Häupl
Dr. Hans Peter Haselsteiner
Interspot Film GmbH
Neosino AG
ORF

Landeshauptmann Dr. Erwin Pröll
Rosenhügel Studios
Stanglwirt Going
Wiener Städtische
Kom.Rat. Wiesbauer
Prof. Dr. Zilk

BILDNACHWEIS:

Will Appelt: Kaiserwalzer, So ein Früchtchen, Verliebte Leute, Spionage, Heimatland, Der Kongress tanzt, Symphonie in Gold, Lumpazivagabundus, Kaiserball, Roter Mohn, Das Glück liegt auf der Straße, Zirkuskinder, Oh diese Ferien, Die Glocke ruft, Das ist die Liebe der Matrosen, Ohne Krimi geht die Mimi nie ins Bett, Und ewig knallen die Räuber, Im singenden Rössl am Königssee, Maskenball bei Scotland Yard, Die ganze Welt ist himmelblau, Ruf der Wälder, Happy End am Wolfgangsee, Das große Glück, Otto ist auf Frauen scharf, Turm der Sünde, Susanne 2, Susanne V, Musik, Musik, da wackelt die Penne, Einer spinnt immer, Mein Vater, der Affe und ich, Die lustigen 4 von der Tankstelle, Tokajer aus Wien, Die gelbe Nachtigall

ORF: Das Licht der Gerechten, Der Ball ohne Netz, Die Kaffeehausclique

Alle anderen Fotos stammen aus den Fotoalben von Franz Antel sowie aus dem Franz Antel-Archiv.
Die Verwendung der Filmprogramme erfolgte mit freundlicher Genehmigung von:
Neues Filmprogramm
Neuer Film Kurier

Filmprogramm- & Kunstverlag, Susanne Odlas
1210 Wien, Andreas-Hofer-Str. 8/17, www.filmprogramm.at

Illustrierter Film Kurier
Illustrierte Film Bühne
Verlag für Filmschriften Christian Unucka, 85241 Herbertshausen, www.unucka.de

Auszeichnungen und Preise

1947 Ehrungen für den Kulturfilm "Österreich ruft die Welt"
1969 Sascha Kolowrat Pokal für den Film "Liebe durch die Hintertür"
1981 Oscar-Nominierung für "Der Bockerer"
1981 Russischer Filmpreis für "Der Bockerer"
1983 Goldenes Ehrenzeichen der Stadt Wien
1983 Statuetu Sloboda für "Der Bockerer"
1984 Der liebe Augustin – Faschingsgesellschaft Wien
1984 L'ordre des Coteaux de Champagne
1985 Stier der Hohen Salzburg
1988 Professor-Titel
1988 Große Silberne Ehrenmedaille – Wirtschaftskammer Wien
1992 Rosenhügel-Preis
1993 Rouge et Noir Filmpreis Casino Velden
1996 Bacchus-Preis
1997 Romy für "Bockerer 2"
1997 Publikumspreis Filmkunst Schwerin
1997 Goldener Ehrenring Fachverband der Lichtspieltheater
1997 Euro Crystal Globe
1997 Österreichischer Filmpreis für "Bockerer 2"
1999 Romy für das Lebenswerk
2001 Goldenes Ehrenzeichen Burgenland
2001 Goldenes Ehrenzeichen Niederösterreich
2002 FC-Antel 1000 Jahre Team
2002 Ehrenticket Fachverband der Lichtspieltheater
2003 Ehrenmedaille in Gold der Bundeshauptstadt Wien
2003 Stier der Hohen Salzburg